激发制度活力

新时代基层人大改革创新的石泉探索研究

何得桂 等／著

知识产权出版社
全国百佳图书出版单位
—北京—

图书在版编目（CIP）数据

激发制度活力：新时代基层人大改革创新的石泉探索研究/何得桂等著．—北京：知识产权出版社，2020.4

ISBN 978-7-5130-6856-7

Ⅰ.①激… Ⅱ.①何… Ⅲ.①地方各级人民代表大会—体制改革—研究—中国 Ⅳ.①D624

中国版本图书馆 CIP 数据核字（2020）第 052518 号

内容提要

基于国家治理现代化的理论视野，运用制度分析、实地调查等方法，对新时代基层人大改革创新实践展开了经验分析、理论提升和趋势展望。研究发现，全面深化改革和推进国家治理现代化既要激活基层经验、激励干部作为，也要激发制度活力、形成制度合力，只有如此才能提高治理效能；基层人大改革创新的积极探索回应和满足了基层治理现代化的需求，具有人民性；它反映了时代发展的趋势，具有先进性；其经验包含着相当的理论含量，具有普遍性；其特点和机制具有可复制性。

责任编辑：兰　涛　　**责任校对**：谷　洋

封面设计：郑　重　　**责任印制**：刘译文

激发制度活力：新时代基层人大改革创新的石泉探索研究

何得桂　等著

出版发行：知识产权出版社有限责任公司	**网　　址**：http://www.ipph.cn
社　　址：北京市海淀区气象路50号院	**邮　　编**：100081
责编电话：010-82000860转8325	**责编邮箱**：lantao625@163.com
发行电话：010-82000860转8101/8102	**发行传真**：010-82000893/82005070/82000270
印　　刷：北京九州迅驰传媒文化有限公司	**经　　销**：各大网上书店、新华书店及相关专业书店
开　　本：720mm×1000mm　1/16	**印　　张**：17.5
版　　次：2020年4月第1版	**印　　次**：2020年4月第1次印刷
字　　数：268千字	**定　　价**：68.00元

ISBN 978-7-5130-6856-7

目　录

理论总结篇

实践经验篇

理论总结篇

第一章　基层人大改革创新背景与动因

当今世界，变革创新的潮流滚滚向前。中国的先人们早在2500多年前就认识到："苟利于民，不必法古；苟周于事，不必循俗。"变革创新是推动人类社会向前发展的根本动力。人民代表大会制度是中国人民民主专政的政权组织形式，是中国的根本政治制度。随着依法治国基本方略的全面实施、社会主义民主政治的有力推进，人民代表大会制度在得到进一步的完善和发展的同时，人大工作也面临着一些挑战，基层人大尤为如此。党的十九届四中全会通过的《中共中央关于坚持和完善中国特色社会主义制度　推进国家治理体系和治理能力现代化若干重大问题的决定》指出，坚持人民当家作主，发展人民民主，密切联系群众，紧紧依靠人民推动国家发展，是我国国家制度和国家治理体系的显著优势，提出要坚持和完善人民当家作主制度体系，发展社会主义民主政治。实现这一目标就要不断推进人民代表大会的改革创新，使人大制度持续焕发活力。要始终保持人大工作与时俱进，充分发挥人大职能作用，要以创新精神研究新情况、解决新问题、形成新认识、开辟新境界。人大工作程序严，法律性强，创新有难度，但并非没有空间，关键是要以问题为导向，逢山开道、遇水架桥，坚持以习近平同志关于坚持和完善人民代表大会制度的一系列新理念、新思想、新战略为指导、为遵循开展人大工作，促进基层人大改革创新，迈上新台阶。

人大工作的根基在人民，基础在县乡。如何高点定位，找准强化县乡人大工作的着力点，进一步规范基层人大代表选举工作，提高人大会议质量，有效行使人大代表法定职权？中共石泉县委、县人大常委会坚持问题导向，认真贯彻落实中央下发的《关于加强县乡人大工作和建设的若干意见》，务实创新，以生动实践作了有益探索，在推动基层民主政治建设，加快县域经济社会发展，让人民群众拥有更多获得感方面取得了显著成效。石泉县人大树立“贯彻新思想，展示新作为，作出新贡献”理念，创新实践，善做善成，多项工作得到了中央媒体的关注，十余项工作取得了跨越性进展。2014 年以来，石泉县脱贫攻坚工作位于全省前列，社会民生持续改善，城乡居民收入大幅提升，在安康市目标责任考核中连续五年获得优秀格次，群众满意度始终位居全市前列。那么，是什么使石泉基层人大改革创新如此风生水起呢？

第一节　坚持和完善人民代表大会制度的中央要求

在中国实行人民代表大会制度，是中国人民在人类政治制度史上的伟大创造，是深刻总结近代以后中国政治生活惨痛教训得出的基本结论，是中国社会 100 多年激越变革、激荡发展的历史结果，是中国人民翻身作主、掌握自己命运的必然选择。60 多年的实践充分证明，人民代表大会制度是符合中国国情和实际、体现社会主义国家性质、保证人民当家作主、保障实现中华民族伟大复兴的好制度。在新的奋斗征程上，必须充分发挥人民代表大会制度的根本政治制度作用，继续通过人民代表大会制度把国家和民族前途命运牢牢掌握在人民手中。坚持和完善人民代表大会制度，必须毫不动摇地坚持中国共产党的领导，必须保证和发展人民当家作主，必须全面推进依法治国，必须坚持民主集中制。我们要不断推进社会主义民主政治制度化、规范化、程序化，更好地发挥中国特色社会主义政治制度的优越性，为党和国家兴旺发达、长治久安提供更加完善的制度保障。

一、贯彻习近平新时代中国特色社会主义思想的要求

党的十八大以来，以习近平同志为核心的党中央高度重视、全面加强党对人大工作的领导，推动人大工作取得历史性成就。习近平总书记就坚持和完善人民代表大会制度、发展社会主义民主政治提出一系列新理念、新思想、新战略，拓展了人民代表大会制度的科学内涵、基本特征和本质要求，标志着党对人民代表大会制度的规律性认识达到新的高度，为做好新时代人大工作指明了方向、提供了遵循。习近平总书记关于人民代表大

会制度的重要论述博大精深，是习近平新时代中国特色社会主义思想的重要组成部分，是推动中国国家治理体系和治理能力现代化的理论基础。

（一）坚持人民代表大会制度长期性、历史性发展

人民代表大会制度是党领导人民经过长期奋斗、艰辛探索取得的伟大成果，是近代以来中国社会发展的必然选择，绝不是对西方政治制度模式的照搬。习近平强调，中国特色社会主义政治制度之所以行得通、有生命力、有效率，就是因为它是从中国社会土壤中生长起来的。中国特色社会主义政治制度过去和现在一直生长在中国的社会土壤之中，未来要继续茁壮成长，也必须深深扎根于中国的社会土壤，必须倍加珍惜、长期坚持。

（二）发挥人民代表大会制度巨大政治组织优势

人民代表大会制度是与我国国体相适应的政权组织形式，在党和国家事业发展的历史进程中，展现出巨大的政治优势和组织功效，保证了国家机关协调高效运转。人民代表大会制度必须坚定人民代表大会制度自信，中国人民对人民代表大会制度的自信，源于对中国共产党坚强领导的自信，源于对中国特色社会主义道路、理论、制度、文化的自信。实践充分证明，人民代表大会制度是一套有效保证能干事、干好事、干成事的政治制度。

（三）推动人民代表大会制度发展社会主义民主政治

人民代表大会制度是坚持党的领导、人民当家作主、依法治国有机统一的根本政治制度。在中国，发展社会主义民主政治，保证人民当家作主，保证国家政治生活既充满活力又安定有序，关键是要坚持党的领导、人民当家作主、依法治国有机统一。在党中央集中统一领导下，通过人民代表大会制度把三者真正打通、有机统一起来[1]，推动社会主义民主政治发展，从而推动社会主义事业发展进步。

---

[1] 栗战书主持召开全国人大常委会党组会议专题学习习近平总书记关于人民代表大会制度的思想［N］. 新华每日电讯，2018－05－23.

坚持和完善人民代表大会制度，要贯彻习近平新时代中国特色社会主义思想，牢固树立“四个意识”，坚决维护习近平总书记权威和核心地位，坚决维护以习近平同志为核心的党中央权威和集中统一领导。要坚持以习近平新时代中国特色社会主义思想指导统领人大工作，全面落实到人大工作各方面和全过程。要紧紧围绕党和国家工作大局，确定人大工作的思路和重点任务，确保党中央决策部署得到全面贯彻执行。要严格执行请示报告制度，重要会议、重大问题和重要事项及时向党中央请示报告。

二、适应新时代治国理政的需要

为实现“两个一百年”奋斗目标，中共中央立足中国实际，坚持问题导向，形成了以“五位一体”总体布局和“四个全面”战略布局为关键、以新发展理念为引领、以增进人民福祉为根本的治国理政新理念新思想新战略。治国理政总方略以人民为中心，而人民代表大会制度坚持人民主权，实现基层人大改革创新，完善人民代表大会制度，能够很好地遵循新时代治国理政的需要，更加全面深刻地落实人民当家作主的时代要求。

（一）遵循治国理政总方略，强调以人民为中心

以人民为中心是治国理政的价值引领。党的十九大报告强调，人民是历史的创造者，是决定党和国家前途命运的根本力量，要把坚持以人民为中心作为新时代坚持和发展中国特色社会主义的重要内容。必须牢固树立人民主体地位，全心全意为人民服务，把人民对美好生活的向往作为奋斗目标，依靠人民创造历史伟业。

坚持以人民为中心是践行习近平新时代中国特色社会主义思想的必然要求。习近平总书记指出，“中国特色社会主义进入新时代，我国社会的主要矛盾已经转化为人民日益增长的美好生活需要和不平衡、不充分的发展之间的矛盾。”❶ 随着社会主要矛盾转化的影响不断加深，人民对美好生活的需要日益广泛，人民不仅对物质文化生活提出了更高要求，而且在民主、法治、公平、正义、安全、环境等方面的要求也日益增长。人民日益

---

❶ 林兆木. 正确认识我国社会主要矛盾的转化 [N]. 人民日报，2018-03-30.

增长的美好生活需要和不平衡、不充分的发展之间的矛盾不断显现，涉及领域也会不断扩展。因此，我们要始终坚持以人民为中心的思想不动摇，牢牢把握人民对美好生活的向往，把以人民为中心贯彻到治国理政全部活动之中，做到发展为了人民、发展依靠人民、发展成果由人民共享，以便更好地增进人民的福祉，更好地发展中国特色社会主义事业，更好地推动人的全面发展和社会的全面进步。

（二）坚持人民代表大会制度，坚持人民主权

人民代表大会制度，指的是有关人民代表大会这一国家权力机构的产生方式、性质职能、地位作用及其权力划分和运行程序、原则等规定构成的制度体系。[1]这个制度贯彻现代国家的人民主权原则，其核心内涵和价值追求是坚持人民主权。《中华人民共和国宪法》规定："中华人民共和国的一切权力属于人民。"人民行使国家权力的机关是全国人民代表大会和地方各级人民代表大会，这是人民代表大会制度的核心内容。人大的权力来自人民的授权，人民通过选举，产生代表自己意愿的代表，组成人民代表大会，作为国家的权力机关，代表人民行使国家权力。可以说，坚持人民代表大会制度，就是坚持人民主权的集中体现。

人民代表大会制度以"主权在民"原则为基石，适应人民民主专政的国体属性，从政体上为实现人民当家作主提供了根本制度保证。"主权在民"原则是启蒙运动以来世界各国进步力量公认的民主精神之灵魂，虽然其落实状况受不同时空条件下各国社会政治制度属性制约而存在差别，但其基本精神作为一种普世价值却始终成为引领人类社会政治文明进步的旗帜。民族国家政治生活视域下的"主权在民"原则，本质含义就是国家权力作为该国每个合法公民各自权利让渡的聚合物，来自人民并永远属于人民所有。它意味着有关国家权力构建、分配、运行乃至监督的制度原则必须获得全体国民的同意，必须由全体国民掌控。

人民代表大会制度坚持"民主集中制"原则，兼取民主与效率两者之

[1] 常黎峰．健全完善人民代表大会制度是坚持民主执政的根本要求——以改进优化党的执政体制为视角［J］．理论导刊，2013（3）．

长，有利于发挥中央和地方两个积极性，维护国家统一、民族团结。民主集中制是民主基础上的集中与集中指导下的民主相结合的制度，其本质在于保持决策的科学合理与高效执行同步并举，进而达到既能防范权力独尊、专制独裁，又能避免极端民主化和无政府主义。民主集中制作为党的领导制度与组织原则，对党和国家事业的健康发展具有毋庸置疑的重大影响，它既是人民代表大会制度作为我国政权组织形式的创制原则，也是其实际运行活动的基本组织原则。

人民代表大会制度奉行“议行合一”与“分权制衡”相结合的原则，保证了人民政权的完整统一性和国家机关的协调高效运转。人民代表大会不仅具有民意征集、整合表达、创制立法的职能，而且掌握立法决策乃至组织实施、监督立法、行政和司法的全部权力，即集立法、行政、司法三权于一身。从这个意义上说，我国人民代表大会制度奉行了“议行合一”原则。实践中，各级人民代表大会主要掌握立法权、选举权、国家（地方）大政方针制定权和执法监督权，政府部门包括法院、检察院分别掌控行政、监察和司法权，从而实现了在人民代表大会统辖之下，不同的权力部门各司其职、相互制约，协调运转的“分权制衡”局面。

人民代表大会制度强调在中央的统一领导下，充分发挥中央和地方的积极性。全国人大及其常委会审议决定的全国性重大事项，通过的法律和作出的决议、决定，对全国具有普遍的约束力。全国人大常委会对省级人大常委会，上级人大常委会对下级人大及其常委会进行指导和法律监督。地方各级人大及其常委会保证宪法、法律、行政法规在本行政区域内的遵守和执行，审议决定本行政区域的重大事项。为了更好地适应新时代治国理政的需要，探索基层人大的改革创新具有必然性。

（三）践行十九届四中全会精神，牢固树立“四个自信”

中国特色社会主义制度是党和人民在长期实践探索中形成的科学制度体系，国家治理一切工作和活动都依照中国特色社会主义制度展开，国家治理体系和治理能力是中国特色社会主义制度及其执行能力的集中体现。坚持和完善中国特色社会主义制度、推进国家治理体系和治理能力现代化是全党的一项重大战略任务。

党的十九届四中全会通过的《中共中央关于坚持和完善中国特色社会主义制度、推进国家治理体系和治理能力现代化若干重大问题的决定》指出，要坚持党的领导、人民当家作主、依法治国的有机统一，坚持解放思想、实事求是，坚持改革创新，突出坚持和完善支撑中国特色社会主义制度的根本制度、基本制度、重要制度，着力固根基、扬优势、补短板、强弱项，构建系统完备、科学规范、运行有效的制度体系，加强系统治理、依法治理、综合治理、源头治理，把我国制度优势更好地转化为国家治理效能。坚持和完善中国特色社会主义制度、推进国家治理体系和治理能力现代化的“三步走”总体目标，到中国共产党成立一百周年时，在各方面制度更加成熟、更加定型上取得明显成效；到2035年，各方面制度更加完善，基本实现国家治理体系和治理能力现代化；到中华人民共和国成立一百周年时，全面实现国家治理体系和治理能力现代化，使中国特色社会主义制度更加巩固，优越性充分展现。❶

为了实现“三步走”的战略目标，党的十九届四中全会提出了“十三个坚持和完善”的具体路径，坚持和完善人民当家作主制度体系，发展社会主义民主政治就是其中重要路径之一。必须坚持人民主体地位，坚定不移走中国特色社会主义政治发展道路，确保人民依法通过各种途径和形式管理国家事务，管理经济文化事业，管理社会事务。强调要坚持和完善人民代表大会制度这一根本政治制度。并对如何进一步坚持和完善人民代表大会制度，使人民代表大会更好履职指明了方向。❷

党的十九届四中全会深刻回答了我国国家制度和国家治理体系应该“坚持和巩固什么、完善和发展什么”这个重大政治问题，将“制度”提升到了新的高度。党的十九届四中全会精神为进一步发挥制度优势注入了巨大动力，能够有力推动“四个自信”的建立。其一，能够更好地树立道路自信。走中国特色社会主义道路具有历史与实践基础。中国特色社会主义制度和国家治理体系是以马克思主义为指导、根植中国大地、具有深厚

❶ 中共中央关于坚持和完善中国特色社会主义制度、推进国家治理体系和治理能力现代化若干重大问题的决定［N］. 人民日报，2019-11-06.

❷ 中国共产党第十九届中央委员会第四次全体会议公报［EB/OL］.（2019-10-31）. http://www.gov.cn/xinwen/2019-10/31/content_5447245.htm.

中华文化根基、深得人民拥护的制度和治理体系，是具有强大生命力和巨大优越性的制度和治理体系，是能够持续推动拥有近十四亿人口大国进步和发展、确保拥有五千多年文明史的中华民族实现“两个一百年”奋斗目标进而实现伟大复兴的制度和治理体系。同时，历史与实践证明了的中国特色社会主义制度的显著优势，又为继续走中国特色社会主义道路提供动力，并保驾护航。其二，能够更好地树立理论自信。中国特色社会主义制度正是马克思主义基本原理同中国具体实际相结合的产物，中国共产党始终保持着高度的理论自觉与理论自信。落实党的十九届四中全会的新要求，能够不断丰富并发展中国特色社会主义的理论体系，以实践贡献中国特色社会主义的理论增量，从而进一步提升理论自信。其三，能够更好地树立制度自信。中国特色社会主义制度是党和人民在长期实践探索中形成的科学制度体系。党的十九届四中全会首次提出我国国家制度和国家治理体系具有十三个方面的显著优势，这是对我国制度优势的系统总结与梳理，为树立制度自信提供了最有力的证据。其四，能够更好地树立文化自信。中国特色社会主义制度具有“坚持共同的理想信念、价值理念、道德观念，弘扬中华优秀传统文化、革命文化、社会主义先进文化，促进全体人民在思想上精神上紧紧团结在一起的显著优势”。这是文化自信的重要来源。因此，以习近平新时代中国特色社会主义思想为指导，践行党的十九大精神以及十九届二中、三中、四中全会精神，以不断完善人民代表大会制度等一系列举措坚持社会主义制度，推进国家治理体系和治理能力现代化，是牢固树立“四个自信”的有效途径与重要保障。

三、促进脱贫攻坚政策落实的需求

2016 年以来，脱贫攻坚是全党全国的头等大事，是第一民生工程。作为来自基层、生活在基层的人大代表，不仅是扶贫行动的见证者，更应该是扶贫行动的参与者。如何通过基层人大工作的改革创新，在脱贫攻坚行动中发挥人大的优势和作用，使人大代表在此领域有所作为，值得长期探索。

（一）学习脱贫攻坚政策，深化脱贫攻坚认识

了解脱贫攻坚行动的重要意义，熟悉脱贫攻坚的政策，是基层人大代

表在扶贫工作中能否发挥正确作用的基础，这直接影响到基层人大代表能否准确地向群众宣传政策、能否准确把握群众相关诉求、能否准确参政议政等情况。因此，在脱贫攻坚行动开展期间，应由乡镇人大主席团或上级人大定期组织代表培训活动，在培训相关法律、法规的同时，加入扶贫政策学习内容，可以从以下两方面入手：一是要带领基层人大代表认真学习习总书记关于扶贫开发的一系列重要指示精神，及时、全面地向基层代表传达中央、省、市、县关于实施脱贫攻坚的各项决策部署；二是要充分考虑基层人大代表的文化水平、政策水平，运用灵活多样的方式和浅显易懂的语言向代表讲解扶贫政策知识，确保代表能充分理解政策内容，认识到新形势、新阶段实施脱贫攻坚行动的重点意义和深远影响，督促人大代表以高度的政治责任感和使命感主动参与到脱贫攻坚行动中。

（二）做好政策宣传和汇总上报工作，发挥桥梁纽带作用

基层人大代表来自最基层，是广大人民群众的代表，他们与基层人民群众联系最贴近、最紧密、最直接，是党和政府联系人民群众的重要桥梁。如何将代表履职职能同脱贫攻坚行动深度融合，做好扶贫政策宣传和群众脱贫愿望汇总上报工作，充分发挥代表桥梁作用，可以从以下三方面入手：一是要多种形式深入农户家中、田间地头宣传富民惠民优惠政策，在农村广大群众之间树立攻坚脱贫、加快发展的意识，凝聚基层齐心协力、和衷共济助推脱贫攻坚的强大力量；二是要充分利用自己身处基层、与人民群众同吃、同住、同劳动的优势，注重观察和交流，主动上门与贫困户拉家常、问困难、话帮扶、谈发展，弄清乡情、村情、户情，了解贫困村、贫困户的贫困原因以及贫困群众在想什么、盼什么、迫切需要解决什么的问题；三是要除了在一年一度人代会上提出人大代表建议、意见及批评外，还要紧扣基础设施建设、特色农业发展、生态环境保护和教育、卫生、文化、科技等涉及脱贫攻坚行动的内容，主动进行实地调研、周密论证、广泛听取民意，及时与党委、政府及上级部门沟通交流，如实转达群众诉求，就脱贫攻坚行动建言献策。

（三）积极投身帮扶行动，发挥真帮实扶作用

面对脱贫攻坚大局，为全面建成小康社会，人大代表要努力践行“人

民选我当代表，我当代表为人民”的承诺，在行使职权的同时，承担起责任和义务，充分发挥自身优势，将代表联系选民制度与贫困户帮扶行动结合起来，倡导1名代表与1~2户精准识别、建档立卡的贫困户结对帮扶，切实为贫困群众做一些看得见、摸得着的实事、好事。主要可以从以下三方面着手：一是由代表结合自身特长、贫困户的贫困特点，力所能及地为贫困群众送温暖、谋发展，帮助贫困群众脱贫致富；二是转变扶贫方式，从原有捐钱、给物等“授之以鱼”的帮扶模式向送技术、送资源等“授之以渔”的帮扶模式转变，构建“造血式”扶贫；三是拓展帮扶渠道，人大代表要充分利用进村入户走访、代表活动交流、上级各部门会议交流等时机，仔细收集贫困村信息，认真谋划发展渠道，为贫困村、贫困户向政府、国有企业及非公经济等部门争取资金、技术、就业岗位，扶持产业发展，实现贫困户增收、产业增效，地方及企业经济增长的“双赢”。

（四）全程跟进脱贫攻坚行动，充分履行代表职能

参政议政是法律赋予人大代表的权利和义务，扶贫工作的开展离不开基层人大代表的监督，这是防止扶贫政策的制订和实施“跑偏走样”的重要途径之一。人大代表要充分利用评议、检查、调研、视察、审议五种工作方法，有效行使代表职权，深度参与到脱贫攻坚行动当中，主要可以从以下三方面着手：一是组织基层代表开展扶贫规划审议，充分听取基层代表的建议意见，最终通过评议制订精准有效的扶贫规划；二是通过人大代表视察、检查、调研等活动，对扶贫行动中各项惠农政策的执行、扶贫开发项目的实施、扶贫资金的使用等进行全方位的跟踪监督，确保政策落实到位、项目按时按质完成；三是认真对待人大代表对各部门工作的评议，在评议部门本职工作和脱贫攻坚实施情况的同时，认真梳理分析群众针对脱贫攻坚提出的意见和诉求，及时反馈给对应部门，力促相关部门推进脱贫攻坚的工作更加符合基层实际，更加科学可行。

基层人大的改革创新是一项事关民生大事的伟大工程，它并不是独立进行的，而是要与其他增进人民福祉的工程一同推进，如脱贫攻坚行动等。基层人大代表凭借基层实践和经验，能够充分发挥自身在脱贫攻坚行动中的优势，为脱贫攻坚贡献自己的智慧和力量，从而在此过程中进一步

实现基层人大的改革创新。

四、适应不断变化的新形势新特点新发展

党的十九大报告指出，经过长期努力，中国特色社会主义进入了新时代，这是我国发展的新的历史方位。在新的历史条件下，正视存在的矛盾、解决新出现的问题、把握最难得的机遇，推动人民代表大会制度与时俱进，进一步动员和组织全国各族人民满怀信心地投身社会主义现代化建设，实现“两个一百年”奋斗目标，具有重大现实意义。

（一）在推进民主法治新常态过程中“三对矛盾”关系仍然有待厘清

当前，社会上部分人还存在对人大制度的不理解，对人大代表在民主法治建设推进过程中发挥的作用实效还心存疑问，尤其是代表自身在具体履职过程中展现出对“三对矛盾”关系的不同认识和表现，需要加以理顺和解决。“三对矛盾”关系如下：一是监督与支持的关系。宪法和法律规定人大与政府是决定与执行、监督与被监督的关系，人大依法对政府实施监督，是法律赋予的重要职权。但现实中大多数代表没有正确认识理解监督的真正内涵，不能准确把握监督与支持的关系，思想上仍走不出“监督就是唱对台戏”的误区，总担心监督多了，会对工作造成干扰，对发展形成阻力。更担心监督实了，会被认为不是在“摘刺”而是故意在“栽刺”，会束缚政府破题发展的“手脚”。二是积极参会与有效履职的关系。近年来，随着民主决策机制的进一步完善，各地对重大事项的科学决策越来越重视，各级人大和人大代表在其中担当越来越重要的角色，发挥越来越重要的作用。但少数代表还没有真正意识到肩上担负的重大使命和责任，无论应邀参加和列席相关会议，还是参加人代会审议表决，虽然都能做到积极参加会议，但仅满足于在大会表决时举举手，选举投票时画画圈，审议讨论时表表态，列席会议时凑凑数，提交建议时签签名，参加活动时看看景，把参加人代会和应邀参会、列会看作“奉命行事”“例行公事”，对参政议政缺乏政治热情，缺乏强烈的使命感和责任感。三是代表区域与立足全局的关系。根据法律有关规定，各级代表都是经过各选区或选举单位通

过法定程序选举产生，并联系相关选民或群众，为其代言发声、行使权力。基于此，不少代表会更多地站在选举他的行政区域思考问题，并为争取区域局部利益不遗余力地进行鼓吹与呼吁，致使建言献策、提出议案建议等履职行为存在一定的短视性和局限性。

（二）在推进代表依法有效履职过程中“三个不相适应”问题依然存在

人大代表的多元化、兼职化是基本的政治现实，这为代表的依法有效履职带来了诸多不确定因素，产生了“三个不相适应”问题：一是代表个体素质与履职任务要求还不相适应。人大代表具有广泛性，来自各政党、各民族、各行各业、各阶层，这直接导致了代表的素质参差不齐、履职能力和参政议政水平各有不同等问题。有的代表虽然有认真履职、积极为民代言的良好愿望，但由于缺乏履行代表职务应有的理论、法律和科学素养，缺少分析研究问题、提出建议等方面的能力，在履职时力不从心，难以有所作为。二是代表履职状态与选民期望要求不相适应。代表兼职化使得代表优先考虑自己的本职工作，将履职排在了第二位，有的代表作用发挥不明显，“开会不发言、闭会不活动”，履职状态不佳，成了“挂名代表”。有的既不走访联系群众也不提建议和意见，存在代而不表的问题。还有的虽发了言，但由于没有做深入调研，问题说不准，情况讲不透，提出的建议和意见缺乏针对性，出现表而不代的问题。三是代表履职激励约束机制与主体作用发挥要求不相适应。虽然近来年各级在代表激励约束机制建设方面作了一些探索和努力，但总体来看，还没有达到激发代表履职热情的目的。比如在代表的监督和约束方面，由于缺少法律和制度依据，制度体系建设推进缓慢，成效不佳，对代表的考核和监督也没有细化量化的指标，没有形成科学合理的履职评价制度体系。同时，现有的一些制度措施在执行落实上也较为乏力，只要代表不触纲碰线，一般不会对其进行更为具体的日常化管理。

（三）在推进代表主体作用发挥的过程中“三个有利”机遇前所未有

近年来，代表工作受到各级普遍重视和社会各界广泛关注，各项工作不断得到优化提升，与之紧密关联的内外环境和区域领域，也都有新的变化和发展，为推动代表主体作用发挥创造了更为有利的条件。“三个有利”机遇如下：一是政治生态环境得到净化。党的十八大以来，党中央把党风廉政建设和反腐败斗争提到治国理政、兴党兴国的高度，自上而下坚定不移、动真碰硬抓纪律建设，将从严治党要求从“关键少数”向全党拓展、向基层延伸，在全社会营造了讲法纪、守规矩的浓厚氛围和良好的政治生态。在换届过程中，各地坚持抓早抓小，以“零容忍”态度严肃查处各种违法违纪行为，引导敢担当、肯作为、能干事、会干事的人参选当选，使遵纪守法、担当作为、履职尽责逐步成为思想共识、行动自觉，形成了良好的社会导向。二是群众工作氛围日益浓厚。随着党的群众路线、“三严三实”和“两学一做”等系列主题教育活动的持续推进、深入开展，进一步密切了党群、干群关系，全社会各行各业再次掀起了“走群众路线、到群众中去”，转变作风、优化服务的工作热潮。这种氛围和热潮的形成，有利于人大代表各项工作机制的进一步完善和健全，有利于更好地发挥人大代表根植基层、密切联系群众的天然优势。三是各方沟通联络更加便利。为加强代表联络工作，各地进一步重视代表联络部门建设和工作力量配备，扎实推进“两站一平台”建设使用，完善门户网站平台建设，有力提升了代表履职服务保障能力水平。随着信息化建设的不断推进，电视专栏的开设、手机短信微信平台和门户网站等渠道的畅通，进一步拓宽了代表知情知政的渠道，大大提高了联络工作实效。

新形势下，不能自我满足，更不能故步自封，人民代表大会制度具有强大的生机和活力，必须按照总结、继承、完善、提高的原则，适应时代要求，不断探索和创新立法、监督、代表等工作机制，不断丰富和拓展人大工作的实践特色和时代特色，不断增强和扩大中国根本政治制度的优势和特点，不断推动人民代表大会制度与时俱进、完善发展。

第二节 推进国家治理体系和治理能力现代化的需要

党的十八届三中全会提出，全面深化改革的总目标是完善和发展中国特色社会主义制度，推进国家治理体系和治理能力现代化。这是两句话组成的一个整体，前一句规定了根本方向，我们的方向就是中国特色社会主义道路，而不是其他道路；后一句规定了在根本方向指引下完善和发展中国特色社会主义制度的鲜明指向。将推进国家治理体系和治理能力现代化作为全面深化改革的总目标，对于中国的政治发展，乃至整个中国的社会主义现代化事业来说，具有重大而深远的理论意义和现实意义。依法治国是实现国家治理体系和治理能力现代化的必然要求，也是新时期深化社会体制改革、推动社会建设转型发展的重大举措。在社会治理中坚持依法治理，加强法制保障，意味着在社会治理的诸方面和全过程中，都要注重运用法制思维和法制方式，发挥法制的引领和推动作用，确保在法制轨道上推进社会治理创新。人民代表大会制度是推进全面依法治国的重要制度平台，全国人大和地方各级人大在社会主义法治国家建设中责任重大、作用重要。人大作为国家权力机关的地位和职能是由宪法赋予的，人大在贯彻实施宪法中负有重大的政治责任，各级人大必须更加全面准确地学习领会宪法，贯彻落实宪法，依照宪法和法律，做好人大工作。

一、人大与“一府一委两院”的关系

“一府一委两院”指的是各级人民政府、国家与地方各级监察委员会、人民法院和人民检察院。人大统一行使国家权力，合理划分国家的行政权、监察权、审判权、检察权等，形成“一府一委两院”的国家机构设置。国家层面的“一府一委两院”由全国人大产生，对全国人大负责并受其监督；同样地，地方各级“一府一委两院”也由本级人大产生，对本级人大负责，受本级人大监督。

根据我国《宪法》与《地方组织法》的有关规定，各级人大及其常委会与本级人民政府、监察委员会、法院、检察院的关系是决定与执行、产生（选举和任命）与负责、监督与被监督的关系。

（一）产生与负责

所谓产生，即国家行政机关、检察机关、审判机关、检察机关的各级主要组成人员都由各级人大及其常委会选举产生。我国宪法第 62 条规定，全国人民代表大会可以“根据中华人民共和国主席的提名，决定国务院总理的人选；根据国务院总理的提名，决定国务院副总理、国务委员、各部部长、各委员会主任、审计长、秘书长的人选；选举国家监察委员会主任；选举最高人民法院院长；选举最高人民检察院检察长”。我国宪法第101条规定，“地方各级人民代表大会分别选举并且有权罢免本级人民政府的省长和副省长、市长和副市长、县长和副县长、区长和副区长、乡长和副乡长、镇长和副镇长。县级以上的地方各级人民代表大会选举并且有权罢免本级监察委员会主任、本级人民法院院长和本级人民检察院检察长。选出或者罢免人民检察院检察长，须报上级人民检察院检察长提请该级人民代表大会常务委员会批准。”

所谓负责，即指各级行政机关、检察机关、审判机关、检察机关对产生它的同级国家权力机关负责。我国宪法规定，国家层面的“一府一委两院”对全国人民代表大会负责并报告工作，在全国人民代表大会闭会期间，对全国人民代表大会常务委员会负责并报告工作；地方“一府一委两院”对本级人大负责并报告工作；县以上地方各级“一府一委两院”在本级人大闭会期间，对本级人大常委会负责并报告工作。负责主要表现为，各级“一府一委两院”的全部工作和职权范围都由同级国家权力机关确定并服从本级国家权力机关的指导；同时，各级“一府一委两院”必须以完成本级人大确定的任务为基本责任。

（二）决定与执行

全国人民代表大会和地方各级人民代表大会共同构成了我国的权力机关体系。作为国家权力机关，人民代表大会的重要职权之一就是决定权，即对国家在政治、经济、军事、外交等方面的问题或作出决定，或制定法律和法规。正如彭真曾经指出的那样：“人大和人大常委会是国家权力机关，它的任务是审议、决定国家根本的长远的重大问题。最大的是两件事：第一是决定国家的大政方针……第二是选举和决定任命各级国家机构的领导人员。”[1] 我国宪法第62条、第67条对全国人大及其常委会的决定权

[1] 彭真．论新时期的社会主义民主与法制建设［M］．北京：中央文献出版社，1989：329.

的内容作了具体规定。《地方组织法》第8条、第9条、第39条也分别规定县以上地方各级人大及其常委会和县以下各级人大的决定权的具体内容。

但是，人大决定的事情并非由人大去直接实施，而是由它的执行机关去组织实施，人大与“一府一委两院”的关系是决定与执行的关系。人大制定的法律、作出的决定，“一府一委两院”必须执行，二者之间密不可分、缺一不可。当人大集中广大人民的意志，制定出法律、地方性法规或作出决定、决议后，就为“一府一委两院”的工作指明了方向。可见，议是行的前提和基础。反之，没有各级国家行政机关，国家权力机关所作出的有关国家政务方面的重大决策就不可能有效地付诸实施。从这个意义上讲，行是议的保障。

（三）监督与被监督

根据宪法第三条第三款的规定，人大和“一府一委两院”的另一层关系是监督与被监督的关系，这种关系是由它们各自在国家机构体系中的法律地位决定的。人大是国家权力机关，“一府一委两院”是权力机关的执行机关。只有赋予人大以监督“一府一委两院”的权力，才能体现人大的最高法律地位，才能保证权力机关通过的决议、决定能够在行政工作中得到有效贯彻执行，确保国家机器的正常运转和国家权力的集中统一。人大与“一府一委两院”之间的三种基本关系中，监督与被监督关系集中反映了人大与“一府一委两院”之间的从属关系、制约与被制约的关系，因而最能体现二者关系的本质，是二者关系的核心。

人民代表大会拥有对“一府一委两院”工作的监督权，“一府一委两院”必须依法对人大负责并报告工作，接受人大的监督。人大对“一府一委两院”的监督，按其内容来说，可分为法律监督和工作监督。所谓法律监督是指对违反宪法和法律的行为进行监督，它包括立法监督和执法监督；所谓工作监督，主要是监督其工作是否违法，是否正确执行党和国家的方针、政策，是否符合人民的根本利益，它包括总体监督、计划监督、财政监督、人事监督等。

需要指明的是，“一府一委两院”中的“一委”，即国家和各级监察委员会同样拥有监督权。但不同的是人大的监督权具有根本性质，监察委员会的监察权源于人民代表大会的监督权，人大的监督权以国家职权的形式授予监察委员会，其监察权得以成立。[1] 这从国家监察委员会的成立过程就可以看出。国家监察委员会是在监察体制改革后，整合监察部、国家预防腐败局、最高人民检察院反贪总局等部门的工作力量成立的，并与中央纪委合署办公，在党中央的直接领导下开展反腐败工作。国家监察委员会成立之后成为与“一府两院”并列的国家机关。可以说，监察委员会由人大赋权，主要进行反腐败政治监督。具体来说，人大与监察委员会监督的区别可以体现在以下两点：其一，人大监督的主体为各级国家权力机关，监督对象为由其产生的各国家机关及下级权力机关，监察委的监督主体则为与纪委合署办公的各级监察委员会，监督对象为所有行使公权力的公职人员；其二，人大主要是对国家机关实行法律和工作监督，监察委员会主要是对国家机关工作人员开展廉政监督。[2] 事实上，任何新制度在设计层面上都不会像理想中的那么完美，如在关于国家和各级监察委员会是否有权有责对全国和各级人大代表及常委进行监督方面，法律就是相对“模糊”的，需尽快出台相关监察解释予以明确。

综合来看，人大与“一府一委两院”的关系，是由《宪法》和相关法律规定的。正确理解和处理好人大与“一府一委两院”的关系，对坚持和完善人民代表大会制度，做好国家各方面的工作，具有重要意义。人大与“一府一委两院”虽然职责不同、分工不同，但目标是一致的，都是为了反映和实现人民的根本利益，共同建设中国特色社会主义。人大统一行使国家权力，并在这一前提下合理划分国家的行政权、监察权、审判权、检察权，既避免权力过分集中又避免不必要的牵制，使各个国家机关既专司其职又互相配合、协调一致地开展工作。

二、人民代表大会制度对推进国家治理体系和治理能力现代化的重要性

党的十八大以来，全国人大常委会作出设立国家宪法日、建立宪法宣

[1] 靳海婷．论人大监督权与监察委监察权之关系、界限与衔接［J］．华侨大学学报（哲学社会科学版），2018（5）．

[2] 王雨思．论我国公权力的双轨监督［D］．武汉：华中师范大学，2019．

誓制度的决定，健全宪法解释程序机制，加强合宪性审查工作，大力弘扬宪法精神，树立宪法权威，维护宪法尊严。以《宪法》为核心的中国特色社会主义法律体系基本完备并不断完善，随着科学立法、民主立法、依法立法工作的深入推进，立法工作取得了举世瞩目的重大成就。此外，人民代表大会制度对推进国家治理体系和治理能力现代化的重要性还体现在以下三方面：一是提供完善的国家制度框架；二是建立完备的法律法规体系；三是提升执法施政水平。

（一）提供完善的国家制度框架

国家治理体系和治理能力的现代化，首先要有更加成熟、更加定型的国家制度体系。改革开放以来，我国的政治、经济、文化制度不断完善，特别是党的十八大以来，中央在提出全面建成小康社会发展目标的同时提出制度建设的目标，并第一次提出要实现国家治理体系和治理能力的现代化。其中，涉及国家的根本政治制度、基本经济、文化、社会制度，都由国家宪法加以规定。1982 年以来的历次宪法修正案，都是对改革开放以来不断完善地建设中国特色社会主义重大制度的确认。同时，国家的法律制度体系，是国家制度体系的重要组成部分。宪法及相关法律的制定和修改，是全国人民代表大会的重要职责，实现国家治理制度体系化、制度现代化，是人民代表大会制度的重要使命。

（二）建立完备的法律法规体系

国家治理体系和治理能力的现代化，必然要求实现国家法治的现代化。现代法治的前提是实现良法善治。人民代表大会制度的主要任务就是主导科学立法。形成完备的法律规范体系、确保制定良法，人大责无旁贷。实现国家治理体系和治理能力的现代化，需要人大进一步把成熟、定型的制度转化上升为科学的、具体的法律制度，来实现国家的有效治理。就省级人大来讲，就是要加强地方立法，为区域经济社会发展提供法治保障，以下级别的人大则要重视加大执法力度。在新时代，要进一步坚持问题导向，适应社会主要矛盾的变化，在“率先”“第一个”立法上，多产生创制性立法，保障民主自由安全，维护社会公平正义，在地方立法中更加注重“促公正、补短板、精细化”，为经济社会治理保驾护航。

（三）提升权力的执法施政水平

国家治理体系和治理能力，是一个国家制度和制度执行能力的集中体现。科学的国家制度包括法律在内，起根本性、全局性、长远性的作用。但制度不能有效执行，或者治理者缺少运用制度有效治理国家社会经济事务的能力，同样不能实现国家治理体系和治理能力的现代化。“权为民所赋、权为民所用”❶，人民代表大会制度的重要原则和制度设计的基本要求，就是任何国家机关及其工作人员的权力都要受到监督和制约。充分履行好人大的监督职能，直接关系到公共权力的运行质量，影响到执法、施政的治理能力和水平。“在中国，发扬社会主义民主政治，保证人民当家作主，保证国家政治生活既充满活力又安定有序，关键是要坚持党的领导、人民当家作主、依法治国有机统一。”❷ 人大制度正是保障这三者有机统一的根本制度安排。

总之，人民代表大会制度在新时代与时俱进，进一步完善科学立法机制、保障宪法法律正确实施，进一步强化对公权的监督、保障人民当家作主权益，进一步推进法治建设、保障治理水平全面提升。在未来，人大制度一定能更好地代表最广大人民的根本利益，发挥其政治优势和制度优势，在推进国家治理体系和治理能力现代化进程中有更多的担当和作为。

第三节　增强基层人大的回应性和人民群众的获得感

全国各地的基层人大工作或多或少地存在脱离群众、缺乏回应等问题，这是基层人大改革创新的重要背景及动因之一。增强基层人大的回应性和人民群众的获得感是改革创新的目的和出发点，有助于提高群众的政

❶ 习近平中央党校阐述权力观：权为民所赋 权为民所用［EB/OL］.（2010-09-02）. http://news.ifeng.com/mainland/detail_2010_09/02/2420490_0.shtml.

❷ 保证国家政治生活既充满活力又安定有序［N］. 光明日报，2018-10-03.

治认同、加强群众的政治参与。通过人大职权的加强，实现人大代表角色的转变，能够有效增强基层人大的回应性；通过深入了解基层，密切联系群众，能够真正掌握群众需求，从而进一步增加人民群众的获得感；在基层人大回应性增强、人民群众获得感增加的过程中，能够潜移默化地推进人民代表大会制度的现代化。

一、基层人大改革创新旨在增强人大回应性

长期以来，在政策制定、执行、评估和监督各要素之间，没有形成既相对独立又相互协调的运行机制，政策制定存在依靠领导者的智慧和经验的情况，难免会在政策执行过程中遇到各种障碍。在执行过程中，由于执行主体与执行对象缺乏良好沟通，造成执行对象对政策的质疑；由于对执行对象的意见或建议收集以及信息反馈不及时等原因，使得政策在执行过程中出现的偏差不能及时得到纠正，影响了政策的有效执行。通过基层人大的改革创新，力求基层人大回应性得到显著增强。

（一）各级人大职权不断加强

改革开放以来，一方面，中国各级人大的许多职权得到了加强，其设定立法议程、起草和修正法律案的自主权逐渐加大，对“一府一委两院”进行监督问责的手段也不断丰富，监督的力度逐渐加大；另一方面，人大的代表功能也有了明显的发展，其表现变得更为积极，扮演的角色发生了很大转变，人大代表反映特定选区、地区、社会群体和全国利益的现象开始出现，并对政治结果产生了影响。

（二）人大代表角色发生转变

与传统政权代理人的角色不同，部分人大代表开始扮演进谏者的角色，他们积极反映民众的意见或自己的看法，针对特定的问题向政府提出批评建议，推动问题的解决，并帮助政府改善工作。人大代表中出现了越来越多具有独立思考能力的人，他们努力改变国家与社会关系的边界，促使政府更多地回应人民的要求和对人民负责。地方代表变得更有代表性，与其说他们是政权代理人或进谏者，不如说他们扮演着监督、反馈和政策

提供的角色。

二、基层人大改革创新旨在增加人民获得感

“获得感”多指人民群众共享改革成果的幸福感。“获得感”不仅是物质层面的，也是精神层面的，既有看得见的也有看不见的。在物质层面，“获得感”是指改革带来的物质生活水平的提高，如人民群众有房住，收入增加，能接受优质教育，能看得起病，养老有保障，等等，这些都是看得见、摸得着的“获得感”；在精神层面，获得感是指让每个人有梦想、有追求，活得更有尊严、更体面，能够享受公平公正的同等权利。通过基层人大的改革创新，人大代表深入了解基层，切实代表群众利益，能够极大地增加人民获得感。

（一）深入了解基层，代表群众利益诉求

由于基层人大代表产生在基层，“生长”在基层，对基层实际情况最为熟悉，同时，对党中央决策部署和宪法法律实施情况也最为了解，对人民群众所思所想所盼也最为清楚，可以把基层情况、群众呼声、思考建议充分反映出来。通过日积月累、深入基层的各种实践活动，能够形成丰富的基层经验，准确把握基层情况的复杂性和多变性。实践证明，地方人大代表越来越代表选举他们的地方的利益和诉求，地方人大已经变成一个表达各种利益和调和这些利益之间冲突的平台。

（二）密切联系群众，汲取人民智慧结晶

全国人大代表相比较，基层代表具有独特的天然优势，与群众接触的机会和时间更多，任务艰巨又光荣。人大代表是一个光荣的称号，更是一份沉甸甸的责任。代表要把密切联系人民群众作为充分发挥作用、依法履职尽责的基本功，通过各种途径和形式深入开展调查研究，广泛听取群众意见建议，真正了解人民群众在想什么、忧什么、盼什么，号准人民群众的脉搏，汲取人民群众的智慧，当好党和国家密切联系人民群众的桥梁和纽带。基层人大改革创新能够更好地推动国家机关改进工作，能够更多地帮助群众增加获得感、幸福感。

三、基层人大改革创新旨在推进制度现代化

现代化是人类社会发展的历史潮流，而制度现代化不仅仅是一种状态，更是一种社会过程。制度现代化是一个永远无法解决的难题，其发展过程变化不定，更重要的是，它是一个现代化社会得以形成并持续发展的核心要件，因此是现代化建设或者现代化进程最为核心的内容。人民代表大会制度的现代化是制度现代化的重要部分，基层人大作为人大体系的重要组成部分，其自身发展状况关乎人大代表制度的健康发展。基层人大改革创新的不断探索与实践，能够在很大程度上推进人民代表大会制度的现代化进程。

（一）更加重视人大制度的现代化建设

从目前我国现实情况来看，人大制度的现代化建设既要参照和借鉴人类文明成果，又要与当前社会发展的多重性、复杂性相契合，其任务也就异常艰巨。这对我国的人大制度提出了更高的要求，既要重视制度现代化的建设，也要有综合规划和科学决策的治国智慧和领导能力，才能够在更高水平、更高要求和最新进展的基础上进行制度建设和制度创新。对基层人大的改革创新能够使人大制度的现代化建设尽快提上日程。

（二）继续推进人大制度向纵深方向发展

继续推进人大制度向纵深发展，以形成整体性的制度体系，有两个方面的原因：一是虽然人民代表大会制度已经确立，但与其配套的具体制度和规章制度还跟不上，在不断变化发展的过程中还需要完善；二是人民代表大会制度与其他各项基本制度之间仍然存在着需要协调的地方，尤其表现在具体制度和规章制度之间。通过基层人大的改革创新，能够加快具体制度和规章制度的调整和建设步伐，构建起系统完备、科学规范、运行有效的人大制度体系。

（三）以激发人大制度活力作为当前主要任务

制度的生命力在于执行，制度的作用在于有效发挥。要积极探索人大

制度的有效实现形式，激发人大制度活力。持续加强人大工作的法制建设，特别是关于人民代表大会权力的配置、规范与监督，要科学配置人民代表大会权力和职能，加强和改进对人大代表行使权力的制约和监督，推行地方各级人大权力清单制度。通过基层人大的改革创新，能够最终形成人民代表大会权力运作的规范化，实现国家治理活动的程序化和法治化，由此推动人大制度建设的现代化。

古今中外的经验告诉我们，只有激发制度活力，才能形成制度合力和治理效能，最终实现治理目标。要全面推进制度的现代化，只有通过基层人大的改革创新，才能激发制度活力、激活基层经验、激励代表作为，扎扎实实把人民代表大会制度推向深入，逐步实现人民代表大会制度的现代化建设。

第二章　基层人大改革创新的谋篇布局

不谋全局者不足以谋一域，不谋万世者不足以谋一时。顶层设计是运用系统论的方法，从全局出发，对某项任务或者某个项目的各方面、各层次、各要素统筹规划，以集中有效资源，高效快捷地实现目标。为了顺利实现基层人大的改革创新，站在较高的政治站位上谋篇布局起着决定性的作用。围绕选举产生代表、代表工作室建设、拓宽监督渠道、增强代表联系能力等各环节整体规划，致力于提高人大工作能力，是基层人大改革创新的第一步。必须注重历史和现实、理论和实践、形式和内容有机统一，坚持从实际出发，既要把握长期形成的历史传承，还要把握现实要求，着眼解决现实问题。

第一节　推进“四同一建设”，提高人大工作能力

2017 年以来，石泉县认真贯彻落实中央 18 号文件和省委人大工作会议精神，扎实推进镇人大工作和建设。党的十九大召开后，为了适应新时代新要求，安康市人大常委会统筹谋划，积极作为，深入开展镇人大“政治同向、法治同轨、发展同力、与民同心、全面加强自身建设”为主要内容的“四同一建设”工作。石泉县积极主动贯彻执行这一理念，推进基层人大工作规范化绩效化建设步伐，进一步推动镇人大工作和建设再上新台阶。2018 年 7 月 31 日，石泉县人大常委会组织各镇人大主席、人大专干，到喜河镇现场观摩镇人大“四同一建设”和代表工作室建设情况，学习先进经验模式。之后召开推进会，对推进镇人大“四同一建设”和人大工作创新进行了安排部署，以持续提升基层人大整体水平。

一、围绕发展中心谋划工作

以经济建设为中心是兴国之要，发展是解决我国所有问题的关键，只有推动经济持续科学发展才能使国家繁荣富强、人民幸福安康，这就要求我们开展人大工作必须“有纲有魂”，这个“纲”就是经济发展，这个“魂”就是持续科学。

谋划人大工作，要在求实效上做文章，绝不能搞花架子，作出的决议、决定，必须坚持紧扣发展这个要务，围绕发展这个中心，以追求持续科学发展为目标，把促进发展贯彻落实到人大各项工作中去。从人大工作的性质和特点出发，积极探索监督工作的有效形式，努力找准人大工作与经济社会发展的最佳结合点，改进监督工作，充分发挥人大常委会的职能作用，为振兴地方经济、促进社会和谐服务。也要按照本地总体发展思路制订常委会工作计划，自觉投身到经济建设的主战场中，通过充分行使宪法和法律赋予的各项职权，为实现经济社会的科学和谐发展提供良好的法治环境。为发展提供力量，人大工作义不容辞。

二、重点写好民生这篇文章

民生问题是与人类社会相生相伴的永恒主题，今天我们站在新的历史起点上，在全面深化改革，推进社会主义现代化的新阶段，保障和改善民生的意义无论怎么强调都不过分。保障和改善民生不仅是我们一切工作的出发点和归宿点，是多元化社会凝聚的核心力量，更是中国特色社会主义的重要内涵。改善民生，提高人民群众生活水平，是我党对人民群众的庄严承诺。关注和改善民生，既是大势所趋也是责无旁贷，因此，我们在地方人大工作的统筹上，要重点写好、做好民生这篇文章，向人民群众交出一份满意答卷。

重点围绕教育、医疗、就业、群众生活、社会保障、社会稳定等民生问题确定人大听取和审议专项工作报告、视察和调查的议题，加强对政府在人民代表大会上承诺办实事情况的监督，取信于民。地方人大应更加深入地走近群众，更加耐心地倾听群众的心声，努力为群众解决实际问题，积极化解矛盾，最大限度地增加和谐因素。

通过各项职权的行使，把解决群众最现实的利益问题同推进经济社会的整体发展结合起来，使改革和发展的成果更好地体现到改善民生上，落实到人民教育、医疗卫生权利的实现上，让文化建设的成就落实到人民对精神生活产品权利的获得上，真正做到发展为了人民，发展成果由人民共享。

三、务实创新措施精心布置

有人认为，人大工作都是按法律规定和程序进行，无所谓创新，不能创新，也不好创新。如果任凭这种因循守旧、唯守教条、故步自封的观念发酵，何来制度更加完善、形式更加丰富、创造性更进一步发挥呢？要在坚守党的领导和现有法律框架、秉持务实态度的基础上，积极探索新思路、新方法、新机制。

一是坚持思路创新。要紧紧结合人大的职能和当前形势，及时了解党委的意图，随时掌握社情民意，善于多角度观察、分析问题，立足自身优势，增强工作的预见性和超前性，精心选题，提出符合本地实际，推动各项事业快速发展的意见和建议；二是坚持方法创新。要改变传统调研视察审议的方式方法，本着“选择课题要精、调研要深、反映要实、建议水平要高”的原则，不泛泛而论，要一针见血，提出中肯、具体的意见，确保能够解决一些实际问题；三是坚持机制创新。要及时总结实践中一些好的做法和经验，使其形成具有可操作性的工作机制，如在法律监督方面，要不断完善执法检查的制度和程序机制；在工作监督方面，要建立健全听取审议专项工作报告、视察、调研、建议办理的有关制度和程序，逐步建立询问、质询、组织特定问题调查等制度。

思路创新是人大工作创新的起点，破解常规存在问题首先要做到思路创新。坚持思路创新，其抓手则是方法创新，通过方法创新可以把思路创新落到实地。机制创新则着眼于思路创新和方法创新的可持续性，通过机制创新可使思路和方法的创新得到长久延续。

第二节　保障换届选举成效，严把“三关”强队伍

选举人大代表是人大工作的重要政治活动，以习近平总书记为核心的

党中央高度重视人大代表选举工作。习近平总书记多次发表重要讲话、作出重要指示，要求确保选举工作风清气正、选举结果人民满意。通过严把代表入口关、选民登记关、督查关，能够在很大程度上保障换届选举成效，顺利选出公认的人大代表，充实壮大现有的代表队伍。

2016 年 9 月 26 日是石泉县、镇两级人大换届的法定选举日，全县 142 710名选民在 70 个大选区、252 个小选区选举产生 153 名县人大代表、562 名镇人大代表。由于组织严密、程序严格，在不设流动投票箱的情况下，全县选民参选率达到 89. 1%，多数选区参选率超过 90%，比上届参选率高出近 10 个百分点，选举获得圆满成功。石泉县位于陕西南部安康市的西部，地处秦巴腹地，是一个山区县，也是国家秦巴连片扶贫开发重点县，选民分布在 11 个镇、161 个村（社区），在量大、面广的情况下，却有如此高的参选率，主要得益于以下几点。

一、强化组织领导，严把代表入口关

选出高素质、令群众满意的人民代表，是换届选举的核心任务。石泉县严格落实上级系列文件精神，严把代表入口关和质量关，坚持几上几下、上下结合，充分酝酿、反复协商，在广泛听取广大选民及各方意见后，再提名、推荐产生代表初步候选人名单。在认真搞好县人大代表初步候选人、建议人人选提名推荐工作的基础上，石泉县全面铺开了县人大代表初步候选人、建议人人选的考察工作。

（一）周密部署，搞好培训

2016 年 9 月 5 日，石泉县召开了县人大代表初步候选人、建议人人选考察工作部署暨培训会议。会上对整个考察工作进行了全面安排部署，对相关业务工作进行了系统培训，通过探讨，对考察工作过程中可能出现的问题进行了现场解答。对于考察工作，各考察组要遵循以下四个基本原则：一是考察工作责任重大，各考察组要认真负责、坚持原则、不搞形式、不走过场，确保考察工作按程序进行；二是充分发扬民主，广泛听取群众意见，不准以个人意见代替集体研究，不准以少数人意见代替组织意见；三是严格遵守换届纪律、组织人事纪律和廉政建设有关规定，自觉维护考察组的形象；四是实行考察工作终身负责和全程纪实制度等要求。

（二）细化分工，明确任务

在县委组织部制订的《县人大代表初步候选人建议人选考察工作方案》中，对考察时间、责任分工、考察内容、考察方法等方面均作了具体安排。其中指出：县人大代表初步候选人建议人选考察工作在县委的领导下，由县委组织部牵头，会同县人大、县纪委、统战部等相关部门，在各镇党委的配合下开展。同时，抽调了120余名干部组成13个考察组，分别负责全县10个部门、11个镇、70个大选区200多名县人大代表初步候选人建议人选的考察、审查工作。另外，镇人大代表初步候选人建议人选的考察、审查工作由各镇党委负责具体组织。

（三）规范程序，严格要求

对县人大代表的选举工作应按照发布考察预告，组织民主测评、民主征求意见，个别谈话，作出考察鉴定，进行“入口”身份审查，撰写考察报告等基本程序，对县人大代表初步候选人建议人选的政治素质、思想品行、廉洁自律、履职能力、群众基础、遵纪守法、社会形象7个方面的情况要进行全面综合的考察。而且对干部职工、企业主或工人、村级干部群众等各方面考察对象的民主测评、征求意见、个别谈话参加人员范围和人数等方面作了具体要求，提出了要通过有关部门对所有考察对象作出综合鉴定或专项鉴定，认真核实考察对象身份、界别、工作简历各方面的情况。

代表“入口关”是强化队伍“三关”中的首要一关，这直接决定了可选代表的范围与比例幅度。因此，要周密部署、搞好培训，严格遵守换届纪律，维护考察组自身形象；要细化分工、明确任务，合理做好换届选举考察分工，加强各部门之间相互协作；要规范程序、严格要求，综合全方面地考察候选代表，保证其民意测评的高效性和有效性。

二、强调“六个到位”，严把选民登记关

县、镇人大换届选举工作中，选民登记是一项基础性工作，为做好此

项工作，需要周密部署，精心组织。为把选民登记工作做实、做细、做准，石泉县、镇、选区等各级选举机构有效利用日常通信、微信群、QQ群等方式联系在外务工人员，又运用多种方式加强宣传，统一进行入户登记选民、入户发放《选民证》的“两入户”工作，提高了选举工作知晓率。同时，建立了选民电子信息库，与公安系统户籍信息进行对比，避免重登、漏登、错登现象。保证选民登记工作有序平稳开展。

（一）组织领导到位

高效的组织领导是进行选民登记工作的首要任务，这直接决定了此项工作效率的高低。成立选举工作指导小组和选举委员会，按照每选区选举产生1~3名代表，各选区每名代表所代表的人口数大致相等的原则，设立数量适当的若干个小选区和大选区，及时成立各县、镇人大换届选举工作领导小组和大、小选区选举工作组，充实工作人员，组成坚强有力的工作队伍。

（二）业务培训到位

业务培训是完成选民登记工作的关键一步，这关乎开展此项工作时的纪律好坏。为了使各选区的选举工作顺利实施，各镇的选举委员会采取以会代训的方式，召开县镇人大换届选举工作业务培训会，对各选区工作人员进行业务知识培训，明确工作纪律，夯实工作责任，确保工作效率。相对而言，基层人大代表和群众缺乏系统的选举知识与概念，通过培训活动来提升认知实为必要。

（三）宣传发动到位

广泛的舆论宣传是开展选民登记工作的有效环节，这在很大程度上决定了参选率的高低。通过召开镇村干部会、挂标语、贴横幅、发宣传单、发手机短信、印发《致选民的一封信》等宣传形式，大力宣传人大换届选举的重要意义、指导思想、时间安排、方法步骤和工作纪律，特别是选民登记工作的程序、环节和注意事项等。力求做到家喻户晓、人人皆知，努力提升选民群众的知晓率和参与率。

（四）情况掌握到位

全面的情况掌握是开始选民登记工作的基础保证，反映了此项工作开展前的准备工作是否充足。为了全面掌握情况，主要做好以下三项工作：一是做好入户核实，各选区工作组成员挨家逐户现场核对；二是强化沟通联系，分别给相关单位发送《选民登记联系函》或打电话，征求本人意愿，促其参加选举活动；三是做好特殊人群统计登记，针对患有精神疾病或长期外出下落不明等人员，召开村民代表会议并上报镇选举委员会，不予进行选民登记。

（五）督促指导到位

持续的督促指导是完成选民登记工作的必要事务，这能够保证此项工作持续不断地、有条不紊地开展。镇选举委员会成员分片包干，定期深入各选区，加强督促检查，及时发现问题，了解掌握选民登记工作的进展情况，仔细查询选民登记情况，现场答复解决换届选举工作的实际困难与问题，督促有关选举单位依法办事。切实把工作做细、做实，有效防止选民登记工作中的错登、漏登和重登现象。

（六）张榜公告到位

完整的张榜公告是完成选民登记工作的最终步骤，这直接显示了此项工作的最终成果。选举过程的公正公开至关重要，让人大代表与群众直接看到最终结果必要且关键。在镇选举委员会的督促指导下，各选区多次核对，分别对各选区的选民名单张榜公布，对存在疑问的地方通过检查认证核实情况，全面完成选民登记工作，为圆满完成县、镇人大换届选举工作打下坚实基础。

以上的“六个到位”是一个不可分割的有机整体，每个环节都起着不可替代的关键作用。其中，情况掌握到位是开始选民登记工作的基础，组织领导到位、业务培训到位、宣传发动到位、督促指导到位应贯穿选民登记工作的整个过程，而张榜公告到位是完成选民登记工作的保障。六个环节共同作用能够促进选民登记工作的顺利实施，最终达到预期效果。

三、强调风清气正，严把督查关

为了确保选举工作的公平、公正、公开，确保风清气正，有效的督导检查必不可少。石泉县抽调县人大、组织部等部门的干部，由县人大常委会主任、副主任担任组长，组成5个换届选举工作指导组，50余次到11个镇轮回督导，检查指导各镇依法有序、务实推进换届选举工作。

（一）逐级开展谈心谈话

严把纪律监督关，要逐级开展谈心谈话。县委书记与各镇党委书记，纪检、组织部门与各镇领导班子成员及后备干部，各镇党委书记与所属基层党组织书记分别进行谈话；党委负责人与落选代表候选人、落选政府班子候选人进行谈话。

（二）逐级签订责任状和承诺书

为确保换届风清气正，石泉县对严肃换届纪律“九个严禁、九个一律”要求和《严肃换届纪律公告》进行了集中广泛的宣传，制作并发放了严肃换届纪律知晓卡，严肃换届纪律提醒。通过签订《换届纪律责任书》、观看警示教育片、组织换届纪律知识测试等方式，强化了换届纪律。

（三）逐级保障联动有序

切实做到换届选举的组织、经费“两个保障”到位，统筹指导、工作督查、业务审查“三项督导”有力，县镇选委会、县选委会指导组、选区选举工作组、选区选民小组“四级联动”有序，使整个换届选举工作务实推进、全民参与、全部合法有效，才能选出组织放心、人民信任、素质过硬的新一届县、乡人大代表。

督查关是强化队伍“三关”中的最后一关，但这并不能否定它的重要性，相反，这一关应贯穿换届选举整个过程。通过开展谈心谈话、签订责任状和承诺书、保障联动有序的方式，能在很大程度上净化基层人大工作的政治生态，保证换届选举风清气正。

第三节 拓宽人大监督渠道，开展“三问”促落实

人大监督是制度性和法律性的统一，是国家监督体系的重要组成部分。基层人大普遍存在会议质量不高、“走过场”，履行法定职权不充分、工作虚化等问题。石泉人大常委会秉承“总结、继承、完善、提高”的原则，注重在传承中发展，深入分析基层民主法制建设的新趋势，主动把握人大工作规律，精心谋局布篇，依法认真履行职责，务实创新，讲究实效，确立了发展上要与党委同频共振、监督上要有力有效、机制上要创新突破、形象上要做到“三严三实”的工作目标。通过电视网络问政、问卷调查、监督问效等方式方法，坚持以创新为引擎，着力拓宽监督渠道。主要做好以下三方面的工作。

一、及时回应群众关切，开展电视网络问政

目前，我们的社会正处于新的发展时期，公众对政策走向的关切以及相关回应的质疑，几乎每天都见诸各种媒体，呈现出一种前所未有的态势。有效回应群众关切，密切党群、干群关系，是人大及其常委会的必然职责。在石泉县十八届人大一次会议上，代表们提出了188件议案，并提出了批评和建议。2016年12月20日，刚刚换届20天，石泉县新一届人大常委会就举行了人大代表电视网络问政会，由县农林科技局、合作医疗办公室、烟草局三个单位主要负责人现场接受县人大代表的“考问”。由该县电视台全程转播、石泉县公众微信平台现场发布、石泉各大网站报道。一石激起千层浪，受到广泛关注热议和支持点赞。该电视网络问政会主要呈现出以下五个特点。

（一）问题：不好答复

与会70余名县人大代表围绕蚕桑产业发展、烤烟生产销售、新农合相关政策，对三个单位负责人连珠炮般发问。在近三个小时的问政活动中，代表们共提出了20多个问题，问题犀利，一针见血，问政现场气氛热烈，

"辣味"十足。三个单位负责人从政策规定、目标定位、解决办法、改进措施等方面一一回答，对有关计划落实的事项作出承诺。

（二）测评：不好下台

每一单位的问答结束，代表们就对其答复情况进行满意度测评，当场公布测评结果。据测评，县农林科技局满意率最高，达85.3%，合作医疗办公室为76.5%，烟草局为55.9%，从表2.1中可以看到代表和群众的期盼与各单位在有关工作上的差距。按照会前通过的满意度测评规定，满意率低于80%的即为不满意，现场状况让有关负责人"红脸出汗"有些下不来台。

表2.1 电视网络问政代表满意率

单位名称	代表满意率
县农林科技局	85.3%
合作医疗办公室	76.5%
烟草局	55.9%

（三）后续：不改不行

县人大常委会决定，针对此次问政中单位负责人的答复意见和措施，县人大将进行跟踪督办，并向县人大常委会报告整改情况，及时在网络媒体公开。对整改落实不力、代表仍不满意的，进一步启动相关监督程序，确保每位代表提出的问题得到实质性解决和回应，切实保障人民当家作主的权利。

（四）动因：急事不等

如何回应代表和群众关切的问题，是新一届县人大常委会面临的首要问题。面对代表反映强烈、问题集中、急需办理的建议，县人大常委会进行了梳理，一致认为，群众等不起，也不能等，要以最快的速度进行深入调查研究，以代表问政的方式，及时回应群众的关切，有效解决群众所关心的问题。

（五）思路：不落俗套

新一届人大常委会坚持“总结、继承、完善、提高”的原则，按照人大工作围绕大局转、围绕法律转、围绕民意转、围绕代表转的思路，锐意创新，务求实效，根据监督法的有关规定，借鉴网络问政的做法，首次开展代表电视网络问政，将传统媒体与新兴媒体相结合，借助新闻舆论和群众监督的力量，推进群众关注的热点、难点问题的解决。

人大代表是国家权力机关的组成人员，代表工作是人大的基础工作。人大代表除每年参加人代会外，大部分履职时间都在闭会期间。而在信息技术高度发达的今天，网络技术已经影响到人们社会生活的方方面面，利用网络来更好地探索网络履职新方式，是石泉县敢为人先的魄力所在。

二、综合研判实施监督，开展问卷调查

调查问卷是实施监督的又一重要举措。一份优秀的调查问卷，既要精确反映调查者的目的，又要准确传达被调查者的想法，是连接调查者与被调查者的信息纽带。调查者在回收问卷后，通过整理问卷资料，对其中的信息进行分析、归纳和总结，能够获得很多信息，从而得到基本结论，进而解决根本性问题。石泉县创新开展问卷调查，对政府干部和人大代表的履职行为和结果进行监督。该方式实施之后，石泉县群众与代表、代表与干部之间的关系得到了改善，多方工作得以改善，其主要做法如下。

（一）收集群众意见，改进人大代表工作

要有针对性地改进代表工作，群众的真实意见极为关键。为此，石泉县通过向群众发放人大代表满意度测评表、脱贫攻坚助力程度测评表等一系列问卷来收集真实信息，从中发现代表工作的优点和不足，给代表一个准确定位。一般来讲，问卷测试内容包含以下几方面情况：代表学习贯彻党的方针和国家法律法规情况，代表在人代会期间履行职责情况，代表在闭会期间参加代表活动情况，代表平时联系选民、下情上传、尽力帮助群众排忧解难情况，代表承诺选民事务的践行情况等。

（二）收集代表意见，改进“一府两院”工作

在石泉县十八届人大二次会议上，全体县人大代表收到了一份沉甸甸的《石泉县人大常委会与“一府两院”工作报告及工作落实情况满意度调查问卷》，首次对人大常委会、“一府两院”工作报告及工作落实情况进行满意度调查，报告实不实、工作好不好，都通过书面测评来反映。在对调查问卷进行统计分析后，形成专题报告，把代表的评价意见原汁原味地反馈给“一府两院”，并把代表意见作为实施监督的依据，促使其针对短板和差距改进工作。

开展问卷调查是拓宽人大监督渠道的方式，在新时代背景下极其有效。通过收集群众意见，能够促进代表工作的改进；通过收集代表意见，能够促进“一府两院”工作的改进。总之，开展问卷调查能够利用较小的成本在一定时间内获得大量信息，从而对工作作出相应的调整。

三、建立长效机制，开展监督问效

石泉县人大常委会通过视察调研、执法检查、专题询问、述职评议等方式开展常态化监督，定期听取整改情况报告，进行满意度测评，未达到满意度的继续整改，持续监督。此外，还制订了《石泉县人民代表大会期间回答代表询问暂行办法》，修订完善县人大常委会议、主任会议议事规则，制订出台讨论决定重大事项的规定等，以此建立监督问效的长效机制。

（一）完善人大代表作风建设机制

建立健全人大代表作风建设的责任体系和机制，有利于人大代表自身建设。石泉县、镇两级人大把加强和改进人大代表工作作风建设放在突出位置，从制订规划、组织领导、制度保障、督促检查等各方面采取措施，建立健全人大代表工作作风建设的领导机制和工作机制。同时，把人大代表工作作风建设的能力作为重要工作能力，把人大代表工作作风建设的成绩当作重要政绩来对待，将本地、本单位人大代表工作作风建设情况列为人大代表年度和任期考核的重要内容。本地本单位人大代表工作作风出了

问题，主要领导干部和分管领导干部要负领导责任，问题严重的，要对负领导责任的领导干部进行问责。真正建立了“领导抓、抓领导”、一级抓一级、层层抓落实的人大代表作风建设工作机制和责任体系。

（二）完善人大代表理论学习机制

加强人大代表工作自身建设，可以靠加大日常监管和约束力度等外力推动，但更重要的在于人大代表的内心自觉性，需要人大代表能够时常加强自我修养、自我修炼、自我修正。石泉县深知这一点，从增强人大代表自身建设的内心自觉性为切入点，制订并完善理论学习机制。该机制的建设主要有以下五方面：一是完善以政治理论为主要内容的人大代表学习制度；二是坚持和完善理论学习代表责任制度、中心组学习制度、人大代表任职培训制度、代表在职自学制度和理论学习考试考核制度；三是着重建立人大代表定期进行理论知识培训和理论知识测试制度，定期组织人大代表进行理论知识培训，学习党的路线方针政策；四是按照党的十九大报告的要求，深入开展学习习近平新时代中国特色社会主义思想，加强对人大代表的思想道德建设；五是定期组织对人大代表进行理论知识测试，测试成绩进入个人学习档案。把学习情况作为考核代表的重要内容，对理论知识培训时间达不到要求或测试不合格的不予提拔使用。

（三）完善人大代表工作监督机制

强有力、全方位的监督是加强人大代表工作自身建设的重要保证，石泉县始终坚持人大代表工作监督机制的建立与完善。首先，石泉县建立人大代表工作情况报告制度，要求人大代表定期将个人的工作情况向组织部门报告；完善上级人大及组织部门负责人约谈和诫勉谈话制度，了解人大代表工作存在的问题，及时提醒，督促改进；健全人大代表工作督查制度，由纪检、组织部门牵头，邀请老党员、老干部、人大代表、政协委员组成人大代表工作督查组，采取多种办法开展常态化督查；坚持完善代表监督联席会议制度，充分发挥各单位的政治、职能优势，全面了解人大代表在工作自身建设方面的情况。以此强化自上而下的监督实效。其次，石泉县加强人大代表内部监督，发挥人大代表身边人熟悉情况的优势，落实人大内部重要情况通报和报告、情况反映、述职制度，增强了监督实效。最后，石泉县切实推动自下而上的监督，健全民主评议制度、行风评议制度、作风监督员制度、作风举报制度，充分调动群众监督人大代表工作的积极性。此外，还应用网络新技术，推广网络监督系统，建立网络信息收集制度和网络举报制度，丰富监督手段。通过完善监督制约机制，内部监督、民主监督、群众监督、舆论监督等各种监督形式有效结合起来，增强了监督的合力和实效。

（四）完善人大代表工作考核激励机制

人大代表工作考核激励机制的建立有利于提升人大代表的工作积极性。石泉县积极探索建立人大代表工作考核激励机制：一是建立和完善体现科学发展观和正确政绩观要求的人大代表综合考核评价体系。把人大代表工作作为综合考核的重要内容，细化、量化考核指标，推行人大代表工作记录制和扣分制。改善考察方法和手段，注重通过考察一些“细节”来了解人大代表工作。二是建立体现工作自身建设重要性的人大代表任用制度。把人大代表工作自身建设考核评价结果作为提拔使用干部的重要依据，关注那些不图虚名、踏实干事的人大代表，重用那些群众评价好、业绩突出的人大代表，提高选人用人公信度，并对工作存在问题的人大代表进行组织调整。三是建立人大代表工作激励制度。建立人大代表工作讲评制度，对于在考核中评出的先进典型，大张旗鼓地进行宣传和表彰，对特别典型的先进个人要给予重奖。

人大工作的监督问效是一项只有起点没有终点的工作，不可能一劳永逸、一蹴而就。必须加快建立人大代表工作监督长效机制的步伐，使人大代表自身建设成为一项常态化工作。虽说石泉县监督问效的长效机制已初步建立，但如何持续推动落实以及在落实中完善上述长效机制仍然需要进一步努力。

第四节　增强代表联系能力，实行“三抓”提实效

面对新形势、新任务、新要求，人大代表要切实提高自身联系群众的

能力，适应新时代要求。只有密切联系群众，才能汲取群众的实践智慧，获得丰富营养，了解群众所盼所想，从而引导社会矛盾纠纷以平和理性的法治途径得到化解。《中华人民共和国全国人民代表大会和地方各级人民代表大会代表法》（以下简称《代表法》，下文有关法律、规定等均为简称）规定代表必须联系群众，这说明联系是职务行为而不是自然行为。联系群众是代表履职的逻辑起点，不能就事论事看走访了多少次，联系了多少人，而是要看在联系中发现了什么问题，取得了什么实际效果。作为人大代表，要切实提高学习能力、调查研究能力、建言献策能力、勤勉实干能力、凝聚人心能力，从而更密切地联系人民群众，更好地履行代表职责。

石泉县县委高度重视支持人大工作和人大建设，县委、常委会先后多次进行专题研究，并听取县人大工作汇报，配齐、配强了县、镇人大领导班子，按比例配备了专职常委，增加了人大机关编制，设立了镇人大办公室，足额保障代表活动经费，支持人大及其常委会依法履职，有力有效开展监督，发挥代表主体作用，使人大工作真正成为党的工作的重要组成部分。此外，县人大常委会将人大代表按区域分组，分片建立了代表工作室，代表定时定点在代表工作室联系群众和选民；推行一线工作法，鼓励代表在一线建功立业；实行代表“坐班制”接待群众，打通代表联系服务群众的“最后一公里”；组织代表开展专业课题组活动，通过视察调研破解发展难题。这一系列做法使得代表在经济社会改革发展的最前沿履职尽责、担当作为，形成了民主法治与经济社会融合发展、相互促进的生动局面。

一、抓镇人大和代表工作室建设，解决有人干的问题

要增强代表联系群众能力，首先要抓工作主体的建设问题，即人大代表队伍充实壮大的问题。通过人大工作办公室的标准化建设，配备相应的人才队伍，能够保障人大工作开展的实际有效性。

为推进镇人大办公室标准化建设，石泉县重点对全县镇人大办人员进行了调整充实，各镇都配备了2～3名素质高、组织协调能力强的优秀年轻后备干部担任人大专干，解决了镇人大主席团机构“虚化”、干部不能从

事主业的问题，实现了镇人大工作组织建设和制度建设及支持保障规范化。此外，还严格实行人大代表履职承诺公示制度，出台了代表工作室建设和管理办法，人大代表得以在工作室常态化履职，及时传达党和国家的方针政策，收集社情民意，协调和督促解决群众困难问题，代表能够各尽其责，各显其能，代表工作室真正成为政策宣传和社情民意汇集的平台。编制了《石泉县党政领导干部人大代表接待选民群众时间一览表》，从县委四大班子领导到人大常委会委室主任分别对应全县46个代表工作室，主要负责接待选民，服务群众。各镇人大根据镇情实际，对人大代表工作室如何开展活动进行了创新探索，城关镇人大建立了代表工作室微信群，通过微信不定期向县镇代表发送人大新闻以及人大法律法规知识；还成立了各代表工作室课题小组，结合代表结构和各选区实际情况，确立了互不相同、各有特色的课题研究任务，使代表们履职更具有针对性和实效性。

二、抓镇人大工作指导，解决怎么干的问题

要增强代表联系群众能力，还要抓好工作过程中的执行问题，即人大工作开展的措施举措。通过科学制订考核指标体系，不断探索新举措、新路径，能够保证人大工作的顺利开展。

针对镇人大工作不够规范等方面的问题，县人大常委会加强了对镇人大业务上的指导和工作上的联系，提高了全县人大工作总体水平。并且进一步完善《石泉县镇人大工作考核办法》，科学制订考核指标体系，编制镇人大规范化建设制度参考模板，为各镇人大规范化建设提供参考。县人大常委会领导与相关委室分片联系镇人大工作，经常督导镇人代会、视察调研、代表培训、代表小组活动等工作，倡导和鼓励各镇创特色出亮点。坚持镇人大主席列席县人大常委会会议，定期召开镇人大工作和镇人大主席座谈会，总结工作，研究问题，交流经验，相互学习借鉴，不断探索和研究镇人大工作的新举措、新途径，形成追赶超越的良好态势。对镇人大重大创新工作进行表彰奖励，如在2017年镇人大工作座谈会上，对池河镇代表工作室建设这项创新工作给予3万元奖金。

三、抓激励代表作用发挥，解决干成什么样的问题

要增强代表联系群众能力，最后要抓工作成果的获得问题，即代表意见建议办理及群众满意度的提高。通过组织代表培训、传授代表经验，鼓励代表有所作为，能够保障人大工作满意率不断提高。

县人民代表大会召开之前，县人大常委会组织对县人大代表专门进行了履职培训，聘请省人大立法专家授课，邀请人大机关工委领导传授经验，邀请老代表现身说法，为高质量开好人代会和代表履职厉兵秣马，广大代表现学现用，取得了立竿见影的效果。在闭会期间，采取集中培训、学习考察、实践锻炼、传帮带考等措施，有计划地对代表进行法律法规、履职方法、思维观念和作风纪律的培训，不断提高履职水平。并制订代表小组活动、代表约见机关负责人、代表联系群众、向选民述职等工作办法，健全代表管理、活动、联系以及履职激励约束机制，完善代表履职档案，使代表履职活动全程留痕。组织开展“石泉县人民满意的十佳代表”评选活动，让代表手有权力、肩有责任，干有标准、做有保障，进有激励、退有鞭策。此外，还高度重视代表议案、意见建议的办理工作，探索代表建议办理满意率和解决率同步提高的路径，防止“重答复、轻落实”的现象。将代表建议办理工作纳入全县目标责任制考核，纳入县、镇、村书记“民情三本账”，实行台账式销号管理。开展代表建议网上公开、优秀代表建议和办理建议先进单位评选表彰活动，鼓励代表在各行各业争先创优，建功立业。由此，代表工作开展得有声有色，呈现出勃勃生机。

经过不断的探索实践，石泉县人大工作逐步形成了“一线、两室、三问、四转、五同、六有”工作模式，即把学习习近平总书系列重要讲话和宣传贯彻党的十九大精神作为人大工作的一条主线；抓好人大代表工作室、镇人大主席团办公室两个载体；开展代表电视网络问政、代表满意度问卷、监督工作问效的“三个问”；做到人大工作围绕中心转、围绕法律转、围绕民意转、围绕代表转的“四个转”；始终坚持与县委同向、与政府同力、与人民同心、与法治同轨、与时代同行的“五个同”；对人大机关自身建设提出“六个有”要求，即要形成人大办公室的工作有“效”，

法治工委监督有“度”，城建环保工委有“声”，教科文卫工委有“力”，人事代表工委有“品牌”，财经工委有“威”的格局。紧紧围绕此工作模式来开展日常活动，县人大工作整体水平不断提升，为实现追赶超越、加快推进县域经济社会发展发挥了积极作用。

第三章　谋划“四同一建设”引领人大工作创新

为了更好地指导基层人大工作的改革创新，安康市结合基层人大工作实际，在充分调研的基础上，提出了“四同一建设”理念，即“政治同向、法治同轨、发展同力、与民同心、全面加强自身建设”。“四同一建设”工作思路高点定位，具有很强的政治敏锐性，且操作性强、指导作用好，能够促进镇人大工作在末端有效落实，加快推进基层人大工作规范化绩效化建设步伐，有力推动地方经济建设、社会事业全面发展。基层各地积极提高站位、把握机遇、勇于创新，不断在引导激励代表履职、发挥代表作用上下功夫，在助力脱贫攻坚、保护生态环境等方面有效发挥人大作用。

第一节　“四同一建设”的提出背景

随着社会发展进步，新情况、新问题不断涌现，原有的一些工作制度存在着这样或那样的不足，制订、完善相关工作制度是必需的。同时，基层开展制度探索创新，先行先试，也可以为制订国家层面的规章制度提供参考。因此，只要在法律的框架内，只要是为人民群众谋福利，基层就可以自行修订一些制度来推进人大常委会科学化、制度化、规范化建设。

石泉县人大常委会立足县乡实际，以乡镇人大规范化建设为突破口，适应新要求，探索新路子，有力推动乡镇人大工作高质量发展。为了使基层人大工作改革创新规范化、标准化，坚持提高站位、坚持问题导向、坚持规范有效，安康市人大在理论与实践的基础上，不断探索，开创性地提出了“四同一建设”，要求转变思想观念、认真研究、善于思考，理直气壮地抓好人大工作，积极挖掘自身特色和潜力，努力形成人大工作特色品牌。

一、坚持提高站位，围绕“大盘子”，全面夯实组织保障

对于同一个问题或同一项工作，站位高低、格局大小、视野宽窄、措施实虚，其效果截然不同。站位高，才能让工作聚焦大局大事，站得高则看得远；格局大，才能让工作扣紧主题主线，胸中有大格局，梦想才会照进现实；视野宽，才能让工作出新出彩，心有多大，舞台就有多大；做实事，才能让工作落地。思路确定后，关键看代表。

（一）提高政治站位

紧紧围绕落实中央和省、市、县委要求，坚定制度自信、保持一线状态，把推动人大工作高质量发展作为当前一项重要的政治任务。县委每年召开一次人大工作会议，相继出台《进一步加强人大工作和建设的决定》和《进一步规范全县县乡人大组织机构设置、人员编制和工作机制的意见》，为与时俱进加强乡镇人大规范化建设营造良好环境，提供政治保障。

（二）提高全局站位

各乡镇党委把人大工作纳入党委工作的重要议事日程，每月听取乡镇人大工作汇报，研究解决乡镇人大规范化建设中的困难和问题。围绕代表小组作用的发挥，积极争取乡镇党委重视，全县诸多代表小组建立临时党支部，力求把党的领导落实到人大工作全过程。

（三）提高履职站位

明确乡镇人大主席为乡镇人大工作“第一责任人”的责任，强调基层人大工作有效与否与人大主席存在直接关系。要引导其回归主业、担起主责，督促其按照职责定位，自我加压、主动作为，为基层人大工作尽职尽力。

当下，从政治站位、全局站位、履职站位三个维度谋划推进“四同一建设”，有利于提高站位、扩大格局、拓宽视野、落实措施，全面夯实组

织保障。

二、坚持问题导向，找准“短板子”，全面激发内生动力

中国共产党人干革命、搞建设、抓改革，从来都是为了解决中国的现实问题。中国共产党成立以来，之所以能够走在时代前列，引领中国进步，一个重要原因就在于准确把握了民族独立、人民解放和国家富强、人民幸福的历史性课题，并为此不懈奋斗。基层人大的改革创新工作也应如此，要坚持问题导向，找准“短板子”，全面激发内生动力，谋划推进“四同一建设”。

（一）深入调研，摸清问题

组建调研小组深入基层，专题调研乡镇人大规范化建设，发现法定会议质量不高，存在“走过场”现象；行使法定职责不到位，存在“虚化”“弱化”“淡化”现象；代表小组活动频次不够、质量不高，存在形式主义问题；部分代表的代表意识、履职能力不强，存在“不愿、不会、不能履职”等问题，为推动乡镇人大规范化建设找准了症结所在。

（二）深入剖析，摸清原因

召开乡镇人大主席座谈会，深入分析问题产生的原因，总结出思想认识有差距、组织机构定位模糊、监督缺乏刚性规定、人大环境不适应等原因，为解决乡镇人大规范化建设问题找到了根源。

（三）深入思考，出谋划策

多次召开县人大常委会主任会议和乡镇人大主席座谈会，从正视新问题、明确新要求、开创新局面三个方面，反复研究乡镇人大规范化建设的思路和路径，形成了《进一步加强乡镇人大工作指导意见》，为全县乡镇人大规范化建设有序推进、有效落实指明了方向。

坚持问题导向、精准发力，抓重点、攻难点，破难题、补短板，有利于全力探索实践基层人大改革创新，切实提升人大工作水平。

三、坚持规范有效，扎牢“铁笼子”，全面健全完善制度

在全面深化改革、全面建成小康社会的新形势下，进一步明确基层人大职责权利、规范基层人大工作制度、保障基层人大工作正常开展，对于提高基层人大工作整体水平，促进地方经济社会快速发展，加强基层政权建设、巩固党的执政基础，进一步完善人民代表大会制度具有重要意义。

（一）健全完善制度法规

先后健全完善《乡镇人民代表大会会议制度》《闭会期间人大主席团会议制度》《人大代表学习制度》等各项制度，统一编发《人大代表常用法律法规汇编》，并分发各乡镇人大、代表小组和人大代表执行。

（二）优化代表履职管理

将“聚力脱贫攻坚、人大代表在行动”活动登记簿的内容合并到人大代表活动登记簿，人大代表建议、批评、意见登记簿的内容合并到人大代表联系群众登记簿，人大代表履职工作笔记本记录日常履职情况，实行痕迹管理，确保有据可查。

（三）完善服务保障机制

适当并尽可能提高乡镇人大代表活动经费，确定一个代表小组每年收入的最低标准，对无固定收入的乡镇人大代表，给予务工、交通等补贴，保障人大工作高质量发展。

以健全完善制度法规、优化代表履职管理、完善服务保障机制为着力点，有利于全面健全完善制度，切实推动人大工作健康有序开展。

第二节 “四同一建设”的总体思路

开展任何一项工作之前，形成清晰的思路至关重要，工作思路清晰能够有效发挥总揽全局协调各方的作用。“四同一建设”总体思路如下：一

是坚持政治自觉与党委同向，始终保持正确的政治方向；二是紧扣发展大局与政府同力，始终把推进发展作为第一要务；三是关注群众利益与人民同心，始终把人民利益放在首位；四是推动依法治理与法治同轨，始终维护宪法和法律的权威；五是注重加强人大自身建设，始终坚持不断进行自我革新。

一、坚持政治自觉与党委同向

办好中国的事情，关键在党，关键在党要管党、从严治党。坚持和完善党的领导，是党和国家的根本所在、命脉所在，是全国各族人民的利益所在、幸福所在。其他任何一项工作都要坚持政治自觉，时刻保持与党委同向。

必须坚持党的领导，维护核心、坚定自信，始终保持正确的政治方向。坚持党的领导，是实行人民代表大会制度的内在要求，是人民代表大会制度的重要特色和优势所在，是做好人大工作的根本保证。县人大常委会始终把人大工作置于县委领导之下，坚决维护县委总揽全局、协调各方的领导核心地位，坚定人大制度自信，依法行使重大事项决定权和人事任免权，把县委的主张转化为人民意志，通过加强依法监督，推进县委重大决策部署的贯彻落实。

必须毫不动摇地坚持党的领导，保持正确的政治方向，维护县委总揽全局、协调各方的领导地位。县十八届人大一次会议闭幕当天，人大常委会党组就召开了扩大会议，邀请县委主要领导给新当选的全体常委会组成人员讲要求、提希望。工作中，坚决执行县委的决策部署，坚持重点工作向县委汇报、重大事项向县委请示，认真落实县委的各项决议，围绕县委决策谋划工作，以实际行动推动县域经济社会快速发展。

二、紧扣发展大局与政府同力

以经济建设为中心是兴国之要，发展仍是解决我国所有问题的关键，是国家繁荣富强、人民幸福安康、社会和谐稳定的物质基础。政府是引领发展的带头人，其他任何机构部门都要紧扣发展大局，始终保持与政府同力。

必须坚持服务大局，主动作为、勇于担当，始终把推进发展作为第一要务。县人大常委会自觉把人大工作放在全县改革发展稳定大局中来谋划，紧紧围绕事关改革发展稳定全局的重大问题，选定重点议题。通过依法开展专项监督与跟踪问效监督相结合、监督工作推进与作出重大决议决定相结合、监督“一府两院”改进工作与支持“一府两院”依法履职相结合的方式，确保人大工作与中心工作目标统一、步调一致，推动县域经济社会健康发展。

必须充分发挥人民代表大会制度优势和职能作用。正确处理与“一府两院”的关系，主动沟通、加强联系，召开人大常委会与“一府两院”主要负责人座谈会，就人大常委会监督工作思路、年度监督重点、监督措施等进行通报，以增进了解、达成共识，做到履职不错位、支持不越位、尽责不缺位，寓支持于监督之中，在良性互动中，凝聚石泉跨越发展的强大合力。

三、关注群众利益与人民同心

人民群众是社会物质财富的创造者是社会精神财富的创造者，是社会变革的决定力量。一切为了群众，一切依靠群众，从群众中来，到群众中去。任何一项伟大的事业都要关注群众利益，时刻保持与人民同心。

必须坚持履职为民，顺应民心、合乎民意，始终把人民利益放在首位。县人大常委会坚持把改善民生福祉作为履职重点，把实现和维护人民群众的根本利益作为出发点和落脚点，始终坚持以人为本，为民履职的理念。时刻关注群众切身利益，着力监督解决经济社会发展中的重点、群众关注的热点、社会反映的难点问题，确保人大工作在各个环节体现人民意志，代表人民利益，推动全县社会事业的协调发展。

必须坚持把人民放在心中最高位置，让人民当家作主。把人民群众对美好生活的向往作为工作重点，创新工作方式方法，积极搭建代表联系群众的平台，建立人大代表工作室，密切代表和群众的联系，广泛听取群众意见建议，解决群众问题，接受人民监督，让人大工作更加符合民意、顺应民心。

四、推动依法治理与法治同轨

现如今，中国作为法治国家，正在不断推进法治社会建设。一个成熟的社会，需要具备精神和制度两方面因素，即具有法治精神和反映法治精神的制度。任何单位、任何工作都要推动依法治理，始终保持与法治同轨。

必须坚持法治思维，依法履职、加强监督，始终维护宪法和法律的权威。牢固树立法治思维，始终按照宪法和法律赋予的职权依法履行职责，充分发挥县人大常委会在推进法治建设中的带头作用。维护宪法的法律权威，注重营造良好的法治环境，推进法治石泉建设。高度重视对普法、执法、依法行政的依法监督，增强全民宪法意识和法治观念，保证宪法和法律有效实施，推进法治石泉建设进程。

依法审议批准《关于石泉县法治宣传教育第七个五年规划的议案》，以此引导全县“最大多数”人树立法治观念，提升法律素养；对任职人员进行法律知识考试，促进“关键少数”成为尊法、学法、守法、用法的模范；认真落实宪法宣誓制度，组织新任职人员公开向宪法宣誓，通过庄严的仪式化表达，激励他们成为宪法的忠实信仰者、自觉实践者和坚定捍卫者。

五、注重加强人大自身建设

加强人大自身建设十分重要，对于正确和有效行使法定职权具有举足轻重的作用。它对于保证法律法规的有效实施、提高人大的整体效能和决策水平、改善人大的社会权威和支持意义重大。

必须坚持自我革新，不断完善，持续改进，始终注重自身建设。完善人大自身建设是进一步健全人民代表大会制度的重要组成部分，是政治体制改革和社会民主建设的重要组成部分。加强人大自身建设，有助于进一步完善人民代表大会制度。为使人大常委会真正成为有权威的国家权力机关，能正确行使法律赋予的职权，要在思想上、组织上、制度上、作风上进行相互联系的多层次、综合性的建设，主要包括群体结构、组织体系、制度建设、思想作风等方面建设。通过加强自身建设，可以使其共同拥有坚定的政治立场、较高的思想水平、坚实的理论基础、丰富的法律知识、较强的议政能力、务实的工作作风、旺盛的工作热情，正确行使法律赋予的职权。

从根本上说，人民代表大会制度的完善，乃至整个社会主义民主政治的建设，都有赖于社会经济文化的发展，是一个逐步积累的过程。完善人大自身建设，是一个时代性课题，它随着时代的发展而变化，需要我们不断探索和完善。

第三节 “四同一建设”的工作方法

实践是检验真理的唯一标准。提出“四同一建设”并形成总体思路之后，要想发挥其真实效果，关键在于探索具体工作方法，将理论落实到实践当中。通过总结“四同一建设”基本要求，归纳“四同一建设”工作内容，列举“四同一建设”典型实践，基本可以形成“四同一建设”工作方法，并在不断探索与实践中发现新举措。

一、“四同一建设”基本要求

（一）完善制度设施，加强自身建设

旗帜鲜明讲政治。坚持把思想政治建设摆在首位，从严从实抓好思想、作风和制度建设，树立地方国家权力机关的良好形象。充分发挥县人大党组的领导核心作用。主要应从以下三方面着手：一是遵循《县人大常委会党组议事规则》，凡重大问题和人事任免事项必须经党组会议研究后，再依法提交主任会议和人大常委会审议；二是全面落实从严治党要求，严肃开展党内政治生活，严格落实中央“八项规定”，深入开展“两学一做”学习教育活动，加强人大机关党支部和工会组织建设；三是扎实开展“不忘初心、牢记使命”主题教育，进一步增强政治敏锐力、意志力和行动力，坚决服从党对一切工作的领导，聚力落实县委各项决策部署，忠实履行宪法和法律赋予的职责，切实把党的十九大精神贯彻到人大工作的各方面、落实在人大工作的全过程。

持之以恒严作风。坚持“严”字当头、“实”处用力，加强纪律教育，强化纪律执行，务实开展调查研究，深入持久反“四风”、转作风，做到

知敬畏、守底线，敢担当、提效能。主要应从以下五方面着手：一是围绕建设忠诚、干净、有担当的人大机关的目标，坚持不懈加强自身建设，把自身建设作为一项基础性工作来抓，全面加强思想建设、作风建设、廉政建设和制度建设；二是把纪律放在前面，切实转变作风。高度重视县人大常委会组成人员以及人大机关干部的学习培训与管理，让常委和广大干部树立起守规矩意识；三是落实党风廉政建设责任制，持续改进机关作风；四是研究制订“三项机制”实施办法，落实鼓励激励、容错纠错相关措施；五是加强对机关干部的人文关怀，用心、用情做好机关老干部服务工作，注重在脱贫攻坚工作中检验和锻炼干部。

与时俱进抓制度。坚持与时俱进，坚持具体问题具体分析的原则，密切结合实际情况，健全人大相关制度，主要应从以下两方面着手：一是按照党的十九大关于“健全人大组织制度和工作制度”的要求，把制度建设贯穿到人大工作的方方面面，在密切“两个联系”、讨论决定重大事项以及开展执法检查、规范性文件备案审查等方面，加强研究探索，及时形成制度，提高人大工作的科学化、规范化、制度化水平；二是健全和完善代表联系群众、向选民述职、考核管理、激励约束及作风纪律等方面的制度，为代表履职搭建平台，拓宽渠道，提供保障，有效维护代表权利，激发代表履职活力。如开展代表工作室创优活动，着力打造省市有名的示范工作室。组织开展代表活动，既要做好规定动作，又要创新自选动作，更好地支持全县经济社会发展。开展“我身边人民满意的人大代表”征文和评选十佳活动，让代表心有标杆、学有榜样、追有目标、超有对象。

（二）组织代表学习，提升代表能力

县人大常委会高度重视人大代表能力建设，要求人大代表自觉加强政策法规学习，及时组织代表集中培训，邀请专家进行专题辅导，安排老代表传授履职经验，由常委会领导和各委室负责人组成培训工作组，分片进行人大法律法规和履职方法培训，切实加强对代表进行换届纪律、作风教育方面的培训。

由各片区代表工作室主任组织人大代表对《代表法》《宪法修正案》《中国共产党第九次全国代表大会报告》以及活动方案进行学习，针对代

表如何履好职、怎样发挥好人大代表“连心桥”作用进行培训，有效提高代表的自身水平和履职能力，为下一步开展好镇人大工作打下坚实基础。组织代表跨区域学习交流，通过连续几年的培训，不断提高代表综合素质和履职能力。同时，根据《选举法》《代表法》的规定，依法补选县人大代表，也接受一些代表辞去代表职务。

开展代表学法、用法年活动，有计划、有组织地对代表进行履职培训，开展外地学习培训和交流考察，组织代表参加县人大常委会的各项监督活动，以代表工作室为载体，让代表履职常态化，并加强实践锻炼，不断提高履职能力和水平。

（三）经常开展活动，推动人大工作

人大主席团以《“四同一建设”工作实施方案》为依据，组织代表深入田间地头，产业大户、合作社及企业一线进行视察调研，密切联系群众。对镇党委、政府贯彻落实中、省、市、县委各项决策部署在末端落实上进行督导检查，对涉及民生领域的工作落实情况跟踪问效，并对涉及群众进行回访，提高群众满意率。

搭建平台充分发挥代表作用。探索深化代表工作的方式方法，积极为代表履职提供保障。主要做法如下：突出发挥“代表工作室”作用，科学安排“代表小组”活动，推动代表活动经常化、规范化；指导各镇分片建立代表工作室，完善制度，形成县镇代表结合、室内室外结合、代表工作室与专业课题组结合的工作格局；通过开展人大代表接待群众活动，密切代表与群众的联系，及时传递社情民意，协调解决群众困难和问题，发挥代表为民代言、联系服务群众、监督支持重点工作的作用；加强代表履职宣传，通过宣传代表风采，提高代表影响力，激发代表活力；加强对镇人大的联系与指导，修订完善镇人大工作考核办法，召开镇人大工作座谈会，着力提升镇人大工作水平。

围绕建设密切联系人民群众代表机关的目标，需更好地发挥人大代表作用，开展“人大代表大走访”活动，访清民意、访深感情、访出实效。在全面推进人大代表工作室建设的基础上，要重抓规范运行，确保实现“三有”，即有活动，如定期开展代表接待选民日、履职情况交流和代表向

选民述职等活动；有特色，如鼓励开展人大代表问政、议政活动，打造各具特色的代表工作品牌等；有效果，如切实把代表工作室管好用好等。同时，发挥人大网站作用，为代表履职提供平台，增强人大工作的开放性、代表工作的互动性以及上下联动的紧密性。

二、“四同一建设”工作内容

（一）顾大局，紧盯政治同向

紧紧围绕“忠于党的领导、忠于人民利益、忠于法律尊严”的中心，深入学习习近平总书记系列重要讲话精神和党的十九大精神，进一步增强“四个意识”，坚定“四个自信”，使各镇人大规范化建设工作始终保持正确的政治方向。为提高代表建议办结率，要坚持人大定期向镇党委请示汇报工作、党委委员联系人大代表等各项制度，并将代表的意见建议直接记入镇党委书记“民情三本账”，及时反馈给镇党委，加快意见建议落实，形成镇人大自觉接受党委领导、党委重视人大工作的良好局面，进一步体现镇人大在“四同一建设”中的“政治同向”。

（二）抓关键，做到法治同轨

以做实人大工作为目标，始终把握两个关键，促进人大工作依法有序开展。一是抓住理论学习这个关键，依法履行代表职责，始终把理论学习作为首要任务，深入学习贯彻宪法和法律法规以及上级人大及其常委会的各类决议，不断提高代表履职能力。通过坚持代表列席干部学习会、主席团成员列席镇党委中心学习组等各项学习制度，组织代表开展政治理论学习，为代表“充电”，有效提高了代表学以致用、指导实践、推动工作的能力。二是抓住有效监督这个关键，激发人大队伍活力。一方面加强对政府工作全面监督，密切关注各镇各方面工作运行情况，依法履行人大监督职能；另一方面加强履职监督，认真组织召开各镇人民代表大会，依法组织各项选举工作，并对人大代表进行述职评议，确保通过人大选举的干部对人民更负责，推动人大依法监督行为更具体、更规范。

（三）理思路，力求发展同力

紧紧围绕镇党委、政府的中心工作，紧盯群众关切的问题，不断完善各项工作思路，有效地促进各镇经济社会发展。一是围绕经济建设中心，每年各镇人大主席团在制订工作要点和安排工作时，坚持把促进经济发展作为人大工作的出发点和落脚点，把经济工作中的各项重大问题作为行使职权的重要内容；二是围绕法律的贯彻实施，加强学法普法工作。组织代表学法，组织代表宣传宪法，监督镇政府和驻镇单位严格依法办事和公正执法，倡导“谁执法谁普法”的普法责任制。坚持用法制导向助推经济发展，用法制思维推进依法行政；三是围绕群众关注的“热点”问题，加强工作监督，开展全域旅游、产业发展、营商环境、生态环保、健康石泉创建、控辍保学、乡镇医疗卫生改革、派出所执法办案、工作视察、调研等活动，使群众的政策认知和参政意识进一步加强；四是聚焦县委提出的“主攻五大、强化五弱、提升五化”战略部署，发挥人大统一思想、宣传动员和把握民意的作用，积极开展人大工作宣传，促进社会形成认识人大、宣传人大、尊重人大、支持人大的良好环境；五是不断完善制度，通过探索制订视察调研、执法检查、督办问责等方面的具体办法和制度，以问卷、座谈询问等形式，听取人大代表和人民群众的意见建议，回应社会关切，使人大监督更加规范，更加有力有效。

（四）找优势，力争与民同心

针对石泉县特色自然、人文旅游资源极为丰富的优势，践行“绿水青山就是金山银山”的发展理念，在全县范围内大力开展“脱贫攻坚人大代表有担当”“旅游发展人大代表有作为”等活动，通过发挥代表宣传动员和监督履职的作用，开展旅游文化节系列活动。目前，旅游产业势头不断向好，有效地引导群众形成自强自立、勤劳致富的价值观，极大地激发出贫困群众脱贫致富的内生动力。建立“人大代表 + 景区/企业 + 贫困户”的帮扶工作机制，使得基层“三变改革”工作中涌现出了一大批在旅游产业发展上大有作为的人大代表先进典型，为脱贫攻坚的有效推进，营造了浓厚氛围。为了使群众和贫困户就业有岗、致富有路，通过代表示范带动，探索出了一条代表示范引领、企业帮扶带动、彰显人大特色的包抓帮扶之路。

（五）解难题，加强自身建设

“代表代表，散会就了”，曾经是群众对乡镇人大代表的印象。为进一步密切联系选民，在县人大指导下，按照“有固定场所、有牌子，有设施保障、有固定人员、有工作制度、有台账档案”的“六有”规范标准，石泉县分片区建设了代表活动室，进而拓展代表履职平台。对全县46个代表工作室进行提档升级，并在各镇政务大厅增设人大监督窗口，直接接受办事群众的投诉举报，收集意见建议，协调解决有关困难问题。为进一步发挥代表工作室作用，通过给予代表务工补助、增加代表工作室服务功能等方式，鼓励代表主动到活动室轮流坐班，与选民面对面交流，办理群众所需的事情。为每个代表工作室设置“便民代办”服务项目，推出了代表监督岗位公示牌、代表便民联系卡、代表便民代办清单、代表便民服务热线等新举措，帮助群众把最关注的小事办细办好。此外，以代表活动室为单位，组织代表小组成员每月集中学习1次，每季度外出开展视察评议活动1次，代表理论素养和履职能力得以不断提高。代表工作室有效运行，能够让人大代表进一步赢得群众的尊重和赞誉，代表履职积极性越来越高，建设密切联系群众的“代表机关”和规范化“工作机关”的目标正逐步实现。

三、“四同一建设”典型实践

在“四同一建设”工作方法落地的过程中，涌现出了一批典型实践，如石泉县迎丰镇人大主席带领该镇人大专干、代表工作室负责人，先后到后柳镇人大办公室、后柳镇中坝村代表工作室以及喜河镇人大办公室和喜河镇社区代表工作室，实地查看人大办公室和代表工作室活动阵地建设、镇人大配套制度建设、代表履职及作用发挥、代表活动开展、资料规范装档等镇人大“四同一建设”工作。通过实地参观、查阅资料、交流座谈等方式，促进人大业务工作能力和水平的提升。镇人大在依法履职实践过程中，坚持“政治同向、法治同轨、发展同力、与民同心”，努力提升镇人大“软硬件”水平，不断加强自身建设，不断凸显基层民主法治，为新时代打赢脱贫攻坚、实现乡村振兴和全面小康奠定了坚实基础。迎丰镇“四同一建设”的实践可表述为以下几点。

坚持政治同向。镇人大坚持自觉接受党委领导，定期向党委请示汇报镇人大工作，争取党委重视和支持，为人大工作有力有效开展提供了政治保证。此外，还把坚持学习新时代中国特色社会主义思想作为全体人大代表和人大工作人员的“必修课”，通过代表小组学习、借助网络媒体和自媒体平台发布学习常识等方式，让每位人大代表自觉懂政治、讲政治。同时，在镇人大依法履职过程中，坚决贯彻中央、省、市、县各项决策部署，加强政策执行专项检查活动，确保党和人民意志在基层得到坚决贯彻落实。

坚持法治同轨。通过各种形式、各类平台的学习，切实加强镇人大主席团和人大代表的法治意识和依法履职水平，促使人大代表依法行使选举权、表决权、监督权。坚持每年召开两次镇人代会，每季度召开一次人大主席团会议，认真审议政府工作报告，依法作出相关决议决定，将收集的代表意见建议通过法定身份和法定程序转变为人民意志。

坚持发展同力。为积极发挥依法监督作用，镇人大每年至少听取两项政府专项工作报告，为全镇经济社会发展出谋划策，指导和监督政府依法行政。镇人大每年组织两次以上视察评议或专题调研活动，为政府更好地进行科学决策提供重要参考；镇人大主席团每年组织开展一次以上执法检查活动，监督和促进法律法规在基层的贯彻落实。积极鼓励代表在产业发展、脱贫攻坚、平安稳定、民风建设、环境保护等方面积极作为，起到示范带动作用，为本区域经济社会发展贡献人大力量。

坚持与民同心。镇人大坚持做到如下几点：一是人大代表定期走访选民制度，广泛收集选民群众意见建议，为选民群众发声，畅通选民群众诉求，维护选民群众利益；二是坚持镇人大主席团成员联系人大代表制度，通过结对帮带，提高人大代表依法履职能力和水平；三是积极组织人大代表向选民群众述职，保证每位代表在一个任期内至少向选民述职一次，主动接受选民群众监督；四是积极做好接待选民群众工作，倾听选民呼声，回应群众关切，将群众的有关意见建议及时纳入镇村书记“民情三本账”

管理，按照“记账、结账、销账”程序，实行限时办结、销号处理，维护选民群众的合法利益诉求。

强化自身建设。镇人大努力做到以下几点：一是建好人大“阵地”。积极建好镇人大办公室和3个代表工作室，配备必要的办公设施，为人大工作开展提供基础保障；二是配强人大“队伍”。在镇机关人员紧张的情况下，挑选2名综合素质高、业务能力强的后备干部充实到人大办公室，为镇人大工作开展提供人力保障；三是提供全额经费保障。镇政府对人大代表活动经费、办公经费、工作室建设经费等及时给予充分保障，确保镇人大持续有效运转；四是强化制度建设。细化完善《人大代表接待选民群众制度》《人大代表向选民群众述职制度》《人大代表学习制度》《人大代表履职考核办法》《人大代表一线工作法》等系列制度和办法，为人大工作规范化开展和代表依法履职提供制度保障。

近年来，迎丰镇通过上述实践不断加强镇人大制度建设、队伍建设，强化代表作用发挥，积极搭建代表履职载体，建成3个代表之“家”——“代表工作室”，创新推出“强担当，助脱贫，代表1+N主题实践活动”，以“做一名合格人大代表”为主线，充分发挥代表优势和特长，促使代表在脱贫攻坚、产业发展、矛盾纠纷排查化解、民生工程监督等“自选动作”中充分履职担当。

为了“四同一建设”的进一步落实，迎丰镇人大对人大代表提出了更高的要求：一是进一步增强大局、责任、担当意识，继续为全镇经济社会产业发展勇挑重担；二是凝心聚力，履职尽责，为打赢整县脱贫攻坚战铆足干劲；三是重实干、强执行、抓落实，有针对性地解决群众企盼的民生实事问题；四是与全镇人民群众始终想在一起，干在一起，一张蓝图绘到底，为推动全镇经济发展努力奋斗，为建设美丽、富裕、和谐的魅力迎丰作贡献。

第四章　创新“三问工作法”落实人大监督职能

习近平总书记指出：“全国人大和地方各级人大要围绕推动贯彻落实党中央重大决策部署，加强对法律法规实施情况的监督，加强对‘一府两院’工作的监督，实行正确监督、有效监督，形成加强和改进工作的合力。”❶ 张德江委员长在第十二届全国人民代表大会常务委员会第一次会议上的讲话中指出：“我们要着眼于增强监督实效，进一步完善监督工作方式方法。加强跟踪监督，对于监督工作中发现的问题，要持续跟进，推动整改，并建立健全解决问题的长效机制。”❷ 这为基层人大加强跟踪监督指明了方向。跟踪监督是找准监督工作着力点，完善监督工作方式方法的有益尝试；是确保人大及其常委会依法履职，增强监督实效性和针对性的必要手段；是让“一府两院”承诺不打折，促进改进工作，推动解决人大代表、人民群众普遍关心的热点难点问题的重要抓手。地方人大是地方国家权力机关，其监督权是十分重要的权力，正确行使监督权对推动地方政府依法行政和司法公正有着十分重要的作用，有利于社会主义法治建设。石泉基层人大本着石泉县十八届人大常委会围绕县委主要领导提出的“监督工作要有力有效”这一要求，积极探索实践，开展代表电视网络问政、工作报告满意度问卷调查、对监督事项进行跟踪问效，增强监督实效，取得了良好效果。坚决秉承“总结、继承、完善、提高”的原则，注重在传承中发展，深入分析基层民主法制建设的新趋势，主动把握人大工作规律。精心谋局布篇，依法认真履行职责，务实创新，讲究实效，确立了发展上

❶ 让新时代人大监督长牙生威［EB/OL］. 2018－10－19. http：//m.sohu.com/a/270015419_100010234.

❷ 张德江在第十二届全国人民代表大会常务委员会第一次会议上的讲话［EB/OL］.（2013－03－19）. http：//www.npc.gov.cn/wxzl/gongbao/2013－07/18/content_1810974.htm.

与党委同频共振，监督上有力有效，机制上创新突破，形象上“三严三实”的工作目标。在切实开展人大工作进程中，用习近平总书记系列重要讲话精神和党的十九大提出的新部署、新论断武装头脑、指导人大工作；坚持党的领导、人民当家作主、依法治国有机统一，重大事项向党委请示汇报，夯实代表工作、人大自身建设、镇人大建设三大基础，增强人大工作活力；切实保证监督权、决定权、任免权三项职权有力实施，充分发挥基层人大的职能和作用。

第一节　回应群众诉求，创新电视网络问政

“一切为了群众、一切依靠群众，从群众中来、到群众中去”的群众路线是共产党人的根本工作路线。党的十九大报告强调，必须坚持人民主体地位，坚持立党为公、执政为民，践行全心全意为人民服务的根本宗旨，把党的群众路线贯彻到治国理政全部活动之中，把人民对美好生活的向往作为奋斗目标，依靠人民创造历史伟业。坚持走群众路线是我党的优良传统，也是我党最大的政治优势。中国特色社会主义进入新时代，党的群众路线也必须回应人民群众的新诉求，回应人民群众追求美好生活的新需求。作为各级国家权力机关的人大及其常委会，是党和政府密切联系广大人民群众的重要渠道和平台，在密切党和人民群众的联系中有着独特优势，发挥着不可替代的重要作用。纵观历史，无论是共产国际运动史还是中国共产党走过的波澜壮阔的历程，都证明了这样一个真理：党要在发展和变革中引领时代的进步，就必须坚持一切为了人民、依靠人民，诚心诚意为人民谋利益，从人民群众中汲取智慧和力量，始终保持同人民群众的血肉联系。这样，才能得到人民的拥护和支持，党的事业、人民的事业才能顺利前进。否则，党和人民的事业就会遭受挫折。中国共产党自从领导中国人民建立自己政权的那天起，就宣告了中华人民共和国的一切权力属于人民。被奴役、被压迫了几千年的中国人民从此成为国家真正的主人。我们党紧紧依靠人民，才创造了革命、建设和改革开放的伟大成就。当前，面对新的世情、国情和党情，中国共产党要带领人民实现中华民族伟

大复兴的历史使命，就必须更加密切与广大人民群众的联系，积极回应群众诉求。

一、背景与动因

石泉县十八届人大一次会议于2016年11月29日闭幕。会议期间，代表们以高度负责的精神，提出了188件议案、建议和批评，充分反映了广大人民群众的愿望和诉求。如何回应代表和群众的关切，是新一届基层人大常委会面临的首要问题。经基层人大常委会认真梳理，党组和主任会议多次研究，从代表反映强烈、问题集中、急需办理的建议中，选定了蚕桑产业发展、烤烟生产销售、新农合相关政策三件群众等不起也不能等的事项，决定以最快的速度深入调查研究，采取有效措施作出回应。

石泉县人大常委会坚持"总结、继承、完善、提高"的原则，按照人大工作围绕大局转、围绕法律转、围绕民意转、围绕代表转的思路，锐意创新，务求实效，根据监督法的有关规定，借鉴网络问政的做法，决定以人大代表电视网络问政的方式，将传统媒体与新兴媒体相结合，借助新闻舆论和群众监督力量，推进解决群众关注的热点难点问题。

二、调研与准备

人大代表电视网络问政是一种新做法，没有现成的经验模式。为达到预期目的，基层人大常委会进行了深入调研和充分准备。

石泉县人大常委会成立了基层人大代表电视网络问政工作领导小组，由副主任刘升康牵头，人事代表工委具体承办，分两个组，历时15天，深入全县11个镇、30余个村、组、社区，针对蚕桑产业发展、烤烟生产销售、新农合相关政策这三件事，进行深入走访和调查研究，充分听取基层代表和群众意见。全面掌握了这三个方面的基本情况、存在的问题及症结所在，基本形成了解决问题的思路和方向。

人事代表工委提前组织代表梳理问题和批评建议，让他们分别就自己关心和反映的问题提问，做到各有侧重、有的放矢，避免该问的没问到，个别问题重复多次问。由此，初步提出了蚕桑产业发展定位、加大扶持力度、技术服务、蚕桑产业链开发招商、蚕茧收购管理等6个关键性问题，烤烟生产销售中烟农的损失如何弥补、补贴政策落实兑现、下一年烤烟生产计划等4个突出问题，合作医疗政策顶层设计、门诊费跨年度清零、下达参合任务与实际人口不符、相关政策宣传不到位、监管不力等5个具体问题。对没有涉及的问题，与会代表可以自由提问，由三个单位的负责人当面回答。

问政前，精心准备问政会场、电视录播、媒体宣传等各项工作。邀请县委、县政府、县政协领导出席，安排县人大常委会全体组成人员、各镇人大主席和基层代表70人参加问政，通知县政府办、农林科技局、卫计局、经贸局、烟草局、合作医疗办公室、蚕桑中心主要负责人做好答问准备，确保问政大会有序进行。

三、问答与测评

问政会上，与会基层人大代表围绕蚕桑产业发展、烤烟生产销售、新农合相关政策三个事项，对三个单位负责人连连发问："请问陈主任：全县全年征收合疗款有多少？上级配套有多少？住院报销了多少？门诊报销了多少？有没有向社会公示？个人筹资标准年年上涨的依据是什么？民办医院主动接五保人员长期住院，是否有套取合疗资金行为，你们是如何监管的？""我想代表广大烟农问王局长一个问题：你刚才说的烟农损失赔偿几项政策措施何时能兑现，兑现到什么程度？烤烟是计划种植、合同收购，今年收购标准和政策调整，是否有将市场风险转嫁烟农的问题？""请问蔡局长，政府对我县第一主导产业蚕桑产业的政策扶持措施有哪些？如何发挥产业扶贫的积极作用？"问题犀利，一针见血，问政现场气氛热烈，"辣味"十足。三个单位负责人从政策规定、目标定位、解决办法、改进措施等方面一一回答，并对有关计划落实的事项作出承诺。

每一单位的问答结束，代表们就对其答复情况进行满意度测评，当场公布测评结果。据测评，县农林科技局满意率最高，达85.3%，合作医疗办公室为76.5%，烟草局为55.9%，从中可以看到代表和群众的期盼以及各单位相关工作的差距。按照会前通过的满意度测评规定，满意率低于80%的即为不满意，这种状况让有关负责人"红脸出汗"，有些下不来台。随后，县政府两名副县长分别就分管工作的整改落实进行了表态和发言。

四、整改与落实

石泉县人大常委会决定，对此次问政中单位负责人的答复意见和措施进行跟踪督办，并向县人大常委会报告整改情况，及时在网络媒体公开。对整改落实不力、代表仍不满意的，将进一步启动相关监督程序，确保每一位代表提出的问题一一得到实质性解决和回应。

针对代表所提的问题，县政府及其责任部门高度重视，就蚕桑产业方面相继出台了奖补政策和蚕桑产业精准扶贫方案。2017 年以来，县政府整合筹措蚕桑产业奖补 600 多万元，重点对蚕种、蚕台、蚕室、桑苗、小蚕共育及蚕桑先进镇、蚕桑先进村进行奖补，对推广的“小蚕共育”给予了 30 万元的专项奖补。全县蚕桑产业持续发展，中池镇今年的养蚕量还创下了历史新高。在合作医疗政策方面，农民个人账户上的余额可以结余滚存，政府下达征收合作医疗任务时以农村实有人口为准，合疗报销政策公开透明，方便快捷，群众满意度大幅提高。三个单位均向县人大常委会及时报告整改情况，并在网络媒体上公开，接受群众和媒体监督。

五、规范与统一

石泉县人大电视网络问政活动取得了前所未有的成功，为进一步规范和建立长效机制，推进“三宜”石泉建设，县人大根据《监督法》和《石泉基层人大常委会开展专题询问暂行办法》的有关规定，于 2017 年 5 月 31 日石泉县第十八届人民代表大会常务委员会第三次会议上通过了《石泉县人民代表大会代表电视网络问政暂行办法》。暂定询问问政以“四步走”的方式进行：第一步制订询问方案。人事代表工委根据县十八届人大一次会议期间代表提出的议案、建议、批评和意见，梳理事关重大、亟待解决的事项，确定询问事项，制订询问方案；第二步确定询问事项的具体问题。在开展询问前，人事代表工委就询问事项进行走访调查，对需要询问的问题进行梳理，确定每件询问事项的具体问题，并与询问对象沟通衔接，确保询问取得实效，给代表满意答复；第三步现场问政并进行满意度调查。首先对与会代表进行现场询问，然后由代表对询问对象进行满意度测评；第四步跟踪督办。询问结束后，由基层人大常委会人事代表工委对询问的问答情况进行整理，根据现场满意度测评情况，形成询问工作反馈材料。对满意度低于80%的，提出整改意见，经县人大常委会主任会议研究后，转交县人民政府及有关部门进行整改，人大常委会对整改情况进行跟踪监督，并在有关媒体公开整改情况。

石泉县人大本着为人民服务的思想，针对人大监督工作重点难点，进行了一次伟大的创新实践，使人大代表监督工作从原来的“不落实处”到现在的只在实处上“做文章”，彻底打通了代表的监督途径，拓宽了代表工作范围，挖掘了代表监督潜力，深化了代表监督工作的创新机制，完善了代表监督流程。将代表监督工作引入监督有向、监督有质、监督有效的“快车道”。

第二节　综合研判监督，实施专项问卷调查

习近平总书记在庆祝全国人民代表大会成立60周年大会上的讲话中指出：“各级人大及其常委会要担负起宪法法律赋予的监督职责，维护国家法制统一、尊严、权威，加强对‘一府两院’执法、司法工作的监督，确保法律法规得到有效实施，确保行政权、审判权、检察权得到正确行使。”❶ 地方各级人大及其常委会认真贯彻落实习近平总书记这一重要讲话精神，紧紧围绕党委确定的各项中心工作，依法履行宪法法律赋予的监督职责，切实加大对“一府两院”的工作监督和法律监督，有力推动了地方经济社会的健康快速发展。长期以来，在人大系统内部，监督工作往往注重监督程序的规范，较少关注监督工作的实际效果。每年的人代会上，人大常委会的工作报告中缺乏具体的监督绩效，造成人大监督工作难以在社会上形成应有的关注度和认同度。因此，社会上许多人把人大监督工作看成“干多干少一个样，干好干坏一个样”。要改变这一状况，必须建立一整套地方人大监督工作绩效机制，使人大常委会的监督工作由单纯的程序

---

❶ 习近平. 在庆祝全国人民代表大会成立六十周年大会上的讲话［N］. 人民日报，2019－09－16（01）.

性监督向程序性和实质性监督相融合的方向迈进，切实提高地方人大监督工作的成效，充分发挥地方人大作为地方国家权力机关应有的作用。地方人大监督工作绩效制的系统化必须建立在整个监督体系运行的基础上。

问卷调查作为社会调查研究活动中用来收集资料的常用工具，是将问题转化成调查资料的主要手段。问卷调查可以发掘出事实现况，通过大量数据的收集，可以积累指定目标人群对于这一现况的认识理解以及相关意见。不同于以往以访谈为主要方式的调查，问卷调查可以周期进行而不受相关调查人员变更的影响，可以一直跟踪某些问题的进程。实施人大工作问卷调查，可以有效配合人大监督工作的实施，是人大监督工作科学化创新化的有效尝试。这种创新方式以问题为导向，以方法为引领，以结果为调查目的，可以有效推进人大监督工作由“传统答复型”向“有效落实型”转变。

近年来，石泉县人大常委会紧紧围绕习近平总书记讲话精神，坚持问题导向，不断创新监督方式，完善人大监督实效评价机制，增强监督实效，组织全体基层人大代表对县人大常委会及“一府两院”工作报告及工作落实情况进行满意度问卷调查，对人大监督事项的整改情况进行跟踪问效，取得了较好的社会反响。逐步建立起监督问效机制，形成一种倒逼和压力机制，克服了监督多少一个样、好坏一个样、软硬一个样的弊端，人大监督工作实效性和权威性不断提升。

一、问题先导

在每年一次的地方各级人民代表大会上，听取和审议人大常委会、“一府两院”工作报告是最重要的议题，也是人大履行监督权，接受人民监督的重要方式。工作报告审议质量的高低，直接关系到人大监督职能的有效发挥。针对部分代表由于个人素质参差不齐，会前准备不充分、会中考虑不成熟等因素，导致在人代会审议“一府两院”工作报告期间出现的不会审议、不敢审议，或发言重点不突出，偏离主题，讲成绩多、说问题少，“嘴上不说”“心里不服”等现象，石泉县人大常委会大胆探索，创新实践，首次在人代会期间开展满意度问卷调查，以书面形式客观真实地了解代表对各部门工作报告及工作落实情况的满意度，收集代表意见建议。

二、方法引领

2017 年 3 月 21 日召开的县十八届人大二次会议期间，148 名参会代表都收到了一份《石泉县人大常委会与“一府两院”工作报告及工作落实情况满意度调查问卷》，代表须在 3 天的会议时间内独立填写，不准受任何人干扰，在大会闭会前统一回收。据统计，148 份调查问卷全部收回，到会代表参与率达 100%。

为使调查更为科学严谨、更有说服力、更具权威性，会前，县人大常委会通过召开主任会议从问卷设计、问卷整理、数据录入到统计处理、报告撰写等方面进行了研究，要求调查问卷必须遵循尊重事实、客观真实的原则进行。经过汇总和层层把关，最终形成了 14 页 61 个问题的调查问卷，每份问卷均打码编号。

从调查结果汇总来看，代表对县人大常委会、县政府、县法院、县检察院工作报告的满意度均在 98% 以上，对政府相关工作满意度最低的是农林科技工作，满意率仅 49%，不满意达 12%。对于政府工作报告及工作落实情况，在问卷调查中代表提出的意见建议多达 37 条，且部分问题比较集中。针对这一情况，县人大安排相关委室和统计局干部，用数据、图表、文字相结合的方式，对问卷调查结果进行分析，形成了有情况、有分析、有对策、有建议，图文并茂、客观真实的调查问卷分析报告，便于调查结果的运用和转化。

调查问卷分析结果汇总后，县人大常委会以正式文件的方式，把对县政府工作报告及工作落实情况满意度调查问卷分析报告、县法院和检察院调查问卷统计结果及代表意见建议反馈给他们，要求各单位根据调查问卷结果及代表建议认真整改落实。148 名代表的意见代表了全县人民的意见，这次满意度问卷调查的开展，是一项科学化、制度化创新，也是对基层人大常委会、“一府两院”工作的一次检验。代表的满意度直接关系到人民的满意度，这种以方法为引领的调查工作，体现了基层人大追赶超越的意识以及敢为人先、不断进取的胆识。

三、结果导向

针对调查问卷中代表集中反映的基层人大常委会应加强代表与选民群

众联系，带头发展产业，带动群众致富，建立代表履职平台等建议，县人大常委会高度重视，率先整改落实。为密切联系人民群众、反映人民意愿，回应人民关切，2018 年以来，在各级人大代表中组织开展了“人大代表大走访”“脱贫攻坚人大代表有担当”“我身边人民满意的人大代表”评选以及代表向选民群众述职等一系列活动，在活动中涌现出了一大批投身脱贫攻坚主战场带领群众发展产业的先进代表，得到了广大选民群众的好评。同时，县人大常委会充分运用信息化技术，建立综合监督信息平台，对各项工作进行精准点穴式监督。按照统一标准在全县建立了 46 个功能齐全的代表工作室，出台了代表工作室建设和管理办法。714 名县镇人大代表按区域分组，定时在代表工作室接待、服务选民群众，为代表传达党和国家的方针政策，收集社情民意，开展代表小组活动搭建了平台。

四、效能跟踪

针对调查问卷中代表提出的基层人大常委会要加强监督和代表与选民群众的联系等建议，基层人大常委会率先整改落实，充分运用信息化技术，建立人大综合监督信息平台，对各项工作进行精准点穴式监督，这项工作在全省乃至全国都是首创。为落实这项工作，石泉县高标准建立了 46 个代表工作室，出台了代表工作室建设和管理办法，又在县、镇政务服务大厅设立代表监督窗口，安排 714 名县镇人大代表定时在相应代表工作室接待服务选民群众，宣传党和国家的方针政策，收集社情民意，协调解决群众困难问题，为代表搭建联系服务群众平台，发挥代表的桥梁纽带和监督支持作用。

针对调查问卷中代表对农林科技工作评价满意率较低的问题，县人大常委会及时组织开展了代表约见农林科技局、扶贫局等相关负责人活动，12 名代表围绕产业扶贫提出了 26 个问题，分别向农林科技局和扶贫局进行了询问，其中蚕桑产业的定位和扶持力度、黄花菜的良性发展、扶贫资金的使用效益及技术服务的保障等是代表重点关注的问题。对于代表所提的 26 个问题，由相关部门领导当场进行答复，并进行满意度测评，对各部门现场无法解决的问题，县人大要求各部门现场必须给出明确的承诺，会后按时限兑现承诺，并要求相关委室专职负责督促部门兑现承诺。会后，农林科技局等相关部门高度重视，针对代表所提的问题，提请政府相继出台了《全县农业产业建设奖补方案》《蚕桑产业精准扶贫方案》《能人兴业实施方案》《产业脱贫引导资金实施方案》《农村实用人才免费培训办法》等10个极具操作性的文件，并积极贯彻落实文件精神，基本解决了当前时期内石泉县主导产业的稳定与发展、扶贫资金的使用与管理、龙头企业及能人大户对贫困户的带动、农村实用技术培训等方面的问题。整改后，各部门到12名代表家中，面对面逐一进行了承诺事项的办理答复，并再次进行了满意度测评，办理满意度达到100%，得到了代表的充分肯定。

石泉县人大实施人大监督问卷调查实则是一种倒逼和压力机制，极大提升了人大对“一府两院”专项工作监督的刚性约束力（县监察委成立后也适用）；提高了政府及相关部门办理代表建议的自觉性、积极性和有效性；使代表的履职更有章法、代表作用的发挥更扎实、代表的监督更有底气，代表与群众的联系更加密切。实施问卷监督机制，是进一步发展和完善人民代表大会制度的需要，也是进一步加强监督工作科学性、民主性和公开性的需要。在改进和完善监督工作的基础上，通过问卷监督，可以为每年的人民代表大会准备一份数据化、实例化的工作报告，向人大代表和全体人民群众交出一份满意的答卷。

第三节　建立长效机制，开展常态监督问效

当前，人大监督表现出抽象性监督多，实质性监督少；弹性监督多，刚性监督少；一般性监督多，跟踪监督少；事后监督多，事前、事中监督少等特点，最终影响了人大监督职能的发挥。因此，建立人大监督工作长效机制，对于发挥国家权力机关职能作用，树立人大权威具有重大意义。坚持抓住问题紧跟不放的原则，运用监督法规定的各种监督方式开展跟踪监督，提升监督实效，通过听取和审议“一府两院”专项工作报告、开展执法检查、开展专题调研等监督方式，人大对“一府两院”提出了很多审议意见和改进工作的意见建议，这些都是人大监督工作取得的初步成果。如何确保将人大的审议意见和有关建议落到实处，如何将“一府两院”从

“整改工作设想”或是“做一些小小整改”，督促为真改、大改、实改，还需要在监督长效机制的建立和完善工作中不断开拓创新。

一、以理论为依据，探索监督长效机制的现实意义

（一）建立人大监督长效机制是落实人大监督问效的前提

我国的人大会议每年只有几天，在这短暂的时间内人大代表难以切实履行监督职能。因为人大对政府的监督需要细致、专业的方法，这都需要充足的时间来保证。这就要求人大代表，尤其是常委会要在人大闭会期间将监督日常化、常效化、充分调动社会监督资源，让其参与到质询、听证等监督活动中，形成对“一府两院”的监督威慑，这样才能达成最佳的监督效果。人大代表是各级人大的主体力量，其依法履职包括参加人代会和闭会期间开展工作两个基本途径。而人代会会期较短和绝大多数代表的兼职性决定了他们的履职大多是在闭会期间进行的。这就要求我们进一步探索建立人大闭会期间对代表有效、长效的监督机制。

（二）建立人大监督长效机制是权力制约体制的本质要求

权力相互制约是保证权力体系正常运行的基本机制。孟德斯鸠在《论法的精神》中指出：“一切有权力的人都容易滥用权力，这是万古不易的一条经验，要防止滥用权力，就必须以权力约束权力。”[1] 公共权力之所以易被滥用，是由权力的公共性、独立性以及矛盾运动决定的。第一，权力的合法性来源于权力的公共性。国家权力是具有普遍强制力的社会力量，是一种公共权力。公共权力具有普遍的社会强制力，这是权力发生作用的基础，是公共权力获得社会权威性的前提。公共权力的强制性决定了权力如果得不到有效的制约，就有可能导致权力异化，最终变成国家和人民的异己力量。第二，公共权力运作的独立性。国家权力是不能自行运作的，必须通过具体的权力主体组织、个人来行使，也就是由具体行政组织的行政官员及公务员来掌握和行使国家权力。在行政组织或行政官员的公共权

[1] ［法］孟德斯鸠．论法的精神［M］．许明龙，译，北京：商务印书馆，2009：164.

力得不到有效监督的情况下，掌握公共权力的主体就有可能用公共权力为个人或部门谋利益。为了防止公共权力的异化，必须设计出一种权力制约机制，其中，对公共权力实施监督是防止权力异化的重要手段。因此，建立人大监督长效机制是权力制约体制的本质要求。

（三）建立人大监督长效机制是国家治理能力现代化的必然选择

实现国家治理能力现代化，一方面要通过公共治理达到“善治”，另一方面还要使其效率明显提高。因此，面向国家治理现代化的人大基层民主政治建设，必须在这两个方面作出自己应有的努力。基层治理需要顶层设计的宏观政策支持，顶层设计的宏观政策更需要通过基层治理来实现。当前人大的基层民主政治建设，无疑还要按照国家治理能力现代化提出的要求，努力改进基层治理不能适应现代化的方面，并根据党的十八大提出的新时期“五位一体”全面建成小康社会的目标，不断推动基层治理能力的提升与发展。新时期，国家治理能力的提高有赖于人大工作在现有基础上的不断完善与发展，有赖于基层人大对“一府两院”监督工作的改革与创新，如何发挥自身优势，落实监督，需要建立一套切实可行并且行之有效的长效监督机制。以长效机制激活人大的制度活力，做到监督到点、监督到面，从而实现监督到位、监督有效。只有这样，基层人大活力才能进一步增强，人大的基层民主政治建设才能更有成效。

二、以科学为导向，挖掘监督长效机制的内生动力

（一）确权于民，定位动力源头

在代议制度背景下，原来监督者与被监督者的直接关系中，插入了第三方代理监督者。随之，监督关系出现了一系列主客体转移和责权匹配的变化。但是，无论这些转移和变化多么复杂，只要抓住根本就没有问题，即用制度确保被监督事项的直接利益者拥有选任代理监督者的实权。在我国，这一根本就表现为将人大代表的选任权交给人民。代议制框架下，这正是保持监督行为刚性水平的关键，也是后天监督刚性植入的唯一基础。如果在确权于民的问题上犹豫不决，就根本谈不上人大刚性监督的确立。

确权于民表现在以下四方面：一是选民对候选人的生成具有真正决定权，任何单位和组织的意志都不能置于其上；二是选民对候选人具有完全知情权，候选人的信息必须真实完整地公之于众；三是选民对候选人具有充分比较权，差额数量足以使选民从中择优汰劣；四是选民对候选人具有最终决定权，有权确定自己真正满意的代理者是公民权利实现的坚实保障。总而言之，授权之权必须回归人民，否则监督的长效机制就缺少牢靠、坚实的基础。

（二）程序保障，规范动力导向

选举行为是法律行为。授权一旦成立，届期内的监督权原则上只能由代议者行使。对于代议权利授受关系而言，选民的强势地位表现在选举之前，代议者的强势地位表现在选举之后，也就是说授权之后，广大选民的地位明显变得相对弱势。因此，在权利交付之前，权利授受双方必须以严格的代理契约来确认监督责任。一般来讲，在委托代理监督的权利和责任时，双方应该在完全自主平等的基础上，对相关权责内容详细讨论、严肃约定。其基本程序如下：首先，对于监督的权责内容，必须设有经过法律认可的格式化文本，供委托代理双方参考；其次，需提供程序化的当面议价机会，修改补充格式化文本，使其符合委托代理双方的具体需要，使选民对最终投票给谁依据充分；再次，将监督责任尽可能地用制度和法律形式具体规范，同时留足释权空间、保障权利救济；最后，建立委托代理人明示制度，主要包括以下两方面：一方面，对代议者要讲明届期内其必须承担的各种代理责任及失职后果，要求其经过严肃斟酌和仔细考量后，再作接受与否的最终承诺；另一方面，对委托人要讲明授权之后可能出现的权利转移风险和弱势处境，使其珍视当下的授权机会，认真参与权责制定，慎重选择每一位代议者。

（三）运行公开，保证动力持久

将监督人的活动公布在选民视域之中，是在一定程度上保证监督活动具有持续性水平的有力举措，也是保证选民权益最大化的有效方式。人大代表监督活动公开化的关键点在于启发选民对关乎自身监督事项产生直接关注。这种直接关注的力量强大且持久，选民虽然无法亲身进入制度实施监督，但代理者任何监督不到位的举动都将更容易被发现，这足以使代理者更加尽职，也为选民及时消除监督刚性不足创造了条件和行动依据。一方面，选民可以更好地监督人大代表的代理质量；另一方面，也可以在熟悉审议程序的基础上，给选民提供发掘代议力量的机会，共同推进代议制度发展。为保证运行公开和动力持久，可以从以下两方面进行制度建设：第一，实行代议者公开报告制度，定期或应选民要求举办代表见面会，接受选民的随时评议和新的委托；第二，推行公开的社会评价制度，从更专业和更超脱的角度来说，独立会计、独立审计、独立咨询以及独立研究机构等社会力量的作用不可忽视。这些社会力量远离行政控制，不受利益集团干扰，由它们对代议者的参政议政活动开展公开监督、公开调查、公共评议，其结果更加客观公正、令人信服，也有利于人大代表工作水平的提高；第三，开放各种媒体的公开监督，在阳光下透明运行公权力，减少暗箱行为和桌下操作，从而使权力变质的可能降至最小化。

三、以创新为准则，推进监督长效机制的建设历程

近年来，石泉县人大常委会坚持夯实自身建设，突出制度建设，紧抓常委会会议根本，在建立监督长效机制方面进行了积极探索，有力推动了地区人大工作的有效开展。为促进监督问效工作常态化、规范化开展，石泉县出台了《石泉基层人大常委会审议意见整改落实情况报告满意度测评暂行办法》，对人大开展的每一项监督工作定期听取整改情况报告，并进行满意度测评，对整改不到位和满意度偏低的工作责令继续整改或进一步采取监督措施。2017 年以来，石泉县人大常委会不断加大对民生事业、项目建设、产业发展等工作的监督力度，分年度制定了监督工作清单，先后对脱贫攻坚、产业扶贫、营商环境、企业用电服务、创业创新、社会养老、健康石泉、公安工作、城镇建设、物业管理、医疗卫生改革等 10 多项工作进行了视察调研，开展了《中华人民共和国村民委员会组织法》执法检查，在为县委决策、政府推进工作提供参考依据的同时，监督支持各项工作发展，如在对蚕桑产业发展问题进行代表电视网络问政后，针对代表反映强烈的其他产业发展和精准扶贫问题，开展了代表约见农林科技局、

扶贫局负责人活动；针对代表和群众意见较大的产业发展和精准扶贫工作进行专项视察，督促整改，对有关部门负责人进行述职评议或专题询问，采取多种方式跟踪监督，持续加强对跟踪问效和考核结果的参考和运用，直到产业发展和扶贫工作让群众和代表满意为止。

石泉县人大坚持监督“增效”，不仅着重增加实效，也着重增加时效。时效的增强离不开机构组织的优化与管理。石泉县人大常委会本着权责分明、增实提效的原则分三步优化机构运行机制，完善制度体系建设。第一步，建立审议意见转办制度。常委会组成人员在审议时提出意见和建议，由常委会办公室综合整理后，以审议意见的形式转“一府两院”（县监察委也将逐步开展）办理。第二步，建立督办工作分工负责制度。常委会办公室综合协调审议意见的督办工作，有关工委根据各自工作范围，分工负责，对口跟踪督查“一府两院”办理工作，做到责任明确、任务具体、工作到位。第三步，建立办理结果再报告制度。要求“一府两院”对常委会审议意见及时研究整改，并在规定时限内向常委会报告整改情况。这种自成体系的管理监督办法，很大程度上完善了地区人大监督体系，同时针对问政产生的问题，扎实做到了监督问效的制度化、体系化、实效化。

代表监督工作只有建立一定的长效机制才能实现有效性和针对性。石泉县人大为促进监督长效机制建立，率先在全市开通了人大预算联网监督查询系统，使人大对财政预算监督由事前、事后监督，转化为在线全程监督，实现了预算审查监督信息化、网络化，增强了预算审查监督的针对性和有效性。通过强化监督代表意见建议的办理，实行常委会领导牵头督办，将办理结果纳入目标考核，采取“现场督办”“跟踪督办”等方式，可以持续加大办理力度。在石泉县十八届人大一次和二次会议上，代表共提出意见、建议 312 件。对于这些意见、建议，基层人大常委会组成人员领衔督办，定期听取办理工作情况报告，把代表建议办理工作纳入全县目标责任制考核，实行台账式销号管理。积极探索办理满意率和解决率同步提高的途径，对优秀建议办理单位进行表彰，充分保障代表参政督政、为民建言献策的权力。此外，还不断改进建议办理方式，加强与代表联系沟通，重实效、抓落实。最终，所有代表建议全部办结，代表满意率达 99%。目前石泉县十八届人大三次会议以来，代表提出的 156 件意见，建议已全部办结，其中，关于配备小型消防站、移动终端支付水电燃气费等80多件建议得到了比较好的落实。2018年，石泉基层人大常委会继续细化具体的跟踪监督办法，确保监督有方、监督有力、监督有效，与“一府两院”真正形成推动问题解决，改进工作的合力。经过一年多的实践，石泉县人大通过有效监督，一批批问题清单逐步“清零”；通过精准监督，一项项重点难点工作有力推进；通过依法监督，“一府两院”责任意识有效增强；通过正确监督，人大自身履职水平显著提高。当前，石泉县人大常委会在往年出台相关意见和办法的基础上，提出未来要进一步深化、细化的目标，要求总结提高、合力推进，努力实现人大监督工作扩面、提质、增效。常委会已针对区级预算、区政府民生实事、重点投资项目监督出台了详细的跟踪监督办法，并邀请专家对跟踪监督的做法进行优化完善，努力使跟踪监督的触角向基层延伸，力争实现工作方法再优化，监督实效再提升。常态化监督问效机制的建立，起到了承上启下的作用，加速了石泉县落实人大监督工作的步伐，使石泉县人大工作坚定地迈向监督体系化、代表问责制度化、监督问效常态化、监督机制长效化的新阶段。

第四节　统合监督内容，建立综合监督平台

随着信息时代的到来，多样化的监督信息渠道、“碎片化”的舆情信息给人大监督工作带来了新挑战。虽然新媒体的信息碎片化有力保障了政府对客观准确性的追求和公民的微观政治参与，但是，信息碎片化带来的信息表象化、信息不确定、信息非对称的特点也给政府监督带来了危机。监督信息处理尚待规范化、科学化，只有这样才能保证信息处理效率，保障监督渠道畅通，提高监督质量和效率。石泉县人大结合人大工作新时代要求积极探索，以提高政务信息化水平为出发点，以完善监督工作为目的，于2018年年初率先建立了“人大综合监督信息平台”，应用“互联网+”打造依法监督的“第三只眼”。石泉县人大综合监督信息平台集财经预算、法治建设、民生事业、城建环保和代表履职等五大板块于一体，运用信息数据技术对“一府两院”进行点穴式监督，通过信息平台对重点

领域、重点支出、民生保障、群众关注等方面的问题进行数据分析，有针对性地开展视察调研、听取专项工作报告、专题询问、约见部门负责人、述职评议、满意度调查，增强了监督的质量和效率，使人大的依法监督更具时代性。

一、完善平台信息处理机制

石泉县人大委员会针对新时代监督信息的“碎片化”，提出了以下两个监督信息内容整合措施。

一是将监督信息标准化。对收集到的所有监督信息进行初步分析研判后，按照地域、行业、情节轻重和责任主体等进行科学分类，编制成监督舆情统计表。统计表表明了信息来源于网址、涉腐内容、责任主体、管理部门等关键信息，做到一目了然，再上报相关责任部门和责任领导。这就是监督信息标准化过程。

二是及时处理监督信息。如果所有的监督信息都堆积到领导层，会占用领导的很多精力。因此，对于监督信息的处理可分三个层次：第一层次是由负责信息研判的专业人才处理。如果情节较轻、社会危害小、不会造成迁延性影响，信息研判人员和信息处理分管领导可以在商议后作出初步处理，发挥部分催办、督办职能，通知有关部门和有关领导作出答复和应对，并报专门的监督组织主要领导人知晓。第二层次是由专门的纪检监察机关处理。专门的纪检监察机关接到监督舆情统计表后，要认真研判监督舆情态势，按照问题的性质、危害及归属，责成有关部门和公职人员向纪委、组织部作出如实说明，并就相关问题认真回复民众。此外，还要随时关注舆情发展态势，并适时催办、督办。第三层次是及时上报，领导审批后处理。如果问题严重、社会影响大，纪检监察机关要主动向党政主要领导汇报，取得主要领导同意后，迅速介入调查，核实并查找更多有力证据。经查证属实的要迅速查处和回应，及时公开事实真相和处理结果，积极回应群众和社会关切。对虚假信息和攻击性言论及时澄清和回应，引导监督舆情健康发展。

二、建立平台运行管理机制

石泉县人大常委会于2018年上半年充分借助信息技术手段，不断探索创新监督方式方法，建成了综合监督信息查询平台，内设执法用法、财政预算、社会事业、城建环保、代表意见办理5个监督查询平台。通过平台查询，可第一时间掌握需要的实时数据及监督对象的工作信息，大幅提高人大监督的质量和效率，强化监督的针对性和实效性。为完善基层人大综合监督信息平台运行机制和运行效能，要在结合实际的基础上，充分发挥信息平台作用。2018年6月1日石泉县人大常委会办公室制定印发了《石泉基层人大综合监督信息平台管理暂行办法》，该办法的出台标志着石泉县人大综合监督平台在向制度化、体系化、常态化的方向迈进。该办法从以下四方面对监督信息平台管理作出了规范。

（一）信息更新

常委会五个工委分别负责五个平台的数据采集更新，各工委根据职能分工和实际情况，确定一名信息员，定期收集各方资料，完善平台信息。对于接入相关部门信息内网、外网的查询平台，要确保信息安全，并督促部门网络信息及时更新；对于没有部门内网和内网中无法涉及和满足的信息，各工委要进行人工梳理、规划、设计，手动建立各自分管平台查询页面的图文信息，并要求相关部门按设计、规划定时将基础数据及资料报送到各工委，工委信息员及时整理后上传到各监督信息平台。手动录入的数据和信息，一般每季度至少更新1次。有明显时效要求的数据和信息，每个月或每个周更新1次。

（二）信息查询

各工委实行每周1次的定期查询，也可以根据工作需要随时进行定向查询；各专门委员会和常委会组成人员根据工作需要可随时进入平台进行查询；各代表根据履职需要，可提前申请预约进入平台查询。

各代表申请查询时需填写《人大常委会综合监督信息查询审批表》，经办公室主任或相关工委主任签字同意后，由相应工委引导代表查询有关数据和信息，解释或说明有关情况，并做好查询记录。各工委应积极组织和引导代表进行查询监督工作，每年至少开展1次“代表开放日活动”，并结合调研、视察、执法检查、述职评议等工作，组织部分基层代表开展信息查询，畅通代表知情知政渠道。

各工委通过定期查询和定向查询，了解相关信息，分析有关数据，如发现舆情信息或问题线索，需填报《人大常委会综合监督信息舆情交办单》，各工委每年至少检索或提供3条以上问题线索供常委会进行监督工作部署；各专门委员会、常委会组成人员、人大代表通过综合监督信息平台查询发现舆情信息，也可填报《人大常委会综合监督信息舆情交办单》，交办公室统一办理。

（三）信息保密

所有进入查询平台的常委会组成人员、人大代表、工作人员要严格遵守相关保密规定，不得拍照、录音、下载、复制拷贝，不得带走任何纸质和电子信息。禁止私传泄露保密信息，确保数据信息安全。各工委分别负责设定该平台的登陆密码或保密口令，凡是保密数据和信息一律不得接入外网。

（四）管理维护

办公室负责查询平台的统一管理，负责所有查询审批及信息交办的归总，并负责查询室的日常管理，负责室内电子设备运行与维护工作，确保各个查询平台系统运行正常。

每个工委确定一人作为对口查询平台的工作人员，负责该平台的保密设定、数据更新、查询服务等工作；各工委的工作人员，每周轮流值班一次，负责填写工作日志记录，收集整理相关查询表册资料，打扫卫生，开门窗通风换气等工作。

三、深化平台监督创新机制

运用信息网络和大数据技术建立“互联网+”模式人大综合监督信息平台，打造集各种工作信息于一体、无处不在地监督“第三只眼”。运用科技手段实施精准点穴式监督，对于更好地落实新时代全面依法治国、以人民为中心、让人民当家作主的新要求，推动人大监督工作创新发展，提高监督质量和效率，增强监督针对性和实效性，推进民主法治建设具有重要现实意义。

（一）建设人大综合监督信息平台，是监督信息化的必然趋势

网络科技和数据信息技术发展日新月异，人大监督也应与时俱进，加快推进监督信息化。利用信息化手段，建立人大综合监督信息平台，将集同级执法用法、财经预算、民生事业、城建环保、代表建议办理等多种工作信息于一体，实现横向对“一府两院”及其组成部门的联网监督，纵向与区域上下人大和代表的联网共享。同时具备查询、统计、分析、预警、服务等功能，使人大监督信息全覆盖，监督脉络一张网，便于高效适时监督。“一台电脑在手，情况尽在掌握”，有助于改变过去集中视察“一窝蜂”，走马观花“赶热闹”的弊端，也可以节省人力和财力。

（二）建设人大综合监督信息平台，是监督创新化的有益探索

有财政预算联网监督的尝试，又有信息技术的支撑，网上信息化监督应运而生。一直以来，人大的传统监督方式都是偏重于事后监督、结果监督和一般性监督，信息平台的建立可解决信息不对称、权威不足、处置权虚置等人大监督制度方面的问题。推进全程监督、重点监督和整改跟踪监督，在“一府两院”身边装上“第三只眼”，有利于及时发现和监督纠正有关工作方面的问题，是不断完善人大制度的一种创新举措。

（三）建设人大综合监督信息平台，是监督精准化的客观要求

人大监督的信息主要来源于党委的指导意见、人大的民主决定、代表的建议、群众的呼声和民情民意。建立综合监督信息平台，通过查询、跟踪和统计分析，有助于精准选取监督议题和监督事项，对问题的探究和追踪比传统的视察调研方式更加直观、准确、及时，有利于在监督工作中做到有的放矢、有理有据。“微创手术式”“点穴式”的精准监督，有利于改进人大作风，增强监督效果。

（四）建设人大综合监督信息平台，是监督实效化的有效手段

人大相关工作机构、常委会组成人员和人大代表通过查询信息平台的

实时数据，可以及时掌握各部门工作运行状况，更有针对性地指出问题、分析原因、提出建议和整改要求，由此能切实提高监督效率，增强监督实效。如通过查询财政预算中的追加预算额度、资金使用进度、授权支付率、直接支付率、大额资金提现率等数据信息，可发现预算调整是否合法、预算执行是否合规、资金使用是否有序；通过查询执法用法各机关的案件受理、立案以及案件处理情况，了解每个案件的办理过程、法律条款自由裁量权使用、执行结果等情况，可发现执法不公、执法不严、以罚代法等问题。因此，对于这些问题可进行有针对性的，甚至持续性的跟踪监督，真正把人大监督用足、用好、用到位。

第五章 压实“一线工作法”提升代表履职实效

县镇人大是我国基层国家权力机关，是整个国家政权的基础，是最接近人民群众，最了解和最能反映民意的国家机关。进一步加强基层人大建设工作，有利于推进基层民主政治的建设与完善，有利于人民当家作主权力的发挥，更有利于巩固人民民主专政的国家政权。为深入贯彻落实习近平总书记关于新时代人民代表大会制度的系列新论述、新要求，切实加强“两个机关”建设，[1] 把“四同一建设”要求落到实处，充分发挥人大代表主体作用，推进人大工作创新，扎实开展干部作风整治，石泉县人大常委会将近年来县镇人大工作中的创新做法理论化、系统化，打上了“一线工作法”的“标签”，出台了《石泉县人大常委会关于深入推行“一线工作法”的实施意见》（石人发〔2018〕31号），并在全县人大系统深入推行。

用“一线工作法”推进人大工作创新，促进人大创新系统化、制度化，形成体系，积累厚度，创出模式。它的推行意味着石泉县人大工作由粗放转向精细。在“一线工作法”广泛推行前，由于受到履职制度、方式，代表自我意识、水平等诸多方面的影响，代表履职存在不到位的情况，人大工作在一定程度上也存在“粗、松、宽、软”的情况，使人大成为“虚设”的机构，不能有效发挥应有的职能。但伴随着“一线工作法”的提出，人大工作有了出发点和落脚点，代表得以有安排、有针对性地进行工作。基层人大代表得以走进田间地头，走进大街小巷，走向工作一线，了解广大群众最基本的诉求，为其解决生活中面对的问题，在拉近与群众关系的同时优化了工作方法，使人大工作更符合国家治理现代化的要求。

---

[1] “两个机关”建设：党的十九大报告指出，使各级人大及其常委会成为全面担负起宪法法律赋予的各项职责的工作机关，成为同人民群众保持密切联系的代表机关。

第一节 “一线工作法”的先进理念

人大作为党的政策的落实监督者和现代化建设事业的领导者，贯彻落实习近平新时代中国特色社会主义思想责无旁贷，不仅人大自身的改革和建设事业要以国家治理现代化为指导，而且人大对政府工作的监督与活动参与更要以治理现代化为重要指导。要在新时期把国家治理体系和治理能力推向新高度，必须贯彻以人大建设带动政府建设，以人大与时俱进带动政府与时俱进，以人大先进性带动政府先进性的先进理念和工作思路，将人大改革和建设视为系统工程，通盘考虑。

县镇人大是推进民主政治建设的一线，是促进依法治国的一线，是支持经济社会发展的一线，是密切联系服务群众的一线。石泉县人大、广大人大代表和人大干部始终保持一线精神状态，用政治同向、法治同轨、发展同力、与民同心、时代同行的“五同一”一线工作执行理念推进人大工作与时俱进。这是基层人大从自身工作出发，为破解人大工作存在的“粗、松、宽、软”问题向党、向人民交出的答卷。“一线工作法”的先进理念如图 5－1 所示。

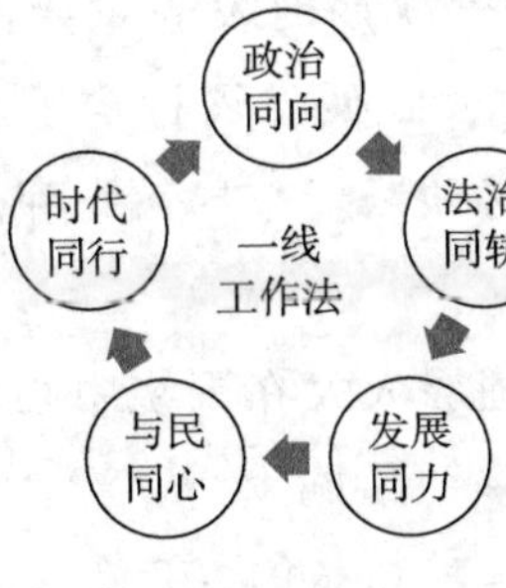

图 5－1 “一线工作法”的先进理念

一、坚持与政治同向，彰显人大制度的优越性

坚持与政治同向，要求广大人大代表始终坚持党的领导、人民当家作主和依法治国的有机统一，在党委的领导下依法开展人大工作，发挥人大

作用，以生动实践充分体现人大制度的优越性和人大工作的政治性。县镇人大在开展工作时，紧紧围绕“忠于党的领导、忠于人民利益、忠于法律尊严”这个中心，深入学习习近平新时代中国特色社会主义思想及人大工作重要论述，进一步增强“四个意识”，坚定“四个自信”，使人大工作规范化建设始终保持正确的政治方向，依法、有序、务实、高效开展。

二、坚持与法治同轨，突出人大代表主体地位

人民代表大会制度与依法治国紧密相连，是坚持党的领导、人民当家作主、依法治国有机统一的根本制度安排，是全面推进依法治国的制度依托。全面依法治国基础在基层，全面依法治国向纵深发展，关键也在基层。

坚持与法治同轨，必须尊重代表的主体地位和法定职权，组织和保障代表认真学习贯彻宪法和法律法规、人大及其常委会的决议决定，推动代表参加人民代表大会，依法履行监督、决定和选举任免权，推进民主法治建设。镇人大要定期组织代表召开各类人大会议，依法组织好各类选举工作。同时向广大人民群众宣传相关法律法规知识，推进依法治镇进程。

三、坚持与发展同力，为追赶超越献计出力

2015 年习近平总书记考察陕西时发表重要讲话，提出了追赶超越和“五个扎实”的要求，为新时代陕西发展标定了历史方位、指明了根本路径。追赶超越的所有工作，必须以新布局、新理念、新变化为前提、为指导、为遵循、为依据。

坚持与发展同力，要求基层人大在围绕中心、服务大局的基础上，依法履行监督权，与“一府两院”协同发力，汇集全县人民群众的力量和智慧，在推进经济社会发展和追赶超越中发出人大声音，展现人大作为，作出人大贡献。

四、坚持与人民同心，践行以人民为中心理念

习近平总书记指出：“保持同人民群众的密切联系，体现了人民代表大会制度的内在要求，对坚持人民民主的国家权力机关性质具有十分重要

的意义。”[1] 张德江委员长则更加明确地指出：“密切人大代表同人民群众的联系、更好发挥人大代表作用，是坚持和完善人民代表大会制度、做好新形势下人大工作的重要内容。”[2]

坚持与人民同心，要求人大代表坚持把人民对美好生活的向往作为奋斗目标，以民心民生民利为本，解决人民最关心最直接最现实的利益问题，增强人民群众的获得感和幸福感。镇人大应该充分发挥代表听民声、汇民意、聚民智的作用，在扶志、扶智等方面想办法、进真言、做引领，积极带动群众发展脱贫产业，加快贫困户脱贫致富步伐，将人大代表在选民中收集到的意见建议直接记入镇、村书记“民情三本账”，推进意见建议的办理工作。

五、坚持与时代同行，积极推进人大工作创新

社会主义伟大事业是一个在实践中不断创新和发展的运动过程。马克思主义认为，事物是不断发展变化的。人大工作是党领导的社会主义事业的重要组成部分，新形势和任务对各级人大及其常委会工作提出了更高要求。党的十九大指出的一系列新形势和新任务，更是对各级人大及其常委会工作提出了高要求，要求进一步推进人民代表大会制度理论和实践创新，提高人大工作水平。

坚持与时代同行，要求不断解放思想，与时俱进，充分运用现代管理、统计分析、综合研判、电子信息和“互联网+”等形式，探索有力有效监督、发挥人大作用的方式方法，推进理论创新、实践创新、机制创新，不断增强工作实效。

党的十八大后我国进入社会主义建设新时期，发展与完善中国特色社会主义制度，推动国家治理体系与治理能力现代化成为新时期全面深化改革的战略目标与任务，标志着我国治理转型步入新阶段。作为代表国家社会治理第一线的监督者，基层人大代表履职能力的高低不仅影响着我国全

[1] 孙勇. 发挥代表密切联系群众的优势 保证和发展人民当家作主［EB/OL］.（2018－10－25）. http：//www.jsrd.gov.cn/llyjh/lwjc/201810/t20181025_507735.shtml.

[2] 张维炜. 代表让人大制度落地生根［EB/OL］. 2014－09－11. http：//www.china.com.cn/legal/2014－09/11/content_33486552.htm.

面深化改革总目标的实现，也直接影响着民众的生活质量。“一线工作法”先进理念的提出，既是实现国家治理体系和治理能力现代化总目标的必由之路，也是完善基层人大自身素质、促进基层人大发展的迫切需要。

第二节 “一线工作法”的主要内容

新形势下，人大工作既要继承传统又要勇于创新，要根据新形势、新任务的要求，结合人大代表职责，认真研究人大工作特点和规律，探索人大工作的新形式、新经验，不断提高服务群众的水平。“一线工作法”的提出，是加强和改善基层民主法治建设的需要，是服务保障代表依法履职的需要，是密切代表与选区选民联系的需要，是加强和创新社会管理的需要。既有利于做好基层人大工作，又有利于更好地为代表依法履职提供服务保障。能够更好地推动代表在区域经济社会发展和基层民主政治建设中发挥支持促进作用。“一线工作法”已在实践中进行了探索，也取得了一定的成效。

石泉县人大常委会深入贯彻落实中省市关于加强县乡人大工作文件会议精神，并结合实际，出台了《关于深入推行“一线工作法”的实施意见》，提出了依法监督、代表履职等 9 项具体措施，紧紧围绕县委决策部署，主动服务发展大局，不断强化一线意识，积极追求一线作为，在增强监督实效、助力脱贫攻坚、发挥代表作用、推进民主法治建设、加强县镇人大建设等方面取得了明显成效。

一、代表产生在一线

基层人大代表选举是我国人民代表大会制度的一项重要内容。增加基层人大代表数量在缓和了人大代表结构失衡的同时，还有效地改善了人大代表既是“运动员”又是“裁判员”的身份重叠现象，更好地发挥了人大代表的监督作用。提高基层人大代表的比例，能够保证基层群众的意愿和利益在最高政治层面得到更多支持。同时，在地方各级政府具体政策制定和实施上又能够切实遵照基层群众的意愿、保护好基层群众的利益，更好地体现人民代表大会为人民当家作主的本质。

县、镇人大换届选举工作中，选民登记是一项基础性工作。石泉县11个镇、161个村（社区）有选民近14.3万人。为了把选民登记工作做实、做细、做准，石泉县、镇、选区等各级选举机构利用日常通信、微信群、QQ群等方式联系在外务工人员，运用多种方式加强宣传，统一进行入户登记选民、入户发放《选民证》的“两入户”工作，提高选举工作知晓率。同时，石泉县还建立了选民电子信息库，与公安系统户籍信息进行对比，避免重登、漏登、错登现象。换届时，县、镇人大代表候选人由选民10人以上联名提名推荐的比例超过65%，代表全部由选民直接选举产生，且大多数代表来自基层一线。

二、调查研究在一线

习近平总书记指出，“调查研究是我们党的传家宝，是做好各项工作的基本功”[1]。并进一步强调要在全党大兴调查研究之风，推动全党崇尚实干、力戒空谈、精准发力，让改革发展稳定各项任务落下去，让惠及百姓的各项工作实起来，推动党中央大政方针和决策部署在基层落地生根。人大的性质、地位和作用，决定了调查研究必须从实际出发；从保障和促进改革、发展、稳定的重要职责，加快社会主义民主法制建设的根本任务出发，紧紧围绕党的中心工作和一个时期群众迫切要求解决的关键性问题；围绕宪法和法律贯彻执行中的突出问题；围绕人民众反映强烈的“热点”“难点”问题，找准突破口和切入点，达到牵一发而动全身的整体效果。为达到以上要求，须将调查研究作为决定重大事项、依法监督等工作的必经程序，深入村组（社区）、企事业单位和田间地头、生产一线走访调查，广泛听取和征求一线代表、干部群众意见，做到知实情、达民意，查问题、找根源，提建议、献良策，增强人大工作的针对性和实效性。

石泉县人大在全体县镇人大代表中开展了为期三个月的“人大代表大走访”活动，151名代表按照每人走访选民不少于10户的要求积极走进基层，下沉一线。通过深入走访调研，认真记录分析，把群众呼声最为强

[1] 王黎锋．用好调查研究“传家宝”［N］．贵州日报，2019－04－15（07）．

烈、急需解决的问题一一汇总起来，广泛征集了百姓普遍所关心的民生问题。随后通过县政府常务会、县人大常委会、县委常委会“三堂会审”，初步确定了下一年要实施的民生实事候选项目。

三、依法监督在一线

全国和地方人民代表大会是国家和地方的最高权力机关，也是最高监督机关，人大监督是国家系统诸多监督中的一种基本监督形式。人大监督职权的正确行使，对于改革开放的深入发展和经济文化事业的繁荣，对于社会主义民主和法治建设的推进，对于社会的全面进步，对于预防和减少腐败现象的发生、推进党风廉政建设都具有极其重要的作用。特别是在当前我国推进治理现代化的形势下，进一步加强人大对行政机关依法行政的监督显得尤其重要。因此，需要创新依法监督方式，深入问题比较集中、矛盾比较突出、代表和群众反映比较强烈的一线现场和有关单位视察、座谈、询问，“解剖麻雀”“把脉开方”，深入一线跟踪问效。

在石泉县，针对城关镇重点项目建设、三大片区开发、西街棚户区的改造、基层组织建设等工作导致的矛盾纠纷，镇包片领导和综治办干部总是第一时间到达矛盾现场，及时化解矛盾。同时，镇综治办还通过包案下访、送法上门等方式，到一线讲政策、讲法律，把群众诉求受理在基层、解决在基层、消除在萌芽状态。

四、法治建设在一线

党的十九大报告指出，坚持依法治国、依法执政、依法行政共同推进。全面推进依法治国，是全面建成小康社会、实现中华民族伟大复兴中国梦，全面深化改革、完善和发展中国特色社会主义制度，提高党的执政能力和执政水平的必然要求。县乡人大及其常委会作为地方国家权力机关，必须自觉坚持党的领导，充分发挥人大在法治建设中的作用，不断推进人大工作与时俱进。

县镇人大和各级人大代表深入一线宣传普及宪法和法律法规，及时反映依法治县和法治石泉建设工作中存在的困难问题，组织开展法治监督工作，促进依法行政和公正司法，真正体现出人大在推进法治建设一线的作用。此外，县人大常委会按照县委安排，全力支持推进司法体制改革，组织代表视察评议公安改革、民事审判等工作，鼎力支持和高度关注扫黑除恶工作，作出了《关于加强公益诉讼及行政执法检察监督工作的决议》，助推了司法公正和依法治县工作。

五、工作落实在一线

人大机关是政治机关，要旗帜鲜明地讲政治，严格遵守政治纪律、政治规矩，勇担政治责任，在提高政治站位、严明纪律中抓落实，在完善工作流程、强化规范中抓落实，在落实承办责任、提升办理实效中抓落实，在实施精准督查、追踪问效中抓落实，以“钉钉子精神”抓好落实，确保人大常委会重点工作落到实处。

要聚焦人民代表大会审议通过的县人大常委会、镇人大主席团、“一府两院”工作报告和发展计划、财政预算的决议，聚焦法治建设、重点项目、重要工作和民生事业，深入一线督促执行，监督落实。如石泉县城关镇人大组织部分人大代表开展环境卫生视察调研活动，主要目的是让代表们了解北街社区近年来环境卫生工作的开展情况，并针对这一情况充分听取代表意见和建议，接受人大代表的监督，进一步提升人大代表的履职能力，加强社区环境卫生整治力度，增强干群环境意识，助推城市创建工作，发挥人大代表作用，推进人居环境提升。

六、问题解决在一线

见困难就推托，见矛盾就躲闪，是当前官僚主义和形式主义的突出表现。聚焦查找“四风”的根本目的是转变干部作风，践行党的群众路线。当前边教育边整边改，就是要立言立行转作风，急群众之所忧，急企业之所难，舍得付出心血，敢于担当责任，解决问题办实事。对代表提交的议案、建议、批评和意见，代表收集和反映的社情民意、群众关注的热点、焦点和难点问题，监督工作中发现的共性、个性问题，要列出督办清单，采取领导督办、发函督办、挂牌督办等方式，督促相关单位在一线解决问题，逐项回访、测评和销号。

石泉县城关镇人大推行了班子成员划片包联制度，抽调了40余名干部深入村、社区长期驻点工作，着力解决每个村社区发展存在的问题。镇人大班子成员一行多次到江南新区、公交总站、竹儿湾安置小区、杨柳风情园、杨柳体育馆、水保科技示范园、丝银坝现代农业园等10余个重点项目的施工现场，就存在的困难和问题现场分析研究解决。每个工作站每周上报一次片区工作动态，对存在的问题及时收理建立台账，并联系相关领导及部门实地查看，实地解决。

七、服务群众在一线

人大代表是国家权力机关组成人员，代表人民依法行使国家权力。加强人大代表和人民群众联系，是坚持人民代表大会制度的内在要求。县、镇人大机关领导、县人大常委会组成人员、各级人大代表直接联系服务5名以上基层一线群众，既是民情民意信息员又是监督员，他们与基层一线群众结对子、交朋友，问政于民、问需于民、问计于民，收集反映社情民意，排查化解矛盾纠纷，协调解决困难问题，锤炼优良作风，与一线群众建立了深厚感情。

石泉县后柳镇人大代表为助力安全生产、保辖区平安，深入各村（社区）、企业、单位开展安全检查，重点检查辖区内企业和学校安全设施配备和使用、企业负责人安全责任意识、台账建立等情况。并督促各企业、单位落实安全主体责任，完善预案，加强值守，认真抓好每个环节的安全工作，确保群众生命财产安全。

八、成效检验在一线

对成效的检验有利于进一步督促人大代表更好地履职尽责。目前，石泉县每年组织一线人大代表和基层群众代表对人大工作成效和代表履职绩效进行一次群众满意度调查，对“一府两院”被监督事项整改落实成效情况进行一次问卷调查，在一线检验工作成效，让一线群众评价工作成效。

石泉县人大组织中央、省、市、县、镇五级人大代表视察该县国家全域旅游示范县创建工作，视察组分别听取了县旅发委、住建局、交通局、市场监管局关于国家全域旅游示范县创建工作情况的汇报，并围绕创建工作及加快推进全县旅游产业发展等方面展开热烈讨论，提出相关意见建议。

九、代表垂范在一线

优秀代表可以对广大人大代表起到很好的示范作用，可以鼓励和组织各级人大代表在脱贫攻坚、法治建设、经济建设、社会事业和综治平安建设等一线主战场建功立业，发挥桥梁纽带和引领示范作用。

石泉县人大代表陈国盛积极响应，投入数千万元，承租了后柳镇中坝村72户移民搬迁户的房屋，结合当地民俗和农耕文化，投资兴建了中坎作坊小镇，发展体验式乡村旅游。在他的带动下，吸引了包括黄华朋、李国军、黄琴等镇人大代表在内的80余农户在小镇开店创业，探索出一条旅游产业引领、企业帮扶带动、彰显人大特色的发展之路。由此，中坎作坊小镇成了当地响当当的“人大代表创业示范园”。

毛主席说过，没有调查，就没有发言权。推行一线工作法，其核心就是深入群众，其本质就是走群众路线。何谓一线工作法？其实就是积极引导广大基层人大代表切实转变作风，深入实际、深入基层、深入群众，及时有效地解决各种问题和矛盾。大力推行深入一线的工作方式，让机关工作的重心下移，让干部在一线为民服务中提高工作本领，进一步密切党群干群关系，进而加强党的执政能力，真心实意为人民群众谋利，认真解决群众关心的热点难点问题。真正做到代表产生在一线、调查研究在一线、依法监督在一线、法治建设在一线、工作落实在一线、问题解决在一线、服务群众在一线、成效检验在一线、代表垂范在一线，不断开创人大代表工作新形象。

第三节 “一线工作法”的实施路径

没有行动就没有结果。不管一个计划在方针理论和细节内容上做得多全面，一旦离开了实施，就将变为一纸空谈。只有制订了适当的实施路径，并在实施过程中有规划、有步骤，及时根据实际进行调整、落实安排，才能更好地完成计划。

石泉县人大常委会在工作中专门制订方案，围绕“政治同向、法治同轨、发展同力、与民同心、时代同行”的理念，全面推行“一线工作法”，提出了一系列实施路径，对于提升人大工作的科学性、针对性和实效性，发挥人大职能优势推动促进全县经济社会文化向更高水平发展具有重要作用。

一、依法讨论决定重大事项

探索推进人大协商、决定重大事项和重点监督事项前，要与党委、“一府两院”充分沟通情况、交换意见、达成共识。进一步明确重大事项的范围内容、决定程序，依法决定重大事项，监督重大事项落实。依法对“一府两院”规范性文件进行严格备案审查。

石泉县第十八届人大常委会第十二次会议在听取和审议了县人民检察院《关于加强公益诉讼及行政执法检察监督相关工作的报告》后指出，开展公益诉讼和行政执法检察监督，是落实党中央全面推进依法治国战略部署的重要举措，是宪法和法律赋予各级检察机关的重要职责，是建设法治石泉和“三宜”石泉的现实需要。县人大为了更好地监督和支持检察机关开展公益诉讼和行政执法检察监督工作，根据宪法和有关法律规定，作出了一系列相关决议，县人大常委会将通过听取专项报告、进行执法检查、开展询问和质询等形式，监督和支持公益诉讼和行政执法检察监督工作。

二、依法组织选举任免

坚持党管干部和依法选举任免相结合原则，对组织推荐、“一府两院”提请的人员进行选举任免，完善资格审查、法律考试、供职发言、投票表决、宪法宣誓等程序，凡是代表和群众反映举报、群众公信度低的干部，一律暂缓或不予选举任命。

石泉县第十八届人民代表大会常务委员会第十二次会议在2018年9月11日同意乐荣同志辞去石泉县人民政府副县长职务，并任命龚晓华同志为石泉县监察委员会副主任、代理主任，丁白芳同志为石泉县监察委员会委员，邱怀志同志为石泉县监察委员会委员。

三、创新有力有效监督方式

在听取工作报告、视察、调研、专题询问、执法检查等监督工作的基础上，不断创新监督方式方法，增强监督实效。

（一）“三问”监督制度化

进一步完善代表电视网络问政、人民代表大会上的工作报告满意度问卷调查以及监督事项整改落实情况跟踪问效办法，根据监督工作需要，适时组织开展问政、问卷活动，对于所有监督事项的整改落实情况，在人大常委会上听取整改情况报告，并进行满意度测评，满意率低于80%的，一律重新整改，再次报告。满意率仍不达标的，依法启动进一步监督措施或建议对相关人员进行处理。

（二）询问约见常态化

对代表和群众关注的热点、难点、焦点问题，根据代表请求和工作需要，经主任会议研究，适时组织代表开展询问活动、代表约见国家机关负责人活动，问清情况，拿出措施，督促解决，回应群众。

（三）评议测评透明化

县镇人大选举、县人大常委会任命的国家机关工作人员在任期内至少要进行一次述职评议。此外，对“一府两院”及其组成部门的工作每年要进行一次公开测评，测评结果需进行公示。对测评排名末位的单位进行工作评议，督促其整改。对连续两年排名末位的单位，建议县委对单位负责人及其班子进行调整，或启动罢免程序。

（四）调研方式多样化

全体代表和人大机关工作人员要带着“监督之眼、民情之耳”，在日常工作和生活中随时了解情况，听取群众意见。改进调研方式，轻车简从，采取到一线明查暗访、随机抽样、问卷调查、个别谈话、现场取证、数据分析、查阅资料等方法，了解真实情况，掌握第一手资料，防止掩盖问题和回避矛盾，增强监督实效。

四、着力提升代表工作水平

（一）搭建代表履职平台

第一，在村（社区）建立46个标准化代表工作室的基础上，各镇要在政务服务大厅设立代表监督窗口，随时接受投诉举报，收集意见建议，进行满意度调查，协调处理有关困难问题。第二，各代表工作室要逐步安装视频设备，与县人大综合监督信息平台代表履职窗口联通，实现视频互动。第三，完善代表工作室制度，组织代表做好接待服务选民群众、宣传法律法规和方针政策、收集社情民意、协调解决矛盾纠纷和群众困难问题等工作，做好工作活动记录。

（二）丰富代表主题活动

第一，推行县人大代表活动小组、镇人大代表活动小组、专业课题组和代表工作室活动小组的“双向多边运行”机制，结合实际开展各有特色的代表活动，破解群众关切的突出问题，为区域经济社会发展建言献策，推动脱贫攻坚、环境保护、基层组织民主自治和新民风建设，促进和谐稳定。第二，各镇要组织开展好“十佳人大代表”评选、“身边人民满意的人大代表”征文、“代表大走访”“助力新民风建设人大代表在行动”脱贫攻坚人大代表有担当等主题活动，充分发挥代表主体作用，而且对代表活动和履职情况要翔实记录。

（三）创新建议办理机制

第一，将代表建议纳入各级党组织书记、县人大常委会主任、镇人大主席“民情三本账”，纳入综合目标责任制考核。第二，推行县人大常委会组成人员领衔督办重点建议，县委督查室、县政府督查室和人事代表工委联合督办，评选表彰代表优秀建议、代表建议办理先进单位，对办理代表建议工作进行满意度测评等机制，不断提高建议办理落实率和代表满意率。

（四）加强代表履职考核

第一，为每名县、镇人大代表建立一份履职档案，每年由代表本人填写，人事代表选举工委负责县人大代表履职档案的收集、审核、归档，镇人大办公室负责各镇人大代表履职档案的收集、审核、归档。同时建立电子档案，在县人大门户网站、代表履职服务系统进行公示公开（涉及保密事项的除外）。第二，分期分批组织代表回选区向选民述职，接受选民评议和监督。第三，每年开展对代表遵纪守法、履行职责、发挥作用、接受监督等情况的考核，考核结果记入代表履职档案，并进行严格奖惩。

五、加快推进“智慧人大”建设

深化大数据、人工智能的研发应用，壮大数字经济，加快在各行业各领域推进“互联网+”。2019 年的政府工作报告指出，要坚持创新引领发展，改革创新科技研发和产业化应用机制。“智慧人大”通过联网在线监督，依法要求各政府部门和司法机关按时、主动上传数据信息，打通了人大机关与政府、司法机关间的信息通道，较好地解决了监督工作人力不足、信息零散、实时性差的问题。

（一）建立代表履职服务系统

在用好人大常委会智能会议、电子表决系统的基础上，借助现代信息技术，建立集代表信息管理、议案建议管理、代表履职、会议管理、文件传阅、资料库、代表学习、电子文档八大功能于一体的代表履职服务系统，为代表提供统一、集成、便捷、高效的工作平台，全面提升代表服务管理质量和信息化水平。

（二）完善综合监督信息平台

不断完善县人大综合监督信息平台的硬件设备，提高信息接入、录入质效，加强查询服务管理，提升信息平台使用效率。逐步开发综合监督信息平台管理软件，逐步专网专线全面接入“一府两院”有关数据信息，逐步实现信息数据同步、智能统计分析、自动预警提示、依法监督精准、整改结果公开，升级人大依法监督“第三只眼”。

（三）加强网站和微信公众平台

第一，将石泉人大门户网站并入陕西省人大网站群，完善功能，提高使用管理水平，发挥网站宣传阵地作用。第二，开通石泉人大微信公众号，扩大公众号关注面，推荐县内各级人大代表、党群及“一府两院”机关事业单位干部职工、广大一线群众关注公众号，及时宣传法律法规、人大制度与人大工作、代表履职风采，并进行民意测评和调查，促进互动交流。

上述五个重要措施有效拓宽了“一线工作法”的路径，有利于健全和完善代表联系群众、向选民述职、考核管理、激励约束以及作风纪律等方面的制度，为代表履职搭建平台，拓宽渠道，提供保障，有效维护代表权利，激发代表履职活力。

第四节 “一线工作法”的保障机制

随着党的十九大和全国十三届人大一次会议的胜利召开，基层人大工作责任更重要，使命更光荣。基层人大工作对国家发展至关重要，必须切实加强。进一步推进人大工作改革创新要有一套机制和制度作保证，及时纠错并保障工作顺利进行。

“一线工作法”是基层人大代表在不断创新工作的过程中，由县、镇人大领导归纳总结出的一套符合新时代人大工作要求的工作方法，但在具体实践中可能出现各种难题。由此，石泉县人大探索出一套与之对应的保障措施，为“一线工作法”的有效实施提供了保障。

一、领导保障机制

首先，领导是组织的核心，领导要能够站在全局的战略角度分析问题、处理问题并作出科学的决策；其次，要在下属面前发挥带头作用，正所谓榜样的力量是巨大的，由此更能激发下属的工作热情；最后，要协调组织内部关系，鼓励大家协同合作，一个好的领导要能把每个组织成员的作用发挥到最大，并把整个组织聚合起来的效率发挥到最大。

石泉县人大常委会切实加强领导，明确工作职责，夯实工作措施，建立主要领导亲自抓、分管领导具体抓、全体人大干部和人大代表人人抓落实的工作机制，领导带头，率先垂范，亲力亲为，确保“一线工作法”取得实效。

二、自身建设机制

习近平总书记强调，加强自身建设是搞好人大工作的前提。基层干部是离群众最近的人，是连接党和群众的纽带。加强基层干部自身建设，是适应新时代发展的必然要求，是密切党群关系的重要途径，是提升基层干部综合能力的重要手段。

石泉县扎实推进县镇人大规范化建设，积极创造条件，不断改善人大机关办公环境，为常委会组成人员依法履职和机关干部开展工作营造了一个安心、宽松、和谐的良好环境。此外，还要加强对人大代表和人大干部的学习教育、培训提能，落实从严治党和党风廉政建设的主体责任，不断改进作风，提升效能，使人大干部始终保持在一线的精神状态，促使他们努力在一线的实践锻炼中增长才干，成长进步。

三、经费保障机制

经费是人大开展各项工作、履行各项社会职能的物质基础，是人大贯彻落实总体思路，突出维护职能的物质保障，是人大联系群众的经济纽带，是提高人大凝聚力、向心力、战斗力的重要因素，也是人大开展活动、发挥作用的基础环节，在人大全局工作以及人大组织长远发展中起着支撑和保障作用。

县、乡人大是我国基层权力机关，承担着繁重的工作任务，是人民代表大会制度的重要组成部分，在依法治国、建设社会主义法治国家中发挥着重要作用。但时常受到办公必需经费的困扰，且形势越来越严峻，基层权力机关的作用也因此受到一定制约。加大人大机关建设和工作经费投入，充分保障代表活动和无收入代表误工补贴资金，有利于保障人大代表和人大干部顺利进行学习培训、考察交流和信息宣传。

四、考核奖惩机制

考核奖惩机制即在人大工作运行中，通过制订一系列考核标准，对代表明确相应的奖惩措施，对代表的日常工作进行要求和约束，提升其工作积极性。

“一线工作法”考核办法主要是通过自下而上测评，自上而下考核，委室之间、各镇之间、代表与代表之间自评互评，日常考核、年终考核相结合的方式，综合确定考核格次，获得优秀格次的给予表彰奖励，对成绩突出的干部积极向组织推荐提拔重用，对履职尽责较好的代表优先作为向组织提名推荐的连任代表人选，对考核居末位的进行通报批评、约谈、罢免、劝辞或建议组织处理。

五、总结宣传机制

胡锦涛同志于2008年在人民日报社考察工作时发表了重要的讲话，指出“做好宣传工作，关系党和国家工作全局，关系改革和经济社会发展大局，关系国家长治久安”❶。习近平总书记在2018年8月全国宣传思想工作会议上强调：“扎实抓好县级融媒体中心建设，更好引导群众、服务群众。”❷

认真总结“一线工作法”的经验做法，树立先进典型，挖掘新闻价值，加强与各级新闻媒体的通联协作，扩大对外宣传，讲好“一线工作法”故事，有利于逐步完善石泉人大工作经验模式。

❶ 胡锦涛在人民日报社发表讲话（2008年6月20日）[EB/OL].（2008-06-21）. http://www.china.com.cn/news/txt/2008-06/21/content_15865998.htm.

❷ 谢新洲. 扎实抓好县级融媒体中心建设[N]. 人民日报，2018-11-08（07）.

第六章　促进“主动式发力”发挥代表主体作用

中共中央政治局常委、全国人大常委会委员长栗战书在十三届全国人大常委会第十次会议上强调，要深入学习贯彻习近平总书记关于坚持和完善人民代表大会制度的重要思想，深刻认识支持和保障代表履职的重要意义，尊重代表、服务代表、接受代表监督，把联系人大代表、发挥代表作用等工作做得更好，充分彰显人民代表大会制度的优势和特点。人大代表是人民代表大会的主体，是人大工作的基础。近年来，石泉县人大把有效发挥代表作用作为提高基层人大工作质量的重要基础，着力推进代表队伍建设、履职平台建设，探索开展代表坐班接待联系群众、代表专业课题组活动，不断提高代表工作水平，切实提升代表履职实效，受到了广泛关注，产生了积极影响。

第一节　以能力为基础推进人大队伍建设

从人大制度的长期实践可看出，小到一项提案，大到国家的法律制度、国家的政治制度，都面临着这样的问题，即如何研究相关制度背后的知识、相关知识背后的理念。在建设具有中国特色的社会主义的历史进程中，人大代表如何更好地代表人民表达意愿，增强责任感，更有效地行使人民赋予的权力，组建一支专业化的人大代表队伍，是我国政治文明建设的内在要求。

为深入学习贯彻习近平新时代中国特色社会主义思想和党的十九大精神，扎实推进党的先进理论大众化，切实用党的理论武装头脑、指导实践、推动工作，进一步激发广大人大代表务实担当、干事创业的激情，后柳镇人大结合实际，制订了代表年度学习计划，加强人大代表的理论学习。

一、提高人大代表整体素质

人大代表是同级国家权力机关的组成人员，代表人民行使管理国家事务和社会事务的权力。人大代表的整体素质如何，直接影响到同级国家权力机关职能作用的发挥，关系到人大的形象和权威。为提高国家权力机关行使权力的水平，改善人大形象和提升人大权威，必须不断提高人大代表整体素质。而且人大代表自身素质的高低，关系到执行职务、行使职权、履行职责的水平和效果。因此，提高人大代表自身素质是一项非常重要的工作。人大代表应从政治思想品质、法律意识、文化知识、调查研究能力、社会活动能力以及身体素质条件等方面不断提升自己。

人大工作是党的工作的重要组成部分，人大干部队伍也是党的干部队伍的重要组成部分。做好人大工作，必须要有一支能干事的干部队伍。加强人大干部队伍建设，培养和造就一批熟悉人大工作、具有良好法律素养的干部，对于进一步提高国家机关工作人员依法行政、公正司法的能力和水平，进一步深化依法治理、推进依法治国方略具有重要意义。中华人民共和国成立以来，人民代表大会制度日臻完善。特别是改革开放以来，经过各地不懈努力，基层人大机构和干部队伍建设得到有效加强，大部分基层人大机构设置逐步健全，多数地方机关编制基本满足工作需要，人大干部活力不断增强，为履行法定职责提供了组织保障。

人大代表是具有崇高法律地位的政治职务，因此，一定要高度重视自身修养，珍惜身份和荣誉，时时自重、自省、自警、自励，树立人大代表的良好形象。石泉县通过多种渠道、开展多种活动始终致力于提高人大代表的整体素质，数年的时间取得了良好的效果。其一，石泉县对人大代表开展经常性教育，促使其牢固树立宪法法律至上的意识，自觉做尊法的模范，带头尊崇法律、敬畏法律；做学法的模范，带头了解法律，掌握法律；做守法的模范，带头遵纪守法，捍卫法律；做用法的模范，带头厉行法治，依法办事。自教育活动开展以来，石泉人大代表时刻牢记“法律红线不可逾越，法律底线不可触碰”，做到坚决不说违纪违法的话，坚决不做违纪违法的事，以实际行动维护人大代表队伍的良好形象、带动全社会形成良好的法制氛围，使办事依法、遇事找法、解决问题用法、化解矛盾靠法成为社会常态。其二，人大代表密切了与人民群众的联系。人大代表保持同人民群众的联系，是人民代表大会制度的重要特征和内在要求。石泉县进一步完善代表联系群众制度，按照地域就近、行业相近和联系方便的原则，要求人大代表与一定数量的人民群众保持经常性联系。通过建立代表接待日、代表进社区、主题实践活动等行之有效的方式，拓宽代表联系群众的方式渠道，畅通社情民意的表达反映渠道。其三，人大代表做到了在本职工作岗位上创先争优。在我国，各级人大代表都是兼职的，平时不脱离各自的生产工作岗位，这是我国人民代表大会制度的显著特点。各级人大代表分布在各行各业、各条战线，是本地区、本部门、本民族的优秀代表。石泉县诸多措施实施以来，人大代表的整体素质有了显著提高，工作热情积极高涨。他们在工作中全面贯彻落实县委和人大的要求，在社区发展、经济建设、生活作风等方面均发挥模范带头作用，在倡导社会主义核心价值观上发挥表率作用，努力在本职岗位上建功立业，创先争优。

二、丰富人大代表学习形式

石泉县人大常委会为进一步提升代表水平，推动代表队伍建设，坚持以习近平新时代中国特色社会主义思想为指导，以县委“五个一两挂钩”制度❶为抓手，督促全镇各级人大代表加强理论学习，自觉用习近平新时代中国特色社会主义思想武装头脑、指导实践、推动工作，为实现镇域经济社会跨越发展提供了强有力的组织保证、思想动力和理论支持。

通过创新学习形式，开展习近平新时代中国特色社会主义思想和党的十九大精神的宣讲工作，有效地将党的路线、方针、政策、中央、省、市各项决策部署、上级人大常委作出的决议、决定以及各项惠民举措及时送到基层群众中，并在这个过程中不断创新，制订了三种学习方式，在丰富学习模式的基础上为代表提供了便利，减少了代表活动与代表本职工作冲突的

❶ “五个一两挂钩”制度由“五个一”和“两挂钩”组成。“五个一”是指：一个讲堂、一个学习交流群、一周一抽考、一年一总结、一村一讲师；“两挂钩”是指：实行理论学习与年度考核、评优树模挂钩，坚持理论学习与干部职务职级晋升、绩效工资挂钩。

情形。

（一）集体学习

全年在代表工作室集体学习不少于4次（每季度至少1次）。以研讨作为学习的主要形式，把重点发言和集体研讨、专题学习和系统学习结合起来，深入开展学习讨论和互动交流。侧重对重大理论问题和重大方针、政策的学习理解，在联系本镇改革发展和稳定工作实际的基础上，解放思想、形成共识。

（二）个人自学

每名代表要认真学习习近平新时代中国特色社会主义思想，以《习近平谈治国理政》（第二卷）为权威读本，结合实际，明确学习重点，研读必要书目。积极参加代表小组学习活动，利用网络学习平台开展学习，记好读书笔记，撰写心得体会文章，提升学习效果。

（三）理论宣讲

人大主席团成员要带头开展理论宣讲，深化理论下基层活动，全年到自己所在的选区、党建联系点、包联村讲党课或作代表述职报告不少于1次。

2017年石泉县池河镇5个代表工作室召开述职会议4场次，共有14名县、镇人大代表向选民作出自己的庄严述职，公开公示述职报告14份，选民满意率高达92.6%。通过述职评议，代表受到了选民的鼓励，得到了支持，了解了民意，集中了民智，看到了自身差距，感到了责任和压力。增强了代表意识和履行代表职责的动力，代表之间得以相互学习。选民当家作主的民主意识和监督意识也得到有效增强。

三、保障人大代表学习实效

人大工作政治性、法律性、程序性、专业性很强，要求代表具备丰富的专业知识和较高的政策水平、法律水平，搞好培训是提高代表履职能力的有效途径。县人大常委会把代表培训列入计划，长抓不懈，积极探索行之有效的方式，提高代表的综合素质。

石泉县人大积极探索有利于提高代表素质、发挥代表作用的长效机制，同时科学合理安排培训内容，重点学习审议各项报告、审查批准计划和预算、提出议案和建议、闭会期间如何执行代表职务以及立法、预算等方面的综合知识，并安排人大代表学习在履职中需要经常使用的具有操作性、技术性的内容，不断增强培训的针对性和实效性，使培训工作跟上时代发展需要。同时，让代表及时“充电”学习、及时更新知识结构，不断提高履职水平。

（一）注重学习系统化

系统化思维是党的十八大以来习近平总书记反复强调的思维方式之一，强调在把握全局、统筹推进的基础上，坚持“两点论”和“重点论”的统一，使各项工作得到更有序、更均衡、更高效地实施和推进。学习系统化思维有助于确保以人大法定职能服务于中心工作，通过深入研究各项措施的关联性与耦合性，确保工作整体效应，力求以重点突破引领、带动、推进全局发展，同时强化统筹协调，坚持“挂图作战”，对具体任务分解落实，保证按照进度扎实有效推进。

注重学习系统化，把学习习近平总书记系列讲话精神和党的十九大精神结合起来，深入学习习近平总书记提出的一系列前瞻性、战略性、指导性的思想观点，努力在学习上深一步、认识上高一等、实践上先一着，切实把学习成果转化为推动镇域经济跨越发展的动力。

（二）注重学习实践化

习近平总书记反复强调“基础在学，关键在做”[1]。在持续学、深入学上下功夫的同时，引导代表坚持学做互进、知行合一，切实把学习内容代入代表的思想和工作中，从具体问题改起，在具体事情上下功夫。

一旦脱离了学习实践化，在理论学习中，就容易存在片面强调形式、

[1] 姜世甫. 确保“两学一做”落地生根（治理之首）[N]. 人民日报，2017-07-10(07).

喜欢做表面文章的现象，出现爱干面子活，只求花样多、活动多、口号新等问题。因此在围绕年度学习内容的前提下，切实增强学习的主动性和自觉性，注重结合工作实际，勤于思考、学以致用，用理论学习的所思所获推动工作，真正达到理论学习促进工作的实际效果。

（三）注重学习制度化

人大学习制度化、规范化，有利于推动理论工作深入开展，提高人大常委会领导班子和领导干部的理论水平，加强领导班子思想政治建设。

在实际工作中，存在基层人大代表重视经验忽视理论学习的情况，他们更加看重把具体工作做好，导致不关心、不重视学习过程。在这种情况下，如果没有一定的规章制度督促其学习，会导致学习效果不足，从而影响为群众服务的水平。因此要求各代表工作室严格执行代表学习考勤、个人自学、集体研讨、学习交流、学习考核等制度，严肃学习纪律，确保学习实效。

县级人大代表的自身综合素质是县级人大代表履职的重要保障，提高县级人大代表的综合素质需要将代表的集中学习和个人自学相结合，把代表学习培训作为机制常态化的一部分。培训的目的在于使代表们具有专业的履职素养，积极的履职态度，严谨的履职行为，确保代表学有所思、学有所悟、学有所得、学有所用。从发展社会主义民主政治的长远目标考虑，从现在起，应把人大代表职务培训作为完善人大制度的重要任务来对待，应把它作为一项制度以法律形式确定下来，并就有关问题作出制度化安排。

第二节　推进代表主动常态履职制度建设

县级人大代表作为人民群众与政府之间的沟通桥梁和传声筒，既要将人民群众的合法利益诉求和真实意愿如实反映给上级部门，又要帮助广大人民群众理解上级部门的政策，所以代表的有效履职十分重要。这要求人大代表，尤其是县级人大代表，必须在依法履行自己职责的过程中，不断提高履职能力，充分发挥履职效能。由此可见，县级人大代表责任重大、使命光荣。石泉县人大充分尊重代表主体地位，搭建代表履职平台，开展代表主题实践活动，切实发挥代表主体作用。

石泉县人人常委会将各级人大代表按区域划分，建立了46个规范化代表工作室，出台了管理办法，打造了功能齐全的与县人大综合监督信息平台联网的履职平台，使代表能够及时传达党和国家的方针政策，收集社情民意，协调和督促解决群众困难问题，为代表常态化履职开辟了新天地，为群众表达诉求架起了“连心桥”。此外，积极组织开展“新民风代表在行动”“人大代表大走访”“十佳人民满意的人大代表”评选表彰、代表回选区向选民述职等活动，为各级代表立足岗位发挥了重要作用。

一、提升代表履职能力

新形势对人大代表依法履职的标准要求越来越高，新当选的人大代表必须适应新形势、新要求，不断提高自身素质和履职能力，把加强学习培训、提升代表素质摆在重要位置。

石泉县人大健全培训学习机制，通过初任培训、办班培训、以会代训，“走出去”“请进来”等多种方式，聘请专家讲座、邀请代表现身说法、专题研讨、观摩优秀代表小组活动和外出学习参观等多种形式，提高了代表学习培训实效。同时，突出代表培训的阶段性和重点，明确目的、因材施教，采取集中培训与自学相结合，系统培训与专题实践相结合等多种措施，开阔了代表履职视野，提高了代表学习培训的质量。

后柳镇人大建设了规范化的办公室，配备了2名优秀年轻干部担任人大专干，专门为代表服务，让人大干部在主战场上抓主业。镇人大还通过代表参加履职培训、外出考察学习、列席主席团会议等方式，着力提升代表履职能力，引导代表到一线依法履职行权，督促他们成为体察民情、关注民生、助推发展、创先争优的优秀人大代表。后柳镇的县十八届人大代表陈国盛，领衔创建了人大代表创业示范园（中国·石泉中坝作坊小镇），让“人大代表+景区/企业+贫困户”的机制在后柳镇开花结果，使群众和贫困户就业有岗、致富有路，中坝作坊小镇就直接带动了1100多人脱贫。

二、搭建代表履职平台

人大常委会要积极为代表搭建活动平台，创新代表活动载体，丰富代表履职平台内容，畅通代表的知情、知政渠道，保障代表的知情权、参与权、建议权和监督权，激发代表履职的积极性。

石泉县人大积极开展“五一五联”常态化活动，以组织集中性大走访活动为契机，发动县镇两级人大代表围绕访选民、搞宣讲、提建议、办实事，对基层情况进行大排查，并逐步将“大走访”深化为“常走访”，真正找准企业发展的难点，项目建设的堵点，群众生活的痛点，社会稳定的风险点，为全县建设出谋划策，切实解决实际问题。

石泉县后柳镇高标准建设4个代表工作室，通过“微信+代表群”畅通代表履职渠道，让全体代表定期到工作室轮流“坐班”接待选民群众，在一线真心听民声、尽心代民言、多方汇民智、倾力解民忧，如今的代表工作室已成为人大代表学习“充电”的大课堂，民情民意的“采集站”，建言献策的“议事厅”，群众有事找代表已成为习惯。

三、开展丰富的代表活动

规范代表闭会期间的各项活动，如年中专题调研、会前集中视察、主题实践活动和代表小组活动等，要在务求实效上用心、用力，把提出高质量的议案建议和调研报告作为活动的落脚点，推进代表活动的规范化、制度化、常态化。此外，县人大常委会要建立和完善代表活动制度，规范代表行为，使代表在活动中增强使命感和责任感。

石泉县人大深入全县6个镇、15个县直相关部门开展调研，了解有关企业和单位近年来的生产经营等情况，了解他们在行政审批、政府服务等方面遇到的实际问题，征求他们对提升行政服务效能和优化营商环境的意见和建议，形成了调研报告和审议意见，并依法常态化开展监督，不断推进营商环境持续优化。先后开展了“助力新民风建设人大代表在行动”活动、“代表学法用法年”活动、“脱贫攻坚人大代表有担当”活动、“人大代表大走访”活动、各代表小组活动和“我身边人民满意的人大代表”征文活动，组织全镇各级人大代表立足岗位，发挥示范引领、桥梁纽带作用。镇内涌现出李金斗、陈国盛等一大批优秀代表典型。

四、健全履职保障机制

代表履职不仅仅是代表个人的事情，也是各级人大常委会有关工作机构和办事机构的事情。各级人大常委会、人大常委会各工作部门之间密切配合，上下联动，努力打造为代表履职服务的联合服务平台。

石泉县全面落实人大工作经费和代表活动经费，为代表履职提供了保障。此外，通过建立代表意见纳入书记“民情三本账”“党委委员联系代表”等各项制度，完善代表议案建议督办评议机制，使代表建议从答复满意向落实满意转变。

五、提升代表履职动力

代表在人大会议期间的工作是按照大会的议程安排有序进行的，只要代表出席人代会会议就要按照日程安排参加会议期间的各项工作。然而，代表参加闭会期间的活动主要取决于代表个人的综合素质和政治觉悟，因为在闭会期间，代表个人的支配性大、随意性强，即使不参加活动也没有严格的强制措施，导致闭会期间代表履职流于形式，效果不明显，甚至有个别代表不履行代表职责，一次活动都不参加。因此，建立和实行健康的激励机制，加大对代表履职监督的力度，是调动代表履职积极性，充分发挥代表作用的有效方法。

为激励人大代表更好地履行代表职责，发挥代表主体作用，提高代表工作水平，根据《石泉县“十佳人民满意人大代表”评选办法》的规定，县人大常委会每年度都组织开展“十佳人民满意人大代表”评选活动，进一步激发各级人大代表的履职积极性。此外，针对基层代表参加活动不方便、积极性不高等问题，石泉县还出台了《人大代表积分管理办法》。赋予每届代表一定的基础分数，按照参加活动、提交意见建议等履职成效，给予一定的加分，上不封顶；缺席代表活动，未完成“五个一”“五联系”“一承诺”任务的将扣减分数。每季度向代表通报一次积分情况，每年向选区选民公示一次选区代表的积分增减明细。对排名靠前的代表进行奖励和表彰，优先推荐为下届代表候选人；对靠后的代表不得被推荐为下届代表候选人，如积分扣减完毕将启动罢免程序。在此基础上，池河镇人大还建立了《人大代表工作室评比办法》，按照“代表积分＋考核得分”的形式进行量化评比，驻室代表的平均分加上工作室年终考核得分，即为该工作室本年度考核总分，依照总分评比出优秀代表工作站，以上考核奖惩机制有力激发了代表履职的内生动力。

第三节　人大代表“坐班”深入倾听群众心声

石泉县人大投入300余万元，按照有场所、有牌子、有制度、有计划、有记录、有档案、有保障的“七有”标准，分片区建立了46个规范化的片区代表工作室，出台了代表工作室建设和管理办法。将全县714名中、省、市、县、镇人大代表合理划分到代表工作室，每周安排1名人大代表坐班接待选民群众，每名代表一年坐班3～4次，让代表传达党和国家的方针政策，收集社情民意，协调和督促解决群众困难问题，使代表工作室成为政策宣传、社情民意汇集融合的平台。此外，县人大常委会还借鉴财政预算联网监督的做法，采用“互联网+”模式，于2018年年初建立了人大综合监督信息平台，打造集财政预算、执法用法、民生事业、城建环保和代表履职等信息于一体，让人大代表可随时查询、了解工作动态和发现监督线索的“第三只眼”，拓宽代表知情、知政、督政渠道，增强代表监督针对性和实效性。

各代表工作室围绕宪法、法律法规的遵守和执行，县人大及其常委会的决议决定，政府中心工作的推进落实、重点项目建设、社会民生问题、代表建议的办理落实“五个重点”。组织代表参与每周安排1名代表接待选民群众、每名代表至少每半年提出1条有价值的建议或意见、每名代表至少每年参与1次矛盾纠纷调解、代表小组每季度组织开展1次集体活动，每年至少提交1份专题调研报告或视察报告的“五项活动”，积极听民声、汇民意、聚民智、解民忧，忠诚履行代表职责，并且每项活动有记录、有资料、有结果，代表履职活动更丰富，履职效果更明显，履职行动更规范。对于群众反映强烈的重点问题，纳入县、镇、村书记“民情三本账”，实行重点督办。

池河镇人大分区域设立了5个代表工作室，将全镇15个村（社区）内65名县、镇人大代表编入工作室，按照“县镇两级代表结合”“室内与室外相结合”“代表工作站与代表专业课题组相结合”的“三结合”工作模式，推进代表“例会创新”“管理创新”，安排人大代表每周轮流坐班接待选民，宣传党和国家的方针政策，地方党委、政府的决策部署，将收集到的群众意见建议整理汇总，书面反馈给镇党委、人大及政府，做到政情下达，民情上达，架起党委政府与人民群众之间的桥梁和纽带，为代表履职、联系选民和发挥作用开辟新路子，搭建新平台。

一、基本框架——县镇两级代表结合

镇人大将工作室覆盖区域内选举产生的县镇人大代表统一纳入代表工作站管理，改变了镇人大工作组织结构，由以往“镇人大办公室—代表”的两层粗放结构，变为“镇人大办公室—联络员—代表”的三层精细结构，将每个层级工作人员联系的代表控制在6人以内，更加贴近团队管理的最优人数，减少了代表“搭便车”“出工不出力”等现象。在活动中代表也能拥有更加充足的时间联系选民，沟通情况，阐述观点，收集意见。充分体现了对代表的尊重，对人民群众的感情。

二、重要内容——室内接访与室外走访结合

统筹兼顾室内接访与室外走访，将“代表走出去”和“选民请进来”有机结合。“代表走出去”，即要求人大代表发挥其密切联系群众的纽带作用，结合自身所在选区实际，通过“紧盯重点”“创新措施解决难点”“及时化解热点”“克服弱点”“补齐缺点”五个方面的工作方法，扎实开展“大走访”活动。“选民请进来”则是给选民提供一个反映问题的平台，在开展“五个一”“五联系”“一承诺”活动的基础上，利用代表工作室将每周一次的代表接访固定下来，并将代表接访日程安排对外公示，以便选民能够方便及时地反映情况。“室内与室外相结合”的工作模式在代表与选民间、政府与群众间架起了一座“连心桥”。

三、点睛之笔——代表工作站与代表课题组结合

池河人大课题组专业灵活的工作模式，一直是池河人大充分发挥代表闭会期间作用的法宝。人大代表工作室建成后，该镇人大将这两件“法宝”结合起来，使其具备了以下特点：一是各有侧重，保持特色。代表工

作室重“监督”，重在“发现问题”；课题组重“建议”，重在“解决问题”，他们在保持自身特色的同时，又能够相互支持。二是水乳交融，相得益彰。代表工作室和课题组的成员相互有交叉，活动相互有参与，一方面，在工作室例会上，就需要讨论的问题可以邀请相关课题组代表列席会议，听取他们的专业意见；另一方面，课题组在就某个问题、现象进行调研时，可以邀请相关区域的代表工作站代表列席，听取该区域社情民意反馈的情况。

四、新途径——例会创新

社情民意往往是分散的、表象的，代表如果仅仅就社情民意提出意见建议，难免会有局限性不能准确把握现象背后的深层次原因。如人大代表提出的意见大多集中在基础设施建设上，而缺乏项目支持的基础设施建设，基层政府往往很难实施，由此影响到选区选民对代表的信任和代表履职的积极性。开展工作室例会，为驻室代表提供了讨论和交流的平台，在充分讨论的基础上对问题进行归纳整理，最终提出合理化的意见、建议和议案，有利于促进政府改进工作，推进重大项目建设。

五、内在灵魂——寓支持于监督之中

人大代表对政府工作的监督，实质上是为了督促政府依法行政，合力推动法制化进程和经济社会发展。池河镇人大指导代表工作室，全力围绕党委的工作思路，找准监督和支持的结合点，进一步强化督办力度，合理使用调研、询问等监督方式，通过发现问题和提出建议解决问题的方式有效支持政府、村民自治组织在脱贫攻坚、经济建设等方面的工作。此外，还通过清单化政府工作报告，逐一分解政府工作报告内容，安排代表分块跟踪监督，每个季度以简报的形式向代表通报一次政府工作报告重点事项进展情况，提升了政府工作透明度，倒逼政府工作人员改变工作作风，提高工作效率，完成人大审议通过的政府工作报告中确定的任务。

第四节　规划专业课题深入开展调查研究

没有调查，就没有发言权。调研的主要目的，就是发现问题、研究问题、解决问题，并以此来巩固工作成果，提升工作水平，提高工作思路的理解力、执行力和操作力。然而，在实际工作中，存在着调研“走过场”现象，更有甚者，依然有个别代表不重视调查研究、不善于调查研究，不深入实际生活，坐在办公室关起门来作决策，凭经验办事，“拍脑袋”决策。为更好地对县域内政治、经济、文化各方面内容开展调研，石泉县人大划分了专业课题组，分别对各领域进行调查研究。

为更好地发挥人大代表的主体作用，增加其积极性、主动性和创造性，石泉县池河镇人大首先制订了人大代表课题组活动实施方案，以进一步丰富闭会期间人大代表活动的内容，充分展现代表风采，促使人大代表更好地履行职责，积极参与政务，为池河经济社会发展建言献策。全体人大代表不忘初心、牢记使命，紧紧围绕全镇经济社会发展大局，聚焦群众关心的热点、难点、焦点问题，充分利用代表工作室，积极参与课题组调研，广泛听取并及时反映社情民意，提出了高质量的议案、建议、批评和意见，为推动经济社会发展作出了突出贡献。

人大代表来自社会中的各个行业，在课题组制度提出前，由于缺乏有效的安排及监督措施，在闭会期间，人大代表只做自己的工作，缺少为人民群众谋划发展的主动性，更多的是被动参与会议，参加选举，只关注自身的事业。而课题组建设能够很好地解决这一问题，围绕“发展、稳定”两大主题，以“三增一稳”（发展增速、总量增长、农民增收、社会稳定）为目标，以“城镇建设、现代农业、新型工业、社会稳定”为主线开展课题活动，有利于发挥代表参政议政的积极作用，搭建代表活动平台。此外，以课题组为载体，结合“三问三解”，有利于充分调动代表履职的自觉性，激励代表贴近民生、助民致富，关注发展、跻身“三农”工作。

池河镇人大建立了代表活动小组和专业课题组“两套班子，一套人马”的双向运行机制。根据代表的特长和意愿，将辖区人大代表分为现代农业、工业经济、城镇建设、民生保障4个课题组，使每一位代表既是代表小组的成员，也是课题组的成员，跳出了“一村一组”的地域局限，得以专业灵活地开展工作，让代表们在“产业发展”“项目建设”等方面想办法、解难题，集思广益，既当监督员，又当智囊团，还当“排头兵”，在“一线”直接发挥作用，努力破解工作难点和发展瓶颈。此外，人大代表还从事走访调查、视察评议、开展讨论、座谈等工作，了解惠农政策的落实情况、广大选民的真实意愿，寻求发展的路径和解决发展的方法措施，跳出池河看发展，适时准确地向党委、政府反映情况，提出科学合理的建议，为池河发展找依据，为决策打基础，使代表调查研究有方向、执政监督有平台。在2018年年初，池河镇城镇建设课题组针对陕南移民安置小区线杆林立、电线密布的情况进行了调研，提出《水、电、路、讯等基础设施统一规划，加强相关单位的协调，统一施工的建议》，受到镇党委政府的高度重视，通过镇政府和代表们的不懈努力，池河东区移民安置点以崭新的面貌呈现在池河群众的眼前，成为优美的城市风景线。

为进一步提高课题组代表水平，提升调研效率，池河镇人大制订了代表学习制度，通过对课题组学习内容、日常交流、专题培训及实地调研等方面的明确，可以更好地保障课题组有效运行，学习先进经验，发挥代表作用。

由此可见，支持和保障代表依法履职，更好发挥代表作用，是做好新时代人大工作的重大课题。石泉县通过积极创新代表工作方式，在全县范围内推行代表一线工作法、代表坐班制、代表专业课题组、代表电视网络问政等做法，有效发挥了人大代表作为党和国家联系人民群众的桥梁和纽带作用。

第七章　基层人大改革创新的领导与保障

习近平总书记在庆祝全国人民代表大会成立60周年大会上的讲话强调："新形势下，我们要毫不动摇坚持人民代表大会制度，也要与时俱进完善人民代表大会制度。"2019年7月18日，在纪念地方人大设立常委会40周年座谈会上，中共中央政治局常委、全国人大常委会委员长栗战书同志出席并指出要深入学习贯彻习近平新时代中国特色社会主义思想，发挥各级人大职能作用，全面提升新时代人大工作水平。深入推进基层人大改革创新，切实提升人大工作水平，提升人大生命力，是坚持并发展社会主义民主政治，提升治国理政水平的重点举措。党的十九届四中全会指出，要坚持和完善人民当家作主制度体系，发展社会主义民主政治，为实现各方面制度和国家治理更好体现人民意志、保障人民权益、激发人民创造提出了新的思路与要求。而推进基层人大改革创新正是贯彻党的十九届四中全会精神的重要举措。本章将从推进基层人大改革创新的新要求、在基层人大改革创新中坚持党的领导、完善基层人大改革创新各项保障三个方面展开分析与讨论。

第一节　与时俱进，明确基层人大改革创新的前进方向

党的十九届四中全会对实现治理体系和治理能力现代化提出了新要求。人民代表大会在治国理政中具有重要作用，基层人大的有效履职更是有效提升基层治理的重要一环。只有不断推进基层人大改革创新，才能使人大更加不折不扣地落实党的决策部署，将党的意图、决策部署和主张，通过法定程序转换成人民意志和统一行动，在治国理政中发挥更大价值。

一、党的十九届四中全会的新要求

习近平总书记指出，设计和发展国家政治制度，必须注重历史和现实、理论和实践、形式和内容有机统一。要坚持从国情出发、从实际出发，既要把握长期形成的历史传承，又要把握走过的发展道路、积累的政治经验、形成的政治原则，还要把握现实要求、着眼解决现实问题，不能割断历史，不能想象突然就搬来一座政治制度上的“飞来峰”。中国特色社会主义政治制度之所以行得通、有生命力、有效率，就是因为它是从中国的社会土壤中生长起来的。中国特色社会主义政治制度过去和现在一直生长在中国的社会土壤之中，未来要继续茁壮成长，也必须深深扎根于中国的社会土壤。❶

为了不断建设和发展中国特色社会主义制度，推进国家治理体系的现代化，党的十九届四中全会审议并通过了《中共中央关于坚持和完善中国特色社会主义制度、推进国家治理体系和治理能力现代化若干重大问题的决定》。这次会议公报指出，坚持和完善中国特色社会主义制度、推进国家治理体系和治理能力现代化，是全党的一项重大战略任务。党的十九届四中全会还提出了坚持和完善中国特色社会主义制度、推进国家治理体系和治理能力现代化的“三步走”的总目标，即到我们党成立一百周年时，在各方面制度更加成熟、更加定型上取得明显成效；到2035年，各方面制度更加完善，基本实现国家治理体系和治理能力现代化；到中华人民共和国成立一百周年时，全面实现国家治理体系和治理能力现代化，使中国特色社会主义制度更加巩固，优越性充分展现。❷

党的十九届四中全会首次系统提出了中国特色社会主义制度和国家治理体系的“十三大显著优势”，并指出坚持人民当家作主，发展人民民主，密切联系群众，紧紧依靠人民推动国家发展是十三个显著优势之一。为了更好把制度优势转化为国家治理效能，这次会议还策划了工作的具体要求

---

❶ 习近平. 设计和发展国家政治制度要从国情出发从实际出发——在庆祝全国人民代表大会成立60周年大会上的讲话（2014年9月5日）[J]. 中国人大，2014（18）.

❷ 中国共产党第十九届中央委员会第四次全体会议公报［EB/OL］.（2019-10-31）. http://www.gov.cn/xinwen/2019-10/31/content_5447245.htm.

和实施路径，提出了“十三个坚持和完善”，其中就包含要坚持和完善人民当家作主制度体系，发展社会主义民主政治。指出要坚持和完善人民代表大会制度这一根本政治制度，坚持和完善中国共产党领导的多党合作和政治协商制度，巩固和发展最广泛的爱国统一战线，坚持和完善民族区域自治制度，健全充满活力的基层群众自治制度。❶ 同时，还对坚持和完善社会主义制度，保障人民当家作主主体地位，完善人民代表大会制度作出了进一步阐释。强调必须坚持人民主体地位，坚定不移走中国特色社会主义政治发展道路，健全民主制度，丰富民主形式，拓宽民主渠道，依法实行民主选举、民主协商、民主决策、民主管理、民主监督，使各方面制度和国家治理更好体现人民意志、保障人民权益、激发人民创造，确保人民依法通过各种途径和形式管理国家事务，管理经济文化事业，管理社会事务。党的十九届四中全会对人大的进一步改革创新作出了较为具体的新安排，指明了方向，指出要支持和保证人民通过人民代表大会行使国家权力，保证各级人大都由民主选举产生、对人民负责、受人民监督，保证各级国家机关都由人大产生、对人大负责、受人大监督。支持和保证人大及其常委会依法行使职权，健全人大对“一府一委两院”监督制度。密切人大代表同人民群众的联系，健全代表联络机制，更好发挥人大代表作用。健全人大组织制度、选举制度和议事规则，完善论证、评估、评议、听证制度。适当增加基层人大代表数量。加强地方人大及其常委会建设。❷

二、推进国家治理现代化需要基层人大改革创新

党的十九届四中全会提出了当前和今后一个时期坚持和完善人民代表大会制度的重点方向、主要任务、工作要求和重要举措。推进基层人大的改革创新，是贯彻党的十九届四中全会新精神、新要求的重要方面。“坚持和完善人民当家作主制度体系，发展社会主义民主政治”，推进基层人大改革创新，使之更好发挥作用，需要从提升思想认识、压实监督任免、

❶ 中国共产党第十九届中央委员会第四次全体会议公报［EB/OL］.（2019－10－31）. http：//www. gov. cn/xinwen/2019－10/31/content_5447245. htm.

❷ 中共中央关于坚持和完善中国特色社会主义制度　推进国家治理体系和治理能力现代化若干重大问题的决定［N］. 人民日报，2019－11－06.

机制创新突破三个方面综合发力。

（一）提升思想认识

一是坚持党的绝对领导。推进基层人大改革创新需要更好地实现对党委决策部署的有效落实，更好地将党委意图、决策部署和主张通过法定程序转换成为公共部门和民众的意志和统一行动。使党更有效地发挥统揽全局、协调各方的领导核心作用。同时使人大能够为党的执政提供更有力的支持，推进国家治理能力与治理水平现代化。

二是落实以人民为中心的思想。基层人大在改革创新中要更为牢固地树立和落实以人民为中心的思想。基层人大要把人民利益放在至高地位，收集民意、转达民意、督办民意落实都要实现制度化、长效化、深入化，从各层次、各领域扩大公民有序参与政治，依法保障公民的知情权、参与权、表达权、监督权，依法保证全体社会成员平等参与、平等发展的权利；一切以民意为导向，来谋划和推动人大常委会工作，从而使人民当家作主的政治权力得到有效实现，有力保障最广大人民群众的根本利益。

三是实现对法律与规定程序的严格遵循。人大工作有着严格的程序和法律规定。党委决策通过人大形成决议、决定，就是通过法定程序，达到思想同心、决策同商的过程。在推进基层人大改革创新中必须要使人大代表成员更好地树立法律意识，更为自觉、严格地遵循规定程序，使人大的各项工作规范有序地开展。

四是深入解放思想。在改革创新中基层人大一定要实现思想的解放。其一是必须打破基层人大是“二线”的落后思想。明确基层人大对于推进区域经济社会发展，解决区域社会问题，保障本地区群众利益的重要意义，端正工作态度，认真负责履职。其二是必须与时俱进，不落后于时代的步伐。人大在审议各项工作时要解放思想，敢于支持并批准“一府两院”的创新方案，发挥自身作用为“一府两院”的创新实践提供保障。

（二）压实监督任免

在推进基层人大改革创新中要实现锁定对党委决策部署有利、对政府推进工作有助、对增进基层群众福祉有益的目标，以“钉钉子精神”开展监督，并切实履行任免权力。

一是敢于监督、有力监督。要处理好监督与支持的关系，视监督为支持的前提，寓支持于监督之中，找准结合点，把握量和度，敢于在监督中发现问题、指出问题、跟进问题解决。切实做到履职不错位、支持不越位、尽责不缺位，将审议意见真正从“纸上”落到“地上”。

二是实现靶向监督。坚持问题导向，找准监督工作的主攻点，确保监督一个议题，推动一项工作，解决一些问题。特别是对重点问题进行监督，如脱贫攻坚、生态环境保护、社会事业与民生实事重点、反腐、扫黑除恶、管理国有资产与政府的“钱袋子”等方面内容。做到对重点问题的精准关注、靶向瞄准。同时在基层人大的改革创新中要实现对法定监督程序的更好贯彻。通过法定程序，对法定对象进行监督，做到目的、权限、内容、手段、程度“五个依法有据”。

三是促进民主法治与社会风气建设。在基层人大改革创新中要有力推进整体民主法治的建设，不断实现并发展社会主义民主政治，并且有效地带动社会风气向好发展，化解社会矛盾，抵制社会不正之风，推进各类社会问题的有效解决。

四是依法行使任免权，坚持党管干部原则与人大依法行使选举权任免权相统一。严格依照法定职权和法定程序选举和任免国家机关领导人员、组成人员和有关工作人员，保证党组织推荐的人选成为国家机关领导人员。加强对人大选举和任命人员的责任意识和公仆意识。

（三）制度创新突破

党的十九届四中全会公报有77处提到“制度”，将“制度”的重要性和作用提升到了新的高度。坚持十九届四中全会精神，推进基层人大改革创新，除要提升思想认识、压实民主监督外，还要完善制度建设，实现机制的创新突破，不断完善有关人大组织体系、工作机制、议事规则方面的法律制度，完善论证、评估、评议、听证制度。健全适合国家权力机关特点，更好体现民主集中制原则，充满活力的组织制度和运行机制。

一是创新代表作用发挥的制度。在基层人大改革创新中要持续探索使广大代表更好发挥作用的有效机制，通过建立基层人大代表工作室、代表之家、代表活动室，完善人大代表对群众述职、开展人大代表专题调研，设立代表接待日、网络平台等方式和渠道，了解社情民意，反映群众诉求，宣传国家法律法规和方针政策等各种举措，让人大代表更好履职，从而更好激发人民群众的主体效能，助力社会主义现代化强国的建设。

二是创新代表综合提升的实现机制。在推进基层人大改革创新中，要有效探索实现基层人大代表综合提升的有效路径，提升基层人大代表的思想政治认识，提升对区域经济社会发展情况的了解程度，提升履职能力，激发代表主动履职的内生动力。

三是创新长效制度建设。在推进基础人大改革创新中要持续推进人大自身与各类单位组织的联系，在人大内部建立起人大代表之间和人大代表与常委会的长效联系制度；在外部建立起人大组织、人大代表与党委、“一府两院”、社会组织的长效联系制度，从而推进常态的、深入沟通合作的实现，特别是彻落实党中央关于健全人大讨论决定重大事项制度、各级政府重大决策出台前向本级人大报告的部署要求，讨论决定本行政区域内经济建设、政治建设、文化建设、社会建设、生态文明建设各方面的重大事项，更好发挥国家权力机关职能作用。同时要实现以人大为平台，畅通社情民意反映和表达渠道，积极回应社会关切，并统筹兼顾不同利益诉求，广泛凝聚社会共识。

第二节　强化领导，坚持基层人大改革创新党的领导

党是中国特色社会主义事业的领导核心，在推进基层人大改革创新的实践中，必须坚持党的领导，也只有有效坚持党的领导，才能让基层人大工作在创新实践中切实实现不断提升。习近平同志指出，“新形势新任务对人大工作提出新的更高要求。地方人大及其常委会要按照党中央关于人大工作的要求，围绕地方党委贯彻落实党中央大政方针的决策部署，结合地方实际，创造性地做好立法、监督等工作，更好助力经济社会发展和改革攻坚任务。要自觉接受同级党委领导”。党的十九届四中全会公报也再次强调，“党是领导一切的，坚决维护党中央权威，健全总揽全局、协调

各方的党的领导制度体系，把党的领导落实到国家治理各领域各方面、各环节”。本节将从基层人大改革创新中坚持党的领导的必要性、主要方面与实现路径、主要目标和要解决的问题四个方面加以分析和讨论如何在基层人大改革创新中加强党的领导。

一、基层人大改革创新中坚持党的领导的必要性

党的十九届四中全会公报指出，坚持党的集中统一领导，坚持党的科学理论，保持政治稳定，确保国家始终沿着社会主义方向前进是我国国家制度和国家治理体系具有的显著优势，坚持党的领导，是实现基层人大改革创新的前提条件，也是推进实现的动力所在和资源来源。

（一）党的领导是基层人大改革创新的前提条件

其一，党的领导是基层人大改革创新的必然要求。栗战书同志强调，人大要自觉同以习近平同志为核心的党中央保持高度一致。要按照党中央对人大工作的要求，全面落实党中央重大决策部署。基层人大的改革创新不能脱离党的领导。其二，坚持党的领导可以保证基层人大改革创新的正确方向。基层人大改革创新路在何方，需要实现什么目标需要得到准确的把握，否则将会使人大制度失去生命力，而把握人大改革创新的正确方向的核心就是坚定坚持党的领导。其三，更好完善党的领导是基层人大改革创新的重要目标。在当下实践中个别地方客观存在党委对基层人大领导没有有效实现，党委对人大工作没有充分了解，人大对党的意图决策没有深入领会的现象，而解决这些问题也正是推进人大改革创新的重要目标。

（二）党的领导是基层人大改革创新的动力所在

其一，“党的领导在场”是推进基层人大改革创新的重要路径。“党的领导在场”是我国治国理政中推进政治实践扎实落地的核心制度优势，坚持党的领导，提升思想政治认识，由党监督落实，能够切实推进人大实践。其二，党的建议能够丰富基层人大改革创新的有效思路。基层人大改革创新需要有契合社会主义民主政治发展的新思路，各级党委通过出台加强基层人大建设、推进基层人大工作提升的意见，可以为人大改革创新提

供有价值的思路。其三，党的重视能激发基层人大更好履职的内生动力。党委高度关注基层人大实践，对人大代表所提出的问题狠抓落实、严格督办，能够有效激发起人大履职的自主性与积极性，从而更好推进改革创新的开展。

（三）党的领导是基层人大改革创新的资源所在

一是党的领导为基层人大创新实践提供更大空间。基层人大广大改革创新进行的尝试中需要得到政府、行业部门、村两委、社会组织等多方面的支持，而有效发挥党统揽全局协调各方的领导核心作用，能够有效为人大的创新实践提供更大的便利和更好的保障。二是党的领导为基层人大创新实践的长效化必要资源。基层人大的创新实践的成果需要实现规范化、长效化，而这需要党委给予有力的支持。三是党的领导为基层人大创新实践协调各方资源。基层人大改革创新需要的人力保障、资金保障、平台保障的各个方面的切实到位，均需要党组织的有力支撑。

二、基层人大改革创新中坚持党的领导的主要方面与路径

（一）坚持党的领导的主要方面

要坚持把党的领导放在首位，确保党的决策部署在人大工作中全面落实，努力形成“党委决策前人大能出‘点子’，决策时人大有‘位子’，决策后人大有‘担子’的格局”。坚持党的领导，不断推升基层人大政治建设，需要从以下三个方面推进。

一是在把握正确政治方向上坚持党的领导。人大工作与创新实践中的重大问题与重要事项要及时向党委请示报告，并切实围绕党委各方面部署确定人大改革创新中的重点工作，实现在坚持党的领导上的主动作为。

二是在讨论决定重大事项上坚持党的领导。人大要抓住事关全局、事关人民群众切身利益的重大问题，深入调查研究，及时提出有价值的意见建议，突出“精准”“管用”“可行”作出决议决定，使党的主张通过法定程序转化为人民的共同意志和统一行动。

三是在依法进行人事任免上坚持党的领导。人大要坚持党管干部原

则，做到党管干部与人大依法任免相统一，依法做好国家机关工作人员的任免，既体现党的意图又反映人民意愿，完善任前考核、任后监督，努力做到用制度管权、管事、管人，确保被任命干部一心干事、一身干净。

在基层人大改革创新中，通过实现把握正确政治方向、讨论决定重大事项、依法进行人事任免三个方面坚持党的领导，能够保证基层人大改革创新方向不错，切实取得成效。

（二）坚持党的领导的实现路径

一是坚持“三严三实”要求。要在人大代表中严格落实“严以修身、严以律己、严以用权”“谋事要实、创业要实、做人要实”的“三严三实”要求，切实提升人大代表思想认识，对人大代表行为进行严格把关。如石泉县开展人大代表“亮身份、树形象”活动，以代表履职的“辛苦指数”提升群众的“幸福指数”。鼓励和引导代表察民情、聚民智、解民忧，当好反映群众意愿的“代言人”、维护群众利益的“贴心人”、解决群众困难的“热心人”，切实提升了人大代表的认识与行为。

二是加强人大代表的思想政治教育。在基层人大改革创新中坚持党的领导要持续加强对人大代表的思想政治教育。其一是可以通过党组扩大会议等形式，由各级党委主要领导、纪委领导对人大常委会进行党风廉政教育，提升人大常委会政治思想认识。其二是要常态化开展对全部人大代表的思想政治教育，在人大改革创新中不断探索加强思想政治教育的有效路径，通过实践活动等方法不断丰富思想政治教育形式，并切实加强思想政治教育效果的考核，提升思想政治教育效果，使人大代表自觉坚持党的领导。

三是出台有力保障的政策文件。党委要出台专门政策文件引导基层人大改革创新是有效的路径。如石泉县为推进人大工作的切实提升，县党委专门下发了《关于进一步加强和改进县镇人大工作的实施意见》，党的十九大召开后及时出台了《关于加强县镇人大“两个机关”建设的意见》，还专门下发了《推进县镇人大工作规范化绩效化建设任务分解清单》指导基层人大工作。通过党委专项政策的出台和有效实施，能促进基层人大改革创新和加强党对基层人大的领导两个目标共同实现。

四是将人大改革创新工作纳入党委工作总体布局。要把人大工作包括人大改革创新的探索实践纳入党委工作总体布局，从而坚持把党的领导贯穿于人大依法履职推进改革创新的全过程。各级党委在制订一个阶段的整体工作方案时，要有计划地将人大创新实践纳入其中，从而更好发挥党统揽全局协调各方的作用，让基层人大改革创新能够和推进基层治理能力与治理水平现代化，提升治国理政效能的整体实践密切结合起来，更好地在党领导国家治理的全局中有效发挥作用。

五是建立常态高效联系机制。在人大改革创新中坚持党的领导，要切实建立起党委与人大常态高效联系的机制。党委要把定期研究人大工作作为制度，各级党委常态化听取人大常委会有关工作汇报，定期进行规范、深入的交流沟通。党委要不断加强对人大代表的重视程度，出台完善代表建议办理工作规则，将代表建议办理工作纳入区域目标考核责任制。对于人大代表提出的意见建议，县委主要领导都要亲自过问，县级领导包抓办理，力争实现台账式销号管理，保证件件有回音，事事有落实，从而更好地激发人大代表自主自觉向党靠拢。

四、基层人大改革创新中坚持党的领导的主要目标

基层人大在改革创新中坚持党的领导，需要实现基层党委与基层人大的同频共振、同心勠力。石泉县人大在推进改革创新的进程中，始终坚持实现并发展党委的有效领导，并提出了“思想同心、目标同向、决策同商、落实同抓、责任同担、荣誉同享”的“六同”要求。这“六同”要求全面地覆盖了基层人大改革创新中坚持党的领导应该实现的主要目标。

（一）思想同心

在基层人大改革创新中，基层人大与基层党组织要始终在思想上保持一致。要明确党组织和人民代表大会都是为了保障并实现人民当家作主的权利，为了使社会主义民主真正实现，在基层人大改革创新中坚持党的领导要实现党委和人大之间的相互信任，人大代表要有足够高的思想政治认识，紧密围绕在党的周围，切实用马克思列宁主义、毛泽东思想、中国特色社会主义思想武装自身。党组织也要更为重视、信任人大代表，支持人

大代表作用得到有效发挥。

（二）目标同向

在基层人大改革创新中坚持党的领导，需要树立起党组织和基层人大的共同目标。石泉县在改革创新实践中，明确把石泉县建设成具有“三宜”特质的、让老百姓真正达到全面小康的幸福家园，作为县委与人大共同的目标和努力方向，从而有效推进党委人大形成合力。在基层人大改革创新中，只有实现做到与党委目标同向，共同为了实现人民群众的美好生活，推动区域经济社会的发展而不断努力奋斗，才能使人大改革创新的实践不产生偏离。

（三）决策同商

在基层人大改革创新的实践中，要更好地实现人大与党委的决策同商。在区域内经济社会发展决策、重大事项决议决定等各个方面，人大和党委要进行深入的商议，人大要为党的意见提出切实有效的意见建议，不能使人大的权力行使流于形式，最终形成高度的共识，达成一致性意见，从而保障党的意志能够真正成为广大群众的意志。在基层人大改革创新中要有效探索人大与党组织深入沟通、常态联络的有效机制，从而保障决策同商的真正实现。

（四）落实同抓

在基层人大改革创新中坚持党的领导，要实现“落实同抓”。对于党委提出、人大通过的各类决议决定的执行情况，党组织和人大要共同承担起监督的责任，共同对决议决定的有效落实发挥作用。人大和党组织要切实深入协作，实现从不同角度，对各项工作的实际实施加以评估，从而保障实施中广大群众、不同组织的利益均得到兼顾；要实现从不同渠道对落实情况加以监督，从而保障监督的扎实有力；要实现从不同环节对落实加以监督，从而保证各项工作落实的全环节不出问题。

（五）责任同担

基层人大改革创新中坚持党的领导要形成“责任同担”的认识与机

制。在推进工作和推动发展的过程中的决策责任、解决复杂问题中的矛盾风险的责任、维护社会稳定的责任、保障生态环境的责任、党的建设的责任等方面，都要切实做到党组织与人大共同负责。只有做到“责任同担”，才能实现人大党委在实践中的深入协作。

（六）荣誉同享

在推进基层人大改革创新中坚持党的领导，要使人大和党委形成“荣誉同享”的认识，树立共同的荣誉意识，同时考核评估的机制办法也要加强共同荣誉感的形成。中共石泉县委书记指出，“荣誉同享，就是石泉的发展成果。石泉的荣誉，石泉获得的一切，都是我们辛苦换来的，大家都有一份荣誉感，都觉得在推动石泉发展的过程中献过计、出过力，每一次成功都有我们的付出与努力，是共同拼搏换来的”。只有实现“荣誉同享”，才能在更深层次上做到坚持党的领导。

实现“六同”目标，也就能够有效实践基层人大与党委的同频共振、同心勠力，让基层人大在改革创新中更好坚持党的领导。

五、党领导下推进基层人大改革创新所应避免和解决的问题

在党的领导下推进基层人大的改革创新，同时要加强对一些问题与倾向的有效预防，如人大工作的“行政化”“形式化”，民主权力“个人化”等问题，只有有效避免这些现象的发生，才能使基层人大的改革创新切实取得很好成效。

（一）避免人大工作“行政化”

在人大改革创新中要坚决避免人大工作的行政化。人大工作不同于行政责任制，由“一把手”做最终决定并承担责任，而是具有严格的法定程序。由于人大领导大多是行政出身，长期形成了一定的思维和行为定式，一定程度上习惯于领导意志、领导命令，但是人大在推进改革创新过程中要坚持并不断更好实现按照法律和法定程序办事。同时要动员起人大代表的活力与自主性，推动人大代表主动履职，积极发挥自身作用，如积极主动联系群众，而不能仅仅按部就班地完成固定时间节点的固定工作。

（二）避免人大工作“形式化”

在人大改革创新中需要坚持党的领导，但同时要坚决避免为了完全贯彻各级党组织的意见部署而使人大工作趋于“形式化”的现象，这将造成人民当家作主权力被侵蚀，同时显著增加党委政府决策决定、各类政策的出台与实施出现问题的风险，也难以真正引导广大人民群众在党的领导下形成共识。人大改革创新中要更好实现人大代表严格行使自身的监督权、表决权等各项民主权力，积极对党和“一府两院”的工作建言献策，积极指出可能存在的各种问题，从而切实发挥作用。

（三）防止民主权力“个人化”

避免民主权力“个人化”，一是要保证投票效用，人大常委会决定重大事项、任免干部是一人一票，一定要强化一人一票认识，规定事项投票决定，执行规范投票程序。要在基层人大改革创新中有效解决并防止行权违法、行权违规的现象，决定任何事情都要充分听取全部代表（常委）意见，注重投票结果。二是要提升每位代表对形式民主权力的认识，自身权力行使不能取决于自身好恶，要通过坚持开展向选民述职活动等形式，使代表铭记“人民选我当代表，我当代表为人民”的承诺，发挥好代表更广大群众行使民主权利的作用。

（四）防止监督权力“寻租化”

人民代表大会有监督的权力，但是监督的权力不能寻租。在一些地方存在基层人大常委会委员、人大代表拿公权力寻租的现象。在推进基层人大改革创新的进程中，要有效抵制并解决存在的监督权力“寻租化”的现象，使公权力的行使切实得到保障。

（五）防止民粹意见“民意化”

人大代表是代表民意的。随着经济社会的发展，人民群众对于生活的期望也正在不断提高，也一定程度上出现了一定数量的民粹意见。如果不能对群众的意见进行客观的分析，将少数人的观点、少数人的利益错误上升成多数，甚至上升成区域内的“民意”，就会造成党委、政府的决策失误。中国共产党执政要代表最广大人民的根本利益，政府作为公共部门其施政行为要具有普惠性，不能也不应该穷尽个体和个人的问题。基层人大改革创新中，要不断增强对民意的有效分别，有效区分一些群众反馈的问题、提出的意见是否真正代表民意，从而真正保障最广大人民群众的利益，避免决策的失误，避免社会不良风气和社会问题的形成。

第三节　夯实基础，构筑基层人大改革创新有力保障

推进基层人大的改革创新需要有效的保障，才能为改革创新提供充足的空间与动力。目前基层人大在运行中各方面保障不足的现象较为显著，这对于基层人大改革创新的实现会造成较大的阻碍。只有加强重视，完善人才保障、财力保障、平台保障等各方面保障，才能切实推进基层人大进一步前进，完善并发展社会主义民主政治的目标。

一、构筑保障是基层人大改革创新的有力支撑

（一）基层人大保障不足问题客观存在

基层人大保障不足的问题主要表现在以下方面：一是人才保障不足。基层人大是“二线”的思想在基层较为普遍，造成一些干部转到人大工作后较为懈怠，不能认真负责完成所承担的人大工作。同时基层人大代表的培训不够完善，一些人大代表对自身所承担的重要职责缺乏明确深刻的认识，也没有足够的履职能力。如在开展基层人大代表监督视察工作、开展民主调研时，由于人大代表对必要的知识学习不足，对问题认识较肤浅，难以扎实地做好监督视察工作，在民主调研中所提出的问题和建议浮于表面，不能对实践切实起到积极作用，同时还较大地增加了基层迎检准备的各项压力，没有有效发挥人大代表所应发挥的作用。二是财力不足。基层人大在开展相关活动时期所需要的资金不充足的问题一定程度上存在着。特别是人大代表闭会期间有效发挥作用，开展各种活动的资金不足的问题

较为明显。在人大闭会期间开展人大代表联系群众、人大代表调研视察等各类活动是有效保障人大代表职能发挥的重要条件，而开展这些活动的资金目前无法实现常态稳定的有效供给和高效使用。三是平台不足。人大代表的职能发挥需要有效的平台保障，人大代表之间的常态沟通、人大代表联系群众、党组织、"一府两院"、各类单位与社会组织都需要平台支撑，但是在基层人大平台没有得到规范的建立，没有有效实现程序运作，这对于人大代表的作用发挥同样造成了困难。

（二）基层人大改革创新需要有力支撑

提升基层人大的人才保障、财力保障、平台保障，是保障基层人大有效发挥作用，持续改革创新的重要基础。人才保障的缺乏将造成基层人大改革创新的动力不足，改革创新得不到相关代表的重视。只有实现人才保障，才能让基层人大代表有足够的认识和足够的能力将基层人大改革创新的系列举措落到实处。财力保障的缺乏将同样造成基层人大创新的各项举措难以有效实现，只有保障资金的长效稳定供应以及资金的高效使用，才能使推进基层人大改革创新的新思想转变成为实际的行动。平台保障的缺乏会导致基层人大改革创新的系列举措无法找到扎实落地的路径，只有实现平台保障，才能实现基层人大改革创新的系列举措能够逐渐以规范化实施和长效化保持。总之，人力、财力、平台的保障如果难以实现，会造成基层人大难以有效发挥作用，会进一步导致基层党委、政府、社会组织、广大人民群众对人大工作的轻视和人大代表的忽视，从而进一步使基层人大工作表面化、形式化，造成较为严重的恶性循环。因此，实现各方面扎实有效的保障，是推进基层人大改革创新的重要支撑。

二、以人才保障增强基层人大改革创新不竭动力

人才保障是基层人大改革创新的动力来源，只有为基层人大注入活力，提升基层人大代表的思想认识与履职能力，才能让基层人大改革创新得以扎实落地。

（一）增强培训，让代表"会为"

人大代表能力不足、代表作用发挥不理想的现象在基层较为普遍地存

在。要创新代表培训的方式方法，加强对基层人民代表的培训，从而切实提高代表的政治素养和履职能力。一是进行代表职责的培训。基层人大代表完成选举后需要进行系统的培训，使代表切实了解自身职责，明确自身应开展的各项工作，明确行使权力应遵守的各项规章制度，规范代表行为，为代表履职定下“硬杠杠”。二是可以通过建立规范化、常态化的政情通报会制度，定期向人大代表介绍区域内相关工作，传达国内时政信息。三是应该抓好代表任期内的系统化学习。不能只抓代表选举这一时间节点，应根据实际情况与实际需要，定期对代表进行培训。四是应进行专题培训。在人大代表参与视察、参与民主进度、开展调研等活动前，应围绕视察内容、民主监督内容、调研内容进行必要的专题培训，从而让人大代表掌握必要知识，了解必要情况，提升工作开展质量，避免视察、监督、调研低质量、“走过场”的现象。五是要明晰培训单位与培训人员，提升各类培训质量，同时注重培训效果的监督反馈，避免人大代表各类培训的形式化。

（二）明确态度，让代表“敢为”

要切实提升基层人大代表的思想认识，让基层人大代表明确自身承担的重要使命，深刻认识自身履职对于保障人民当家作主权力、实践社会主义民主政治的重要作用，削减基层人大是“二线”的落后思维非常重要。一是要切实加强人大委员、人大代表的政治理论学习，加强基层人大与党委之间的联系，加强党对基层人大的领导，提升基层人大委员、人大代表的思想认识，也加强自身敢于认真履职，敢于表达观点，敢于质询问题的思想。二是要加强考核，制订完善的人大代表考核方案，规范、常态进行人大代表向群众述职工作，对履职不合格的人大代表及时替换，切实提升基层人大代表的积极性。

（三）提升活力，让代表“想为”

提升基层人大改革创新的人员保障，要为基层人大注入优秀人才，从而切实提升基层人大的活力。一是要从党委、政府选拔有思想、责任心强、有成绩的优秀干部到基层人大常委会工作，从而实现对基层人大工作的有力领导。二是实现基层人大代表选举与“能人兴村”等各类工作的有效连接，要积极推荐选拔基层经济社会发展中涌现出来的在产业发展、乡村治理等各方面取得成绩，获得广大群众认可的“能人”作为人大代表，从而让基层“能人”能够更好地发挥作用。三是完善履职优秀的人大代表入选常委会的制度程序，从而让履职优秀的人大代表能够保持积极性，更长久的发挥作用。

（四）优化结构，让代表“多为”

加强基层人大改革创新的人员保障，还需要不断优化基层人大代表的结构，使基层人大代表的非党员人数比例保持在合理范围。要保证区域内不同乡镇、不同行业的人员在基层人大代表中的合适比重。人民代表作为民主政治的载体，需要保障其联系的广泛性，要能够有效地听取不同人民群众的不同声音，有效地从广大范围的群众中获取信息。只有实现基层人大代表结构的合理优化，才能让基层人大代表更好的发挥作用。

通过增强培训、明确态度、提升活力、优化结构等多种举措可以推进人才保障的实现，让基层人大代表具有足够深刻的认识和足够的履职能力，从而让广大基层人大代表能够积极有效地参与到人大改革创新的实践之中。

三、以财力保障提供基层人大改革创新必要条件

财力保障同样是基层人大改革创新的必要条件，只有具备较为充足的资金保障以及高效的资金使用，才能让基层人大改革创新的好思想、好举措得到有效实行，获得扎实的实践。要通过多种举措实现对基层人大改革创新的财力保障。

（一）完善基层人大常态财政支持

实现对基层人大改革创新的财力保障，需要完善对基层人大的常态财政支持。特别是对于贫困地区的基层人大，由于经济发展水平相对滞后，财政收入较低，大量依靠财政转移支付，基层人大的常态资金较明显地存在不足的问题。推进基层人大的改革创新，需要适当提升基层人大的常态资金支持，做好资金预算、明确资金来源、确保资金及时到位，切实提升

对资金保障重要性的认识。对于基层人大闭会期的活动开展，资金支持尤为重要，如果闭会期没有有效的资金保障，会导致基层人大闭会期间活动的开展严重受阻，有力的资金支持才能有效丰富闭会期间代表活动的形式与内容。

（二）创新基层人大专项资金支持

实现对基层人大改革创新的财力保障，不仅需要完善基层人大的常态财政支持，还需要创新探索针对改革创新中的专项活动的专项资金支持。地方推进基层人大改革创新，均会运用新思想，采取新举措，如出台一些新的制度、方案，开展人大代表专项调研、丰富人大代表视察等活动以及开展人大代表坐班联系群众等以常态化为目标的新工作。这些新活动的开展、新工作的实施无不需要有力的资金保障。需要解放思想，重视基层人大的创新实践，为基层人大的创新实践提供必要的专项资金支持，从而为推进基层人大改革创新的新思想、新举措的实践探索创造条件。

（三）提升基层人大资金使用效益

实现对基层人大改革创新的财力保障，不仅要完善常态资金、专项资金的资金支持，切实提高人大资金的使用效益同样重要。在目前基层人大实际工作中，存在效率不高的问题，在资金使用方面没有达到足够高效。要进一步实现对基层人大资金的高效使用，在使用前进行认真预算，明晰使用内容，有效控制使用成本，使用过程中和使用后加强监督审计，将资金用在切实需要的地方。同时还需要在基层人大改革创新过程中，探索实现资金更高效使用的有效办法，不断解决资金使用中的问题。

通过完善基层人大的常态财政支持，创新基层人大转向资金支持，不断提升基层人大资金的使用效益，可以较为有效地解决基层人大改革创新中所面对的资金问题，实现资金方面的有力保障。

四、以平台保障拓展基层人大改革创新广阔空间

推进基层人大的改革创新需要构建有效的平台，通过平台建设为基层人大的改革创新拓展广阔空间。只有拥有有力的平台保障，才能为人大改

革创新的实践提供有效抓手，并逐步实现成功的、常态化的创新探索。在基层人大改革创新过程中，人大与基层党委联系平台、人大与“一府两院”联系平台、人大常委会机关、人大代表联系群众平台、人大代表联系社会组织平台五个平台都需要得到切实加强。

（一）党委作为基层人大改革创新的后盾

积极加强党委与基层人大联系的平台建设，从而使党委成为基层人大改革创新的坚强后盾。通过共同开展党组织生活、开展常态化共同的党课学习等途径，加强党组织与基层人大的常态化沟通。党的新思想、党委的意图与决策需要及时向基层人大传达，基层人大也要及时向党建言献策。基层人大改革创新的新思想与新举措应及时向党委汇报，党委需要对这些新举措加以指导，并适当地以多种形式参与到基层人大改革创新的实践之中。对于党委与基层人大的联系工作需要加强信息记录与考核，形成良好的工作机制。只有实现党委对基层人大的有力支持，才能不断推进基层人大改革创新。

（二）“一府两院”为改革创新提供服务保障

不断加强“一府两院”与基层人大联系的平台建设，让“一府两院”为基层人大的改革创新提供服务保障。一是落实常态化政情通报。“一府两院”要定期向基层人大汇报本地区的政情，从而有效提升人大常委会委员、人大代表对本地政情的了解程度。二是要重视人大各项专项活动的开展。对于基层人大改革创新中开展的专项工作、专题调研要充分重视，充分认识基层人大改革创新对“一府两院”工作的积极意义，对人大的创新实践给予各方面的必要支持，从而保障创新活动的切实可行开展。三是重视人大提出的意见建议，对人大视察监督提出的问题严格规定时间进行认真反馈，保证人大工作切实发挥效力。四是积极对基层人大改革创新提出切实的建议，客观指出问题，从而助力其进一步发展。

（三）更好发挥人大常委会机关作用

推进基层人大改革创新要进一步加强人大常委会机关建设，让基层人大常委会成为领导基层人大改革创新的重要力量。在基层人大改革创新中，要深入探索推进基层人大常委会建设的有效做法。选优、配强人大常委会领导干部，消除人大是“二线”的思维。基层人大常委会实现对人大代表的有效组织与管理，同时还要实现和其他不同单位平台的有效对接，特别是要在闭会期切实有效地领导全体代表持续发挥作用。要逐步优化并完善履职优秀的人大代表进入常委会的程序与制度，从而在改革实践中更好发挥优秀代表的作用。

（四）完善人大代表与人民群众的有效对接

推进基层人大改革创新，需要进一步加强人大代表与广大人民群众的联系平台，在改革创新实践中征求民意、汲取民智、传递民声。一是可以在镇和行政村建立常设的人大代表工作室。石泉县通过建立人大代表工作室，探索人大代表“约请”部门负责人接待选民制度，让选民的诉求有处说、意愿有人听、问题有人管；提升代表工作室功能，搭建好联系人民群众的桥梁纽带，确保代表履职不摆“花架子”，不搞“一阵风”。二是完善人大代表向群众述职，使人大代表定期向选民汇报自身履职情况，对代表进行严格考评，提升群众对人大代表的有效监督。通过广泛了解广大群众的心声，听取广大群众的意见建议，能够使基层人大的改革创新更好推进社会主义民主政治的实现。

（五）完善人大代表与各类社会组织的有效对接

完善基层人大改革创新的平台保障，还要实现人大代表与各类公司、企业、社会组织联系平台的有效建立。在当下实践中，既有基层人大与广大公司、单位的常态联系还没有得到广泛覆盖并建立常态机制，没有有效地收集单位组织的意见。基层人大要实现联系的广泛性，就需要实现与各类组织的常态联系。对于区域内重要的公司、单位与社会组织，基层人大应该明晰不同单位的专门负责联系的代表，保障与各类单位组织的常态沟通，有效了解各单位组织的相关情况，汲取推进人大改革创新的意见建议。

通过上述五个方面平台建设的有力推进，可以有效实现基层人大改革创新的平台保障，为基层人大改革创新创造更强大抓手、更良好条件，进而助力国家治理现代化的发展。

第八章　基层人大改革创新的思考与展望

基层人大制度创新不仅有助于解决县级政权面临的各种困境，也有助于推进国家政权建设；不仅有助于完善人大制度，也有助于推动民主的进一步发展，推进政治文明建设。

首先，基层人大的制度创新有助于解决人大自身的问题，实现自身发展。当前县级人大的发展虽有一定进展，但也面临着各种问题，如人员结构不合理，人大权力行使不充分，领导人员存在“退居二线”思维、工作积极性不够，等等，解决这些问题的重要路径之一就是促进基层人大制度不断创新，推进人大制度不断成长。通过制度创新，既可以拓展制度资源，实现制度的边际性成长，也可以进一步提升机构的自主性与合法性。

其次，基层人大的制度创新可以帮助化解县政难题，推进国家建设。县政改革是中国政治改革的现实切入点，如果首先在县级政权推进民主化实验，可形成有效缓冲区。而县政民主化的路径之一就是创新基层人大制度，因为基层人大制度是基层民主的核心载体。通过基层人大制度创新，发挥基层人大代表在县政事务中的建设性作用，有助于化解县政难题。

最后，基层人大的制度创新有助于拓展基层民主、促进中国民主发展。当前，我国的基层民主建设取得了较大成就，具体表现为基层民主选举、民主管理不断改善，民主程序和制度日趋规范；基层政权在政务公开等方面不断进步等。但从社会主义民主的发展要求和具体基层工作实践来看，我国的基层民主在运作过程中也存在不少问题：一是基层组织体系呈现新格局，组织之间关系不协调。二是基层政府改革面临新任务，自治组织需去行政化。三是制度化参与面临新问题，难以有效吸纳群众参与。基层人大制度创新有助于化解以上难题，推动基层民主发展。

第一节　人大工作方式创新实践的梳理回顾

从总体上看，推进基层人大制度创新要遵循以下两个基本原则。第一，把握政策方向，选准创新时机。基层人大制度创新必须坚持党的领导原则，必须坚持法治精神。基层人大及其常委会只有在党的领导下推进制度创新，强化制度建设，才能从制度和法律上保证对党的路线、方针、政策的贯彻实施，才能为促进经济社会发展提供法律保障和制度支持。基层人大的制度创新，也必须遵循法制统一精神，不得与宪法和法律相抵触，不能超越法律规定，不能缺乏政策依据。所以，切实把握政策方向，选准制度创新时机，对于基层人大制度创新非常重要。党的十七大报告提出，要坚持和完善人民代表大会制度，支持人民代表大会依法履行职能，善于使党的主张通过法定程序成为国家意志；保障人大代表依法行使职权，密切人大代表同人民的联系，建议逐步实行城乡按相同人口比例选举人大代表；加强人大常委会制度建设，优化组成人员知识结构和年龄结构。这为基层人大制度创新提供了基本方向和政策支持。第二，发挥人大自主性，实现自我发展。基层人大制度创新，必须充分发挥人大的自主性。基层人大的年度工作安排常常是围绕同级党委的中心工作展开的，一方面与体制有一定关系，另一方面也与一些领导干部和人大工作人员对人大工作创新存在保守的思想认识有关，这些认识包括：人大工作不外乎按照法定的职权去开展，要不要创新？人大工作法律性、程序性强，能不能创新？人大工作涉及民主法制建设，政治性强，创新难度大，敢不敢创新？这些思想观念在一定程度上阻碍了基层人大的创新工作。人大工作创新是对现有理论和实践的适度超越，它需要人大工作者树立需要创新、能够创新、敢于创新的主动意识。相关工作人员应该认识到，通过制度规定使人大工作主体摆脱固有的思维定式和习惯，增强工作效果是创新，通过激发人民群众的政治参与热情、调动人大工作主体的履职积极性是创新，将法律有规定而实际难以落实的权力真正行使到位是创新，对人大工作中一些不完善、不健全的制度和做法进行探索改进并使之趋向完善也是创新。只有解放思想，排除观念障碍，不因循守旧，不等待别人提供现成的经验，人大工作才能充满生机和活力。只有主动发挥创新性精神，才能提高人大工作的整体水平。石泉县人大采取以下七大举措完善人大制度建设，推动基层人大创新改革。

一、以问题为导向，研判“三问”监督机制

专题询问常态化是基层人大常委会切实履行监督职能的有益尝试。在过去，石泉县委一年仅开展一两次询问，通过探索在调研视察中，只要人大代表有疑惑、群众有期盼、工作有需要，就组织开展专题询问。近年来，先后围绕产业扶贫、民生事项、营商环境等议题开展了多场专题询问会，并实行现场民意测评打分，产生了一定反响。专题询问的次数和质量也有很大提升，问题导向转换为发展指向、民生取向，监督工作得以持续迸发活力。

二、以机制创新为主线，建立监督信息综合平台

围绕“监督机制创新”，找准角度，加大力度。在建成电子会议系统的基础上，顺应新常态，运用科技手段实施精准点穴式监督，采用“互联网+监督”模式，建立了基层人大综合监督信息平台，形成了集“财政预算、执法检查、民生社会事业、城建环保及代表履职”于一身的综合监督信息平台，可以随时查询了解工作动态，有效提高监督质量和效率，以信息化建设推动了人大工作新进展。

三、以监督渠道延伸为抓手，完善预算查询网络机制

石泉县率先在全市开通了人大预算联网监督查询系统，使人大对财政预算监督由事前、事后监督，转化为在线全程监督，实现了预算审查监督信息化、网络化，增强了预算审查监督的针对性和有效性，此举先后两次在省人大召开的全省工作会议上进行了交流，引来多地参观学习。

四、以激活内生动力为依据，完善代表激励制度

代表参会期间的工作按照大会议程的安排有序进行，只要代表出席人

代会，就要参加议会期间的各项工作。然而，代表参加闭会期的活动，主要取决于代表个人综合素质和政治觉悟，这是由于代表闭会期间代表个人的支配性比较大，即使不参加活动也没有严格的规章制度和强制措施。这就产生了由于代表个人因素而导致的代表履职两极分化。因此，建立一定的激励机制，对于基层人大代表履职的有效性具有一定意义。针对代表履职积极性问题，石泉县人大建立了《人大代表积分管理办法》，高分有奖，低分有罚，以制度化手段建立代表考核奖惩机制，有力地激发了代表履职的内生动力。

五、以激发履职活力为源头，建立代表联系“工作室”

石泉县共有全国、省、市、县、镇五级人大代表745名，分布在各条战线，是推进全县经济社会发展的重要力量，切实实现代表的履职显得尤为重要。以搭建履职平台，让代表找准位子为原则，为探索闭会期间发挥代表作用的路径，完善人大代表联系群众制度，石泉县人大按区域建设了46个温馨和谐、功能完善的代表工作室，实行远程监测，让群众的诉求在这里表达，矛盾在这里化解，意愿在这里倾诉，为人大代表更好履职开辟了新天地，架起了“连心桥”。同时开展丰富多彩的活动，让代表挑起担子。以活动为载体，激发代表热情。如开展“人大代表学法用法年”活动，增强代表尊法、守法、护法意识，为推进民主法制建设做贡献；开展“脱贫攻坚人大代表有担当”活动，让人大代表在主战场上显身手；开展“人大代表大走访”活动，广泛收集社情民意和意见建议，协调解决群众困难问题500余件。

六、以挖掘自身潜能为目的，探索“课题组”工作形式

石泉县人大为了充分发挥镇人大代表参政议政的积极作用，让代表们有所作为，在广泛征集镇人大代表意见的基础上，根据镇域实际工作和代表情况，将55名镇人大代表分为城镇建设、现代农业、工业经济、民生事业4个课题组，并明确了各课题组工作职责。各课题组将在开展工作的过程中努力做到让代表认真履职、切实作为、做好课题；让代表敢于担当，敢于说真话，真实反映社会发展需要和群众心声，把群众的期盼反映给党

和政府；让代表帮助解决企业、家庭及个人困难，维护全镇和谐稳定的大环境，把党的宗旨贯彻到底；让代表为快速推进“城镇建设、现代农业、新型工业、社会和谐”发挥作用、贡献力量，真正有所作为。

七、以创新改革为依托，推进一线工作方式落实

石泉县委常委会先后多次进行专题研究和听取基层人大工作汇报，配齐配强县镇人大领导班子，按比例配备专职常委，增加人大机关编制，设立镇人大办公室，凡工作需要足额保障代表活动经费，支持人大及其常委会依法履职，有力、有效开展监督，发挥代表主体作用，使人大工作真正成为党的工作的重要组成部分。基层人大常委会将人大代表按区域分组，分片建立了代表工作室，代表定时、定点在代表工作室联系群众和选民，推行“一线工作法”，鼓励代表在一线建功立业；实行代表“坐班制”接待群众，连通了代表联系服务群众“最后一公里”；组织代表开展专业课题组活动，通过视察调研破解发展难题。通过一系列以改革创新为依托的做法，代表得以在经济社会改革发展的最前沿履职尽责、担当作为，形成民主法治与经济社会融合发展、相互促进的生动局面。

第二节　人大改革创新需要关注的重点问题

党的十九大报告提出“转变政府职能，深化简政放权，创新监管方式，增强政府公信力和执行力，建设人民满意的服务型政府”的决策部署，第一次将政府监管创新上升到了国家改革战略的层面，因此相关制度设计的探讨在此语境下就更为重要和迫切。新形势下推进地方人大工作改革创新，必须牢牢把握正确的政治方向，坚持党的领导、人民当家作主和依法治国的有机统一，使人大工作能够更好地适应经济社会新发展、民主法治新进程、人民群众新期待。现阶段对于基层人大改革主要有以下两种观点：一是将人大代表专职化等民主化改革视为对西方议会民主的照搬；二则指出已有的基层人大改革没有触及民主改革的实质层面，推进改革的地方官员为了规避政治风险，不敢实施具有突破性的举措。这两种观点都

不能完全解释我国现阶段人大改革创新进程中出现的问题。现阶段基层人大改革创新应关注以下四个问题。

一、处理好党的领导与人民当家作主的关系

党的领导、人民当家作主和依法治国是相辅相成的有机整体，统一于我国社会主义民主政治的伟大实践，这已成为当代中国政治最鲜明的特色和优势。人民代表大会制度作为国家根本政治制度，为实现党的领导、人民当家作主和依法治国有机统一提供了有效可靠的制度载体、实施平台和运行轨道。中国共产党是领导核心，是执政党，依法行使执政权。而全国人大是国家最高权力机关，依法行使议决权、监督权等国家权力。因此二者关系实质上是权力分配关系。具体来说，中共中央的执政权是政治意义上的国家权力，全国人大权力是法律意义上的国家权力，二者不能混淆。作为执政党的中国共产党虽然植根于人民，代表人民的利益，是由中国人民中的先进分子自愿结合组成的政治组织，但它只是全体人民的一部分，因此其执政权不具有与国家权力机关同等的权力性质。因为国家权力机关的权力是由全体公民授予的，“其权力实际行使代表了全体公民授权于国家的最高权力的统一行使和他们意愿体现”❶。由于国家权力机关是代表人民行使权力，因此其权力具有法律强制性。也就是说，全国人大及其常委会行使的议决权与监督权等职权具有法律强制性，任何国家机关和武装力量、各政党和各社会团体、各企业事业组织、全体公民都必须遵守。而中国共产党的执政权“首先源自社会权力的取得，并在长期实践中贯彻、宣传和身体力行实施其政治纲领的前提下使广大民众自觉服从其权威之下；尔后再依据宪法、法律的程序和实体法规定取得对国家的领导权，即取得对国家的执政权”❷。

换言之，中国共产党的执政权不是由人民直接授予的，而是由中国共产党领导人民通过革命建立的新中国，使人民当家作主政治理想成为现实，人民出于对共产党的权威的信服而作出自觉选择，并由全国人大以宪

---

❶ 张致森．从 1954 年（宪法）看中共中央与全国人大关系的实质［J］．攀登，2016（3）．

❷ 张致森．新中国成立初期党政关系的历时考察［J］．上海党史与党建，2016（1）．

法形式确认的。这里，共产党具有的受到人民拥戴的高度政治权威，不同于国家权力的强制力和普遍约束力，主要是政治号召力、说服力和政治影响力。显然，中国共产党的执政权是一种政治权威。由于“政治权威是一种使人们自愿服从的力量，以政治号召力、说服力和政治影响力为特征，以人民的自愿服从和自觉拥戴为实现标志。而国家政权行使的国家权力是一种强制服从的力量，以对全体社会成员的普遍管辖和强制服从为实现标志”❶，因此，政治权威可以影响国家政权，但不能强制支配国家政权。可见，中国共产党的执政权与国家权力机关的职权性质是不同的，它们“实际上是两个既有区别又有联系的权力体系，从逻辑学角度来看是国家大概念中的两个有着部分交叉的概念”❷。

但是，由于共产党的执政权只是政治权威，不具有国家强制力，因而不具有普遍约束力，因此共产党的执政权的实现须依赖国家权力机关进行。由于人大是国家权力机关，因此中国共产党“要最大程度地代表人民意志，需要通过人大这一更为广泛的集中民意、汇集民智的民主渠道；党的执政理念和方针要转化为人民共同遵守的意志，也要通过人大的决议决定使之具有法定约束力。党的执政活动也只有支持人大依法行使职权，为民亲民，推进民主政治、扩大和支持公民权利，才能获得广泛的认同和公信”❸。

二、明确“两个机关”的定位和工作职责

人大是人民代表大会制度的实施主体和实践载体，人大工作直接关系到人民代表大会制度优势的发挥，关系到依法治国战略的实施，关系到社会主义民主政治的推进。“两个机关”的提出，明确了人大职责定位，人大既是全面担负起宪法和法律赋予的各项职责的“工作机关”，又是依法行使立法权、监督权、决定权、任免权，密切联系人民群众的“代表机关”。人大需要充分发挥代表的桥梁纽带作用，支持和保证人民通过人民代表大会行使国家权力。“两个机关”建设应以实践为基础，在人民代表

❶ 张建民．论科学规范党委与人大的关系［J］．广东行政学院学报，2005（2）．

❷ 范翔林．规范执政权力与国家权力的关系问题［J］．人大研究，2005（4）．

❸ 同上。

大会制度中，更好地发挥国家权力机关基础作用，推动人大制度和人大工作与时俱进、完善发展，充分彰显社会主义民主政治的优越性。

习近平总书记在党的十九大报告中强调，要使各级人大及其常委会真正成为全面担负起宪法法律赋予各项职责的工作机关，成为同人民群众保持密切联系的代表机关。习近平总书记强调的工作机关，就是要求各级人大把握担负起宪法和法律赋予的各项职权，承担起作为国家权力机关应有的担当和作为，而不只是简单通过党委、政府提交各项议案的“表决机关”，也不是“形式民主”的“举手机器”。习近平总书记强调的代表机关，不仅要突出代表在人大工作中的主体地位，更是强调各级人大由人民选举产生，必须始终根植于人民群众之中，真正体现人民群众的意志，代表人民群众的利益。“两个机关”既是宪法对人民代表大会在国家治理体系中地位作用的定位，又是人民代表大会制度本质属性的体现。发挥好各级人大“两个机关”的作用，是检验新时代人大工作的主要标准，对于充分体现人民代表大会制度优势，推进国家治理体系和治理能力现代化具有重要意义。

从地方各级人大及其常委会工作的实际运行看，市、县、乡三级人大面临的矛盾和困难较为突出，应作为破解难题的重中之重。习近平总书记在党的十九大报告中指出，要“积极稳妥推进政治体制改革，推进社会主义民主政治制度化、规范化、程序化，保证人民依法通过各种途径和形式管理国家事务”❶。我们应落实习近平总书记提出的要求，准确把握地方人大及其常委会工作和建设的重点难点，重基层、打基础、强基本，抓源头、补短板、强弱项，为“两个机关”建设提供重要保障。同时，也要注意把握我国地方人大现行选举制度中存在的问题。

三、厘清行政推动与内源发展之间的联系

人大行政推动，指的是人大组织按照行政组织的功能定位、组织结构和运行模式来建构和运行，表现出与行政组织基本相同的属性。当前人大在运行和履职实践中呈现一种行政化现象和趋势，影响了人大制度功能目

❶ 赵振宇．推进社会主义民主政治程序化［N］．人民日报，2018－03－03（07）．

标和价值取向的实现，成为人大制度发展中亟待研究解决的问题。如何妥善处理好行政推动与内源动力完善发展的关系，成为现阶段主要存在的制度化问题。二者关系的处理应从以下三点进行考虑。

（一）提高人大代表的议事自主性

同西方国家议会中的议员一样，我国人大代表在人大会议上的任何言论不受法律追究，享有言论免责权。从这个角度讲，人大会议上的人大代表应当是无所畏惧的，他们具有充分发言、各抒己见、批评国事的法律保障。但事实上，部分人大代表在人大议事过程中谨小慎微，发言常常是“作秀式言论”“重复式发言”，空话套话多，更多的人大代表怠于思考、懒于发言——“反正终究会有人思考，会有人决策”。这种希冀由别人代为思考、代为决定的心态，就是家长式政权的温床。要改变这种状况，必须提高人大代表议事的自主性。第一，要通过教育培训，提高人大代表的学习力、辨别力和敏锐把握事物发展规律的“识见”，提高敢于发表主见、敢讲真话实话、无私无畏的“胆略”。第二，要建立量化的履职绩效评价标准。围绕人大代表履职情况开展评价和考核，如走访选民数量、会议和活动出席率、提出议案建议的数量和质量、为选民争取利益的有效性等，激励和促进代表和人大工作者更好地收集和反映民意，提升履职的规范性、专业性和实效性。

（二）拓宽公众参与人大工作的渠道

政治是指多个群体的人们通过公共程序作出决策的过程。如果只是官员们就某个问题作出决定，那只能说是“行政”，不能说是“政治”。唯有民众得以广泛参与，才有政治可言。第一，人大及其常委会要健全完善人大代表联系选民制度，对人大代表联系选民的职责、联系内容、联系方式、代表反映选民意见的处理程序等作出较为详细的规定，努力把代表联系选民制度落到实处。要进一步畅通社情民意反映和表达渠道，通过代表小组活动、常委会主任接待代表、常委会委员联系代表、代表列席常委会会议、公民旁听人大会议等途径，构建人大听民声、访民情、问民意、集民智的立体化民意收集整合机制。第二，把现代网络传媒作为反映民意的活跃渠道，鼓励和引导公众通过现代信息技术表达意愿。人大立法、监督议题的选定、视察调研项目设置等，可在网上征求公众意见。人大要通过网络表达及时掌握民情、体察民意，在监督职能上实现与网络舆情的对接，借助网络发现问题，解决问题，提升人大监督的针对性和实效性。第三，建立对民意信息的反馈回应制度。“对重要民意信息及时进行处理反馈，及时处理民意表达中的突出问题，及时回应民意表达中的焦点问题。”❶ 提升民意对人大权力运行的积极影响力。

（三）重视营造人大会议的辩论氛围

“会议这个词的本义就是谈话、对话、互相交谈的地方。会议的重大功能之一就是把问题谈透，为对立意见提供辩论的场所，互相商谈，直到能采取彼此均感满意的解决方式。”❷ 公共政策优化的前提是决策过程中的辩论氛围。目前，西方国家议会都建立了辩论制度，以民主、公开、言论自由为基石的议会辩论制度，作为一项程序性规则，对保障议会制度的有效运行，提高议会立法决策的质量，化解西方社会矛盾，作用明显。作为社会主义的代议机构，人大及其常委会也是通过会议方式开展工作、履行职责的，且人大会议有着自身规律性的要求，它必然要求有会内会外积极活泼的讨论，适度的辩论和批评氛围。❸ 虽然早在 1956 年，周恩来同志在《专政要继续，民主要扩大》中就提出，人大“将来在大会上也可以辩论”的主张，但这一主张至今没有实现。而要提升人大议事决策的质量，提高人大履职的民主性，应将“辩论”设为“规定动作”，重视与人大及其常委会相适应的履职氛围的营造和强化，充分听取各方面的利益诉求和意志表达，从而增强立法和决策的科学性和民主性。

四、进一步探索人大改革创新的有效实现形式

新形势下推进地方人大工作改革创新，必须牢牢把握正确的政治方向，坚持党的领导、人民当家作主和依法治国的有机统一，使人大工作能

---

❶ 潘国红．人大行政化：表现·影响·矫治［J］．中共云南省委党校学报，2017（1）.
❷ 易卫中．论言论免责权［J］．人大研究，2007（8）.
❸ 程竹汝．人民代表大会“工作机关”建设的三个着力方向［J］．探索与争鸣，2019（12）.

够更好适应经济社会新发展、民主法治新进程、人民群众新期待。在现有的基本政治框架内改革人大制度，既要保证不对已有的政治社会秩序造成大的冲击，又要能够收到治理实效，必须处理好人大制度与党委领导之间的关系，这不仅是人大改革也是整个中国民主化改革都必须正视的一个问题。两者之间的协调既需要复杂的政治技术，也需要反复的试错调整。因此，对中国的执政者来说，应当像邓小平对待“傻子瓜子”那样对待今天的专职化试验，“允许看，但要坚决地试。看对了，搞一两年对了，放开；错了，纠正，关了就是了。关，也可以快关，也可以慢关，也可以留一点尾巴。怕什么，坚持这种态度就不要紧，就不会犯大错误”。具体应做到“四个始终坚持”。

一是始终坚持党的领导这个根本。切实把党的思想领导、政治领导和组织领导贯穿到人大工作改革创新的全过程，把对党负责与对人民负责有机统一起来，围绕党委推动改革发展的决策部署来谋划和落实各项工作，建立健全重要工作向党委请示和汇报等制度，始终做到服从、服务和保障于党委工作大局。

二是始终坚持人民当家作主这个本质。不断创新和完善人民当家作主的实现形式，稳妥推进选举制度改革，建立和完善人大代表向选民述职、接受评议等激励和约束机制，不断畅通代表与选民联系沟通渠道，最大限度地保障和实现人民民主权利。

三是始终坚持依法治国这个基本方略。以民主法治建设为根本任务，大力推进依法治国进程，推动科学立法、严格执法、公正司法、全民守法，不断完善地方性法规，特别要善于通过法定程序，把党委改革发展的主张和意图转变为国家意志和人民群众的自觉行动。

四是始终坚持依法履行职权这个核心。着眼有效行使立法权、监督权、决定权和任免权，使地方立法与改革发展决策相对应，督促检查与专项调研相配合，重大事项决定与扩大群众参与相促进，党管干部与人大代表依法任免相统一，积极推进人大工作科学化制度化精细化。

党的十八大以来，习近平总书记就坚持和完善人民代表大会制度提出了一系列新思想新论断新要求，极大地丰富了人民代表大会制度的科学内涵，具有重大理论和实践创新意义，为我们做好新时代地方人大工作提供了科学理论指导和行动指南。我们应以习近平总书记关于坚持人民代表大会制度重要思想理论为指导，紧密结合陕西省地方人大实际，加强新时代地方人大工作的理论研究和实践探索，推进地方人大工作与时俱进、创新发展。

第三节　全面深化人大改革创新的实现路径

推动人民代表大会制度理论和实践改革创新，是充分发挥我国根本政治制度作用的根本要求。人大制度要创新是因为我们所处的时代发生了根本变化，经济社会得到了极大发展。经济的巨大发展强烈影响着人们的世界观、价值观，同时，也使人们对政治社会的诉求发生了巨大变化。面对这种情况，人民代表大会制度唯有以与时俱进的姿态，坚决推进自身的理论和实践创新，才能不断代表最广大人民群众的根本利益，从而更加科学地行使权力。新时期，通过人民代表大会制度的理论与实践创新，更好发挥人民代表大会制度的优越性，就要努力探索更能代表最广大人民利益的形式和途径，坚定树立理论和实践创新的理念。人民代表大会制度已有将近 70 年的历史。由于人大工作本身具有法制性、民主性和程序性的特征，加之长期以来对各级人大常委会干部配置的特性，如果缺乏坚定的创新理念，就可能使人大的创新较之于党政机关具有更大的难度。有些地方的人大常委会已形成了会议定期开、调研格式化、开会讲程序、表决按按钮的固定模式，这些呆板固化的形式极易使人疲劳，从而严重冲淡常委会组成人员的创新热情和动力。应该认识到，人大工作的特点是由人大工作的性质所决定的，如果机械、片面地理解人大工作的程序和形式，就大错特错了。程序是民主的体现，正是由于严格的程序，才能使要决定的重大事项在多层次、多阶层、多角度以及大多数民众中得到认可。所以，推进人民代表大会制度理论和实践创新，首先必须从现实工作出发，深刻理解、全面认识人民代表大会工作的特性，并在此基础上，建立强烈的理论和实践创新理念。

人大制度改革是整体性的改革，不是单一的。以往政治体制的改革大都是局部性的变动，行政体制的改革也往往局限于政府系统内部。实际上，新时期我国政治体制建设存在的突出问题是整体性结构和功能不合理，这就需要我们从整体着眼，宏观布局，各个击破局部性问题。完善人民代表大会制度这一举措既可以平衡国家权力机构之间的横向关系，又可以协调中央和地方之间的纵向关系；既涉及改革政治体制内部的问题，又影响着体制内外与人民群众的外部关系。为了全面深化人大改革创新，应主要从以下四个方面着手。

一、完善履职机制，提高履职水平

人大代表是人民的公仆，必须忠诚于选民的意志，然而在实际运行中却长期存在着代表履职意识淡薄，议政热情不高，联系群众不紧密，与选民利益诉求不统一等问题。为了充分发挥人大代表的履职作用，切实提高代表参政议政的能力和水平，我们可以从以下三个方面着手。

第一，加强对人大代表的培训，提高代表的素质要求。我国法律上并未对参选人大代表的条件作出特别规定，然而选举人大代表的意义就在于从普通公民中选拔出一些具有远见卓识的个体，利用他们超常的知识水平和经验阅历，保证国家能够依法作出科学抉择。因此，人大代表应当积极提高自身素质，特别是法律思维和法律意识。当然，在普及代表知识结构的层面上，更应该注重对代表的综合考量，注重其在工作中的履职能力。由于人大代表在知识层面和政治素养方面参差不齐，在履职过程中不能完全发挥作用，所以，建立起一套人大代表培训机制成为当下应着重解决的问题。首先，要对人大代表宣讲我国人大制度的核心思想与理论基础，传达组织结构、法律条文、理论依据、组织章程等。其次，开设讲座课程或网络视频会议对代表讲解关于提案、立案、监督的方法和技巧，便于人大代表履行职能，树立自己在选民心中的形象，顺利地开展相关工作。最后，培训工作可由各级党校或者行政学院来担任，此类机构拥有丰富的教学资源，对人大制度的理论研究与时俱进、全面深刻，同时拥有培育大批国家优秀干部的教学经验。人大也可以同国外知名大学或国内的综合性大学展开交流合作，为创建人大代表培训中心奠定基础。与此同时，还要积极鼓励人大代表在工作方式上推陈出新。如开设代表工作室使之制度化，并向全国推而广之。近些年来，全国各地陆续创办代表个人工作室，虽然这一举措还未得到《代表法》的支持，但并不意味着这项制度不具实践意义，只是时下操作起来尚有困难。

第二，加强人大代表与选民的联系，提高人大代表整合民意的能力。在社会活动中，人大代表应该积极活跃，善于联系群众，懂得如何将广大人民群众的利益诉求通过正确的途径反馈给政府，是公民与政府间无法替代的沟通桥梁。同时，人大代表还应具备对于民意的整合能力以及对信息的甄别能力，确保准确传递民意，代表最广大人民群众的利益。要实现以上内容，核心在于人大代表如何紧密地联系群众。其一，对人大代表联系选民的工作进行量化处理。为方便选民对人大代表展开有效监督，应建立代表和选民的见面制度，并且有必要从制度层面对代表联系选民的工作作出硬性规定。例会期间代表要积极向所属选民汇报工作，选民也可以向代表提出问题，请代表解答，被询问的代表必须作出明确答复，不得敷衍了事。其二，健全完善代表公示制度。目前存在群众有事找政府、找党委的怪象，却极少有人找人大代表解决问题，其中重要的原因就是不知以何种方式找人大代表。因此，人大代表的个人信息公开应落到实处以方便选民联络。还可以成立人大代表接见室，督促人大代表主动倾听民声和民意。联系的内容要广泛深入，在了解选民生产生活的基础上，还要适时地向选民宣传国家法律法规和相关政策，宣传与当地经济社会发展相适应的目标等。其三，逐步提高人大代表专职化比例。中华人民共和国成立以来，我国人大代表一直实行的是代表兼职制。实事求是地说，人大代表兼职化确实存在许多问题，这部分代表由于自身本职工作繁忙，无暇兼顾代表工作，疏于联络选民，致使其经常发生角色冲突和混淆，无法形成稳定的自我认同感。因此，人大代表的职业化、专业化和事业化将是未来政治发展的趋势。推行人大代表专职化是一项复杂的系统工作，牵扯到多方的利益问题。所以，我们要分清主次，循序渐进地展开。把提高全国人大常委会组成人员的比例放在首位，然后再逐步扩大各级人大代表的专职化比例。只有推行代表的专职化才能保证他们全面深入地了解情况，提出的意见和建议才具有科学合理性。

第三，协调平衡人大代表与不同利益间的矛盾。协调和平衡众方利益的前提是沟通和交流，尤其是加强人大代表间相互的沟通与交流。笔者认为，人大代表来自各行各业，代表不同的利益群体，着眼点也不同。这就要求代表从社会整体角度出发，寻找和谐的解决办法，满足最广大人民群众的利益诉求。利益协调的进程中，代表们不可仅凭主观臆断的政治主张或各方的经济实力随心所欲地解决问题。面对各种分歧，在人大制度民主的基本理念下，人大代表必须遵循公开、公正、民主协商的方式和原则，通过合法合理的手段平衡和缓和各方的利益冲突，增进最广大人民群众的共同利益。在理想的民主世界里，最优决策应是全体公民协商一致选择的结果。然而，这种结果在代表协商各方利益的民主实践中是不可能存在的，因为它需要付出高额的实践成本，即便是全体公民达成一致的想法，也可能是虚假的一致，是虚假的民主表现。历史实践证明，协商的宗旨只能体现大多数人的意志，同时又能兼顾少数人的需求，减少不稳定以及不和谐的因素，是与民主政治所追求的平等原则最相吻合的做法。

二、优化组织建设，完善管理制度

党的十八大报告突出强调了各级人大及其常委会的主体地位，而这一主体地位的关键则是要解决好组织建设的基本问题。所以，全国人大作为国家最高权力机关能否切实发挥其作用，有效地行使宪法赋予它的合法职权，在一定程度上取决于人大内部的组织体制是否科学合理、是否完善。我们在认清人大性质、提高人大作用的同时，要更加注重加强人大内部的组织建设，积极稳步地推进人大制度的机构改革。首先要督促人大及其常委会提高其自身组织建设能力。可以从以下三个方面着手。

第一，提高人大及其常委会组成人员的思想认识，加强作风建设。人大工作人员应当及时消除“二线”心态，克服散漫懈怠的情绪，转变思想观念，增强政治意识和为民服务的全局意识，珍惜法律赋予的合法权力。认真履行监督权不能仅仅停留在督促性意见或建议的表面文章上，应当严格依照法律法规的规定，及时纠正一切滥用职权、徇私舞弊等违法违宪的行为。为强调突出监督工作，应重点运用强制性和刚性手段处置违法违宪的国家机关及其工作人员，树立法律的尊严和权威，切实保障人民群众的根本利益。

第二，优化各级人大代表的组织结构和常委会委员的配置。据统计，自第六届全国人大以来，人大代表及其常委会委员的年龄仍以六十岁至七十岁为主，并且各级党政领导干部和企事业单位负责人代表的比例居高不下。实际上，这造成了人大常委会的领导班子一线工作，二线安排，人大代表既是裁判又是运动员的混乱局面，形成了同体监督的怪圈，导致人大及其常委会的监督机制形同虚设。人大的监督工作本身涉及经济、政治、文化、社会等各个领域，理应由具备相应综合素质的人才组成，否则将是纸上谈兵。所以，应当积极增加人大代表专业化人员的配比，优化和改善人大代表组成人员的知识结构和年龄结构，提高代表的专业知识水平，努力完善国家机构的各项职能。

第三，理顺人大与及其常委会的关系。按照宪法的相关规定，我国最基本的监督主体就是人大。人大下设常委会是由我国的基本国情决定的，是我国民主政治建设的显著特点，人大与其常委会之间存在着一种明显的功能互补状态。然而，《监督法》中却规定我国监督的主体是全国人大常委会以及地方各级人大常委会，因此弱化了人大本身的监督职能。人民代表大会每年召开一次，实行的是年会制，并且议程众多，会期较短，这就使得人大无法对其常委会展开专门和经常的监督检查。实际运行上，人大对其常委会的监督职能已然空虚化。要想尽早改善这种情况，我们应当积极地发挥人大代表的作用，进一步加强人大内部的组织体系建设，而不是盲目地授权于人大常委会来行使职权。此外，还要完善人大专门委员会制度建设。

三、健全监督机制，增强监督实效

从国家职权的宏观层面上来看，党委、政府和人大分别有其侧重的角度，三者应当合理地发挥各自的职能。党委主要在国家大政方针的制定和实施上肩负起监督职责，进而通过全国人大正当的合法程序上升为国家意志。政府主要是对各主管部门的财务预算收支情况进行合理监督。人大则要兼顾宏观和微观两个层面，针对国家宪法、法律和财政实施情况进行有效监督，最终形成一套党委的政治性监督、政府的财务性监督以及人大的法律性监督相结合的完整体系。明确三者之间合理的配置以及相互关系，才能更好地分工合作行使职权。前文已阐述了监督的主要对象、内容、程序和方式等领域存在的诸多缺陷，为健全人大的监督机制，将从以下三个方面提出切实可行的建议。

第一，提高人大行使监督权的力度，完善人大监督的公开机制。从目前监督运行的实际情况来看，人大监督的主体缺乏刚性力度，一些工作机关甚至把人大的意见当作是耳边风不予理会，最重要的原因之一就是监督责任的缺失。首先，公开监督内容。人大常委会在进行一段时间的监督后，应当及时向广大人民群众公示，便于民众通过各种渠道参与监督工作。其次，公开监督结果。在监督工作完成后，及时公开对监督过程中发现问题的反思、形成的反馈意见、决定以及整改措施等。最后，将公民旁听人大及其常委会的会议制度广泛落实。除涉及国家重大和机密的人大会议外，根据会场的实际情况，允许公民旁听历届会议，广泛征求民意，并且将旁听席向全社会范围内延伸，让民众了解人大代表日常是如何工作的。

第二，健全人大的监督程序和监督方式。缺乏规范性的保障往往会使监督实权流于形式，因而人大监督的程序和方式必须引起我们足够的重视。代议机关权力行使的每一步都必须在程序中，没有程序就行使不了监督权。反之，每一步程序的建立和完善，都能保障监督权力的有效行使。立法监督和执法监督的可操作性直接影响法律监督程序的确定，特别是宪法监督。在工作监督中要健全责任追究制，强化人大对“一府一委两院”的责任意识，强化质询、听证以及特定问题的调查程序等，保证人大的权威性地位。此外，还要进一步改革和完善人事监督的选举、决定、任命程序，尤其是选举制度，避免监督方式流于形式。

第三，建立人大专门监督机构，完善人大专门监督体制。我国是一个幅员辽阔且人口众多的国家，人大的监督工作也呈现出复杂性和专业性的特点，有必要建立专门的监督机构来适应社会发展的总体趋势。因此，增设专门的宪法监督机构势在必行。近些年来，立法冲突和国家机关领导人违宪的事件时有发生，宪法的权威性地位频频受到挑战。对此，当务之急应该增设违宪审查机构以及相应的纠错机制，违宪审查具有重大意义。

四、完善会议制度，激发履职活力

人大制度是坚持了党的领导、人民当家作主、依法治国有机结合的制度安排，在我国社会主义民主法治建设中起到基础性的作用。同时随着社会不断地发展，其建设也暴露出了一些问题，这些问题严重影响了人大民主功能的发挥，必须要及时予以改正，以期对人大会议制度进行必要的改革与完善。

（一）调整人大会期制度。确定合理的会期制度关乎人大会议的立法质量，但我国的法律法规并未对延长会议时限作出具体要求。考虑到确定会期是一项整体性的布局问题，涉及多方利益的变动，因此，必须谨慎对待改革会期带来的相关矛盾。要合理安排会议时间的长短，并不是会期越长越好。实际上，精简代表人数、实行代表专职制与延长会期是一个相互关联的问题，绝不可以单纯地为了延长会期而缩减人大代表的数量，改革会期制必然是一个循序渐进的过程，切不可操之过急。只有将人大代表的数量控制在合理范围内，才可能实现代表专职制，努力寻找两者之间的平衡点，延长会期才具有现实意义。

（二）完善人大的审议制度，突出辩论程序的作用。西方议会制普遍实行的是程序性规则，一切都以言论自由、民主、公开为基本准则。鉴于西方议会制的特点，我国在调整人大议事规则时可借鉴其长处，如增设强制性发言和领导末位发言的规定，让一些不负责任的代表或与会期间不敢发言的代表能够放下沉重的思想包袱自由发言，通过民主和科学的机制推动人大代表认真履职，而非单纯听取和赞扬领导工作报告。与此同时执行严格的议事规则，在规定时间内不允许肆意打断人大代表的有效发言，针对此项规定可设置一些奖惩机制，尤其是针对多次打断别人发言的代表应当予以警告或相应的处罚。另外，全国人大及其常委会还可以积极探索引入竞争的辩论机制，与会期间针锋相对的辩论和广泛的交流能够产生智慧的火花。人大会议增加辩论环节还可以为延长会期提供时间保障。不仅是全国人大及其常委会，在基层人大中增加辩论环节还可以激发民众参政议政的热情和能力，从而提高民众的政治民主素养。

（三）增强人大议事的公开和透明程度。公开议事的规则和决策是保障公民知情权的体现，是实现依法治国的必然要求。人大议程的草案或建议稿都是由全国人大常委会提出的，关键问题在于人大常委会提出议程草案的过程不够公开透明，尤其是有待筛选的议案最终为何确定出局，列入议程的草案又是以何种理由列入其中，各种讨论和解释似乎都只在机构内部进行。既然人大常委会草拟的是人大议程，那么草拟的过程就应当向人大乃至社会公示公开，并对其缘由作出合理的解释说明，这就需要认真贯彻执行新闻报道制度。在互联网时代，网络平台已然成为人大与公民沟通的新途径，许多法律规范在正式出台前都会在网上征集民意，经过筛选整合，最后形成科学民主的决策，并向社会及时公布。通过媒介的力量全程直播人大会议，让社会民众如实了解人大代表的履职状况，还可以以专题形式播放会议记录、会议决定以及人事任免通知的名单。此外，要对审议环节中的发言和辩论程序进行深度报道，进而增强人大会议的实效性和民主性。健全人大会议工作中的听证制度也是增强人大议事透明度的有效手段，听证制度在我国已经正式成立，但是仅限于立法领域，可以延伸其使用范围，人大及其常委会决议重大问题时也应当实行听证制度。这一制度的法律规范在全国各地的使用尚未统一，应尽快完善人大的议事规则，并就听证人员的范围、资格、权利、义务以及相关的法定程序加以规范。

新时期人大制度运作仍然面临挑战，这些潜在的挑战为推动人大制度与时俱进、推进人大工作创新发展，提供了新的空间和入口。不过要真正把握这些契机，还需要从思想上克服不同形式的等待依赖症。换言之，必须积极主动地加强对我国民主政治建设和经济社会发展中若干重大问题的分析研究，继而作出创新发展人大工作的合理选择。同时，必须从操作层面增加人大工作的科学性、民主性、思想性、前瞻性，善于以人大方式推进国家治理体系和治理能力的现代化。而所有这些归结为一点，就是要着眼未来、立足现实、抓住关键、突出重点，在推动人大制度运作的转型升级中实现人大制度的与时俱进和人大工作的创新发展。

同时，应遵循科学的指导思想，渐进实施人大代表制度的优化改良。人大代表是人大制度的主体，长期以来，人大代表在依法履职方面积累了许多好的做法和经验，如何在总结经验、吸收借鉴人类代议民主成果的基础上，着眼人大职能作用的更好发挥和增强代表的履职能效，科学合理地确定各级人大代表和常委会组成人员的数量，逐步提高人大常委会专职委员的比例，探索建立基层人大代表联系选区和选民的集体办公场所等，都是未来需要进一步考虑的问题。组织制度的改革具有根本性、全局性、稳定性和长期性，人大组织结构的完善和制度机制的创新结合在一起，最终将推动形成更加成熟更加定型的人大制度体系，为人大依法全面履行国家权力机关的职责提供重要组织和制度保障。

第四节　基层人大改革创新的总结与展望

基层与地方人大改革创新是推进国家治理体系和治理能力现代化的重要组成部分。邓小平同志曾指出，革新政治体制有助于推动经济体制改革的顺利进行，政治体制改革已经成为民主政治建设的必然趋势。基于我国的社会历史传统和风俗礼仪，我们选择的人民代表大会制度是一种比西方议会民主制度更加优越的民主形式，是我国政治体制改革的源头。随着社会主义市场经济体制的建立，公民政治参与的诉求也逐步呈现出多元化的格局。改革和完善人大制度既可以整合人大制度的功能，又可以满足公民政治参与诉求的多元化要求，并且能够带动相关的政党制度、行政机制以及司法体制的改革，从而推进政治体制改革总体目标的实现。我国社会主义民主政治发展有其特色路径，我们仍然要以坚持和完善人大制度为基础，不断地积累和总结经验，不断地提升代表和选民现代化的民主政治观念，逐步推进我国民主政治发展。

一、基本结论

随着经济社会的快速发展，我国在国家治理方面面临一些新情况、新问题和新挑战，有待实现国家社会治理现代化。地方人大虽不直接参与具体的地方国家治理事务，但负责制定地方性法规，决定重大事项，同时监督“一府一委两院”工作，任免国家机关工作人员，担负着宏观管理职责，理应成为国家治理创新工作的重要推动力。尤其在建立健全“党委领导、政府负责、社会协同、公众参与”的国家治理格局方面，地方人大具有重要的作用，是实现“党委领导”核心作用的重要途径、落实“政府负责”主导作用的重要推力、凝聚“社会协同”合力作用的重要支撑、发挥“公众参与”基础作用的重要力量。地方人大通过制定国家治理领域的地方性法规、依法对国家治理工作进行监督、引导社会公众有序参与国家治理事务等途径，积极推动国家治理的创新和发展。我国长期封建统治形成的“人治”大于“法治”的政治环境、当前在社会主义初级阶段“效率”先于“公平”的经济环境以及市场经济条件下“国家”高于“社会”的社会环境，要求地方人大在推动国家治理创新的过程中，要按照中央和各级党委的部署，深入贯彻落实科学发展观，充分发挥国家权力机关的作用，克服当前人大在推动国家治理创新中存在的问题，借鉴西方议会推动国家治理的有益经验和做法，积极行使人大的各项法定职权，完善地方国家治理领域立法，坚持以人为本的立法原则，不断完善民主立法、科学立法的立法技术，为国家治理创新提供法律依据；强化地方人大监督职能，努力加强对公共资源配置、重点民生问题、司法公正以及基层民主政治建设的监督力度，提高国家治理创新的水平和能力；发挥人大代表的优势作用，充分发挥代表的代表性、广泛性和先进性特点，加强学习培训，完善沟通机制，推进代表专职，加强宣传教育，引导公众有序参与国家治理创新，从而在加强社会建设、创新国家治理方面有所作为，为推动国家治理创新、促进经济发展、事业进步和社会和谐方面作出地方人大的应有贡献。需要表明的是，支持和保证地方人大及其常委会行使职权，不仅要党中央支持和保证全国人大及其常委会积极立法，为地方人大及其常委会行使职权提供相应的上位法依据，也要求各级党委依法支持和保证地方人大及其常委会行使好立法权、决定权和监督权。[1]

（一）基层人大改革创新，是推动民主进程的重要支撑

人民当家作主是民主政治发展的核心特征，坚持中国特色社会主义民主政治发展道路，必须坚持和完善人民代表大会制度。中国从几千年封建

[1] 朱应平. 强化支持和保证地方人大及其常委会依法行使职权的实效［J］. 探索与争鸣，2019（12）.

专制向人民民主专政的转变，是在中国共产党的领导下完成的，是历史的选择，也是人民的选择。人民民主专政是社会主义的生命，是社会主义建设发展的基础和动力。在建设中国特色社会主义民主政治的道路上，人民民主专政体现着两层含义：一是在政治上，人民是国家的主人，是社会的主人翁，归结起来就是人民当家作主；二是在人民民主专政的国体下，使人民群众享受各项民主权利，并不断完善民主制度，使民主制度化、法律化，切实维护人民群众的根本利益。

（二）基层人大改革创新，是激发制度活力的有效手段

党的十九大以来，党中央在深化党的十八大以来改革成果的基础上，不失时机推进重大全局性改革，全面深化改革取得新的重大进展。继续推进改革，要把更多精力聚焦到重点难点问题上来，集中力量打攻坚战，激发制度活力，激活基层经验，激励干部作为，扎扎实实把全面深化改革推向深入。在中国实行人民代表大会制度是中国人民在人类政治制度史上的伟大创造。这个创造是永不停止的，体现在人民当家作主制度的不断丰富和发展，体现在党领导人民有效治理国家的不断实践和进步。

（三）基层人大改革创新，是实现国家治理现代化的要求

党的十八届三中全会明确提出了“创新社会治理”“加快形成科学有效的社会治理体制”的任务，昭示着国家对社会的管理模式将从国家治理向社会治理转变和发展。“管理”和“治理”反映的是政府与社会、公权力主体与私人之间的相互关系，其核心是政府的执政理念和行为方式。近年来，随着我国社会主义市场经济的迅猛发展和社会结构的复杂变化，一方面，导致政府在社会面前局部失灵；另一方面，政府调控在社会局部领域逐渐淡出，一些管理职责逐渐转移到社会。所以，在社会治理创新的新形势下，政府与社会之间如何实现良性互动至关重要。人大制度在很大程度上可以作为最优的纽带，一方面，国家通过人大制度从社会汲取执政资源，对社会进行组织动员，实现对社会的治理；另一方面，社会通过人大制度实现各阶层和各群体对政治的制度化参与，影响国家对社会的利益整

合。党的十八大以来，以习近平为核心的党中央全面推动中国的改革开放伟业，中国特色社会主义由此进入新时代，其重要标志是“我国社会主要矛盾已经转化为人民日益增长的美好生活需要和不平衡不充分的发展之间的矛盾”[1]。社会主要矛盾发生的显著变化，不仅意味着我国改革开放和社会主义现代化建设进入了新的发展阶段，同时也意味着改革的复杂性、敏感性、艰巨性更加突出，这对党和国家的工作提出了许多新要求，对国家治理体系和治理能力现代化提出了更高标准。为此，党的十八届三中全会提出了全面深化改革的总目标，也就是“完善和发展中国特色社会主义制度、推进国家治理体系和治理能力现代化”[2]。

习近平总书记指出，必须完整理解和把握这两句话组成的整体，“前一句规定了根本方向，我们的方向就是中国特色社会主义道路，而不是其他什么道路。后一句规定了在根本方向指引下完善和发展中国特色社会主义制度的鲜明指向”[3]。这就要求我们必须不断提高运用中国特色社会主义制度的各项能力，推动国家的有效治理。我国要推进国家治理体系和治理能力现代化，发展社会主义民主政治必然是题中应有之义，其实质就是要体现人民意志，保障人民权益，进一步激发人民创造活力，用制度体系保证人民当家作主。习近平总书记指出，“在中国社会主义制度下，有事好商量，众人的事情由众人商量，找到全社会意愿和要求的最大公约数，是人民民主的真谛”。在党的十九大报告中，他再次强调“有事好商量，众人的事情由众人商量，是人民民主的真谛”[4]。所以，实行人民民主，保证人民当家作主，其实质就是要求我们在涉及人民利益的事情时，在人民内部各方面进行广泛深入的商量和协商。从历史上看，世界上实现民主的形式是丰富多样的，没有一种放之四海而皆准的评判标准。就中国来说，社

[1] 林兆木. 正确认识我国社会主要矛盾的转化（深入学习贯彻习近平新时代中国特色社会主义思想）[N]. 人民日报，2018-03-30（07）.

[2] 韩正. 加强党对坚持和完善中国特色社会主义制度、推进国家治理体系和治理能力现代化的领导 [N]. 人民日报，2019-11-15（04）.

[3] 闻言. 坚定不移推进全面深化改革在新时代创造中华民族新的更大奇迹 [N]. 人民日报，2019-01-18（06）.

[4] 吴晶晶. “在中国社会主义制度下，有事好商量” [EB/OL]. 2014-09-22. http://news.hexun.com/2014-09-22/168700365.html.

会主义民主政治包括人民通过选举、投票行使权利以及人民内部各方面在重大决策之前进行充分协商两种重要形式，二者之间是相互补充、相得益彰的关系。其中，协商民主是我国社会主义民主政治的特有形式和独特优势，它深嵌于社会主义民主政治的全过程和各环节。习近平总书记强调，协商民主“应该是全方位的，而不是局限在某个方面的，应该是全国上上下下都要做的，而不是局限在某一级的”[1]。这样就必须构建程序合理、环节完整的社会主义协商民主体系，着力推动协商民主广泛、多层、制度化发展，尤其是要大力发展基层协商民主，在基层群众中深入开展协商。从党的十八大首次将健全社会主义协商民主制度写入党的代表大会文件后，党的十八届三中、四中全会以及党的十九大都对推进协商民主作了进一步阐述，社会主义协商民主进入了发展的快车道，集中体现在协商主体更加广泛，协商渠道更加多样，协商层次更加明晰，协商制度更趋完善等方面。

二、未来展望

2019 年 7 月，习近平总书记对地方人大及其常委会工作作出重要指示强调，“县级以上地方人大设立常委会，是发展和完善人民代表大会制度的一个重要举措。新形势新任务对人大工作提出新的更高要求。地方人大及其常委会要按照党中央关于人大工作的要求，围绕地方党委贯彻落实党中央大政方针的决策部署，结合地方实际，创造性地做好立法、监督等工作，更好助力经济社会发展和改革攻坚任务。要自觉接受同级党委领导，密切同人民群众的联系，更好发挥人大代表作用，接地气、察民情、聚民智，用法治保障人民权益、增进民生福祉。要加强自身建设，提高依法履职能力和水平，增强工作整体实效”。这为新时代地方人大及其常委会建设提出了指导方针，也是推进基层和地方人大改革创新的理论武器。

（一）明确目标任务

根据推进国家治理现代化的要求，明确新时期人大基层民主政治建设

[1] 贺善侃：新时代社会主义协商民主理论的新发展［EB/OL］.（2018-09-11）. http://ex.cssn.cn/zzx/201809/t20180911_4558529_5.shtml.

的目标和任务，对于新形势下加强人大的基层民主政治建设至关重要。新形势下人大基层民主政治建设的目标，是进一步在基层落实人民当家作主。然而需指出的是，随着国家治理现代化的不断推进，进一步在基层落实人民当家作主无疑被赋予了更多的时代要求以及新的特点，如习近平总书记所说："推进国家治理体系和治理能力现代化，就是要适应时代变化，既改革不适应实践发展要求的体制机制、法律法规，又不断构建新的体制机制、法律法规，使各方面制度更加科学、更加完善，实现党、国家、社会各项事务治理制度化、规范化、程序化。要更加注重治理能力建设，增强按制度办事、依法办事意识，善于运用制度和法律治理国家，把各方面制度优势转化为管理国家的效能，提高党科学执政、民主执政、依法执政水平。"❶ 这也意味着新时期人大基层民主政治建设的目标定位必须充分考虑推进国家治理现代化的要求，确保国家治理现代化能够顺利推进，并在此过程中更好地实现基层的人民民主，使国家治理现代化与基层民主政治建设相辅相成、协同推进。从这个意义上看，新时期人大基层民主政治建设总体上有两大任务：一是构建起一个适应国家治理现代化且行之有效的民主选举、民主决策、民主管理和民主监督比较完善的基层治理体系；二是培育出一大批能够满足国家治理现代化要求、善于运用制度和法律进行或参与治理的基层治理人或基层治理主体。这两大任务实际上也是国家治理现代化在基层不可或缺的基础性工程。如果我们能在新时期的人大基层民主政治建设中形成以上的目标和任务共识，那么，我们就一定能在准确把握新时期人大基层民主政治建设的历史使命基础上，心往一处想，劲往一处使，为推进国家治理现代化，为中国特色社会主义的现代化建设事业作出更大贡献。

（二）抓好学习型组织、学习型社区、学习型社会建设

在新的历史条件下，人大基层民主政治建设同样必须抓好学习型组织、学习型社区、学习型社会建设，一方面，要着眼于国家治理现代化所

---

❶ 坚持和完善中国特色社会主义制度、推进国家治理体系和治理能力现代化，习近平总书记这样说［EB/OL］.（2019－10－24）. http：//baijiahao. baidu. com/s? id＝1648258271478119422&wfr＝spider&for＝pc.

面临的新情况以及需要解决的新问题和新矛盾，学会用新思路新方法来看待和处理各种社会问题；另一方面，还要努力学习国家治理现代化所要求掌握的新知识新本领，进一步提升利用现代科学技术手段来开展和参与公共治理的能力与水平。当然，抓好学习型组织、学习型社区、学习型社会建设，并不仅仅是在形式上追求学习的全员化和常态化，更重要的是与时俱进地拓展和创新学习的内容、方式、载体、渠道、平台，提高学习的实效。新时期人大的基层民主政治建设要作出应有的贡献，无疑也需要以问题为导向加强学习，并通过开展卓有成效的学习活动，进一步提升基层干部群众对体制、机制、制度等方面突出问题“开刀”的能力与水平。唯有如此，新时期人大基层民主政治建设的现代理性才能进一步增强，其目标才更容易实现，其任务的顺利完成才更有保证。

（三）对“症”下“药”

中国的社会治理依然任重而道远，不能急于求成。从另一个角度来看，这与两个原因密切相关：一是未能做到对症下药，二是力度不够。所谓未能做到对症下药是指，一方面，我们对基层民主政治建设中出现的问题往往是头痛医头脚痛医脚，没有抓住问题的关键和根本，结果是治标不治本；另一方面，我们在解决基层民主政治建设中的问题时，还存在着机械套用他人的经验和模式而没有认真考虑自身实际以及出于某种考虑而避重就轻，采取上有政策下有对策的做法。所谓力度不够，是指许多工作只停留在表面或形式而没有一抓到底，也没有真正动员起社会各方面的力量。正是这两种情况的普遍存在，使基层的贪污腐化和违法乱纪问题屡禁不止，而民主选举、民主决策、民主管理和民主监督在不少地方也很难落实到位。所以，加强人大的基层民主政治建设，无疑还需要对症下药，着力破解当前基层民主政治建设中妨碍推进国家治理现代化的各种难题。这些难题破解不了，对于推进国家治理的现代化来说，当前的基层民主政治建设就难以发挥应有的作用。

（四）改进工作方式，激发政治活力

实现国家治理的现代化，一方面要通过公共治理达到“善治”；另一

方面还要达到效率明显提高。因此，面向国家治理现代化的人大基层民主政治建设，当然也必须在这两个方面作出自己应有的努力。问题恰恰出在这两个方面，目前我们的基层人大工作还存在着许多不能令人满意的地方。除了相关制度不够完善而存在制度性约束以及目前基层人大代表参与公共治理的能力与水平还十分有限之外，这种情况可能还跟基层人大在一定程度上被僵化的“机关化”工作方式制约有很大关系。人们注意到，一些人大代表过多担任行政职务，被繁重的党务、政务所困，有的则肩负着教学、科研或企业生产等繁重任务，以致平时除按例参加每年一次的人代会外，没有足够的时间和精力开展调研，无法更好地行使人大代表的权利和义务，导致政治参与形式化、质量下降。每年一次的人代会似乎在短短的几天就完成了许多议程，让人感觉效率很高，但这种效率实际上则是质量不高的效率。所以社会上也有“走过场”的评价。随着国家治理体系和治理能力现代化的推进，我们的基层人大也应不断改进自身工作方式，形式文章少做，每年人代会召开之前要做足“功课”，尽可能让人大代表有更多的时间和精力参加相关问题的调研，并用更为灵活的方式开展具有实质性意义的基层民主政治建设活动，只有这样，我们基层人大的活力才能进一步增强，人大的基层民主政治建设也才更有成效。

实践经验篇

制度先行：以制度化建设实现基层人大有效发力的后柳经验

——基于对安康市石泉县后柳镇人大“四同一建设”的调查与思考

一、人大制度化建设是国家治理体系和治理能力现代化的必然要求

邓小平同志说过：“制度好可以使坏人无法任意横行，制度不好可以使好人无法充分做好事，甚至会走向反面。”[1] 由此可见，制度建设在整个国家建设中具有根本性、决定性作用。治理现代化是我国全面深化改革的总目标，也是实现中华民族伟大复兴的“中国梦”的重大战略抉择。而要实现这一目的，就必须毫不动摇地坚持并不断完善人民代表大会制度。人民代表大会制度是我国根本的政治制度，也是我们党对国家和社会进行领导的重要制度载体。党发挥着总揽全局、协调各方的领导核心作用，通过人民代表大会制度，可以保证党的主张通过法定程序成为国家意志，保证党组织推荐的人选通过法定程序成为国家政权机关的领导人员，保证党的路线方针政策和决策部署在各项工作中得到全面贯彻和有效执行。

习近平总书记指出，“人民代表大会制度是中国特色社会主义制度的重要组成部分，也是支撑中国国家治理体系和治理能力的根本政治制度”“是坚持党的领导、人民当家作主、依法治国有机统一的根本政治制度安排，必须长期坚持、不断完善”“在中国实行人民代表大会制度，是中国人民在人类政治制度史上的伟大创造，是深刻总结近代以后中国政治生活

[1] 王长久. 旗帜鲜明反对特权思想特权现象［EB/OL］.（2018－05－31）. http：//www.mzyfz. com/html/2148/2018－11－01/content－1369259. html.

惨痛教训得出的基本结论，是中国社会100多年激越变革、激荡发展的历史结果，是中国人民翻身作主、掌握自己命运的必然选择”[1]。改革开放40年来，为适应新的历史时期经济社会和民主政治发展的需要，在党中央和地方各级党委的坚强领导、各级人大及其常委会的精心组织、人大代表和人大工作者的积极努力、社会各方面的大力支持下，我国的人大代表工作取得重要进展，成就斐然。在这一过程中，各级人大、人大常委会、人大代表依法行使职权，不仅深刻践行了人民代表大会制度，保障了国家其他各项事业的平稳运行，也在实践中不断吸取经验和教训，完善了人民代表大会制度。

党的十八大以来，以习近平同志为核心的党中央高度重视、全面加强对人大工作的领导，推动人大工作取得历史性成就。党中央先后出台有关人大工作的重要指导性文件20余件，对人大立法、监督、代表、自身建设等方面的工作提出了新的更高的要求。基层人大作为基层国家权力机关，是我国地方国家政权的重要基础。基层人大的制度先行，成为人大制度不断完善、不断进步的重要体现。近年来，习近平总书记就坚持和完善人民代表大会制度、发展社会主义民主政治提出了一系列新理念、新思想、新战略，为做好新时代人大工作指明了方向，提供了遵循。

陕西省安康市石泉县后柳镇人大始终坚持用习近平总书记关于坚持和完善人民代表大会制度的重要思想武装头脑、指导实践，努力探索创新，力求新的突破，以制度化建设保障基层人大的有效发力。在推动全镇政治、经济、文化、社会和生态文明建设中，发出人大声音，发挥人大作用，贡献人大力量。

二、后柳镇基层人大的积极探索

后柳镇位于石泉县南部，辖14个行政村，1个社区，人口1.4万余人。目前有省、县、镇三级人大代表59名，其中省代表1名，县代表12名，镇代表49名，下设6个代表小组和规范化活动室。自党的十九大以

[1] 王晨．新时代坚持和完善人民代表大会制度的根本遵循［EB/OL］．(2019-03-01)．http：//www.qstheory.cn/dukan/qs/2019-03/01/c_1124169856.htm？spm=zm5062-001.0.0.1.LDmD9x.

来，后柳镇坚持用人大活力增动力，以旅游产业抓发展的理念，以习近平新时代中国特色社会主义思想为指导，认真贯彻落实党的十九大、十九届三中全会、十三届全国人大一次会议精神，坚持党的领导、充分发扬民主、严格依法办事有机统一，按照“政治同向、法治同轨、发展同力、与民同心”的四同工作理念，切实推进全镇人大工作依法、有序、务实、高效开展，提高全镇人大整体工作和建设规范化水平，充分发挥宪法及法律法规赋予镇人大的职能作用，为推进全镇经济社会发展和民主法治建设作出了新贡献。

（一）坚持党委领导，主动把握人大工作规律

后柳镇人大始终坚持把党的领导作为做好人大工作的根本保证，自觉把党委领导贯穿到人大工作的全过程和各方面，切实履行宪法和法律赋予的职权，着力在找准、找实、找好人大工作结合点和切入点上下功夫，切实调动代表履职积极性，提升镇人大工作整体水平。

1. 牢牢把握看齐党委的政治意识

后柳镇人大毫不动摇地坚持党的领导，保持正确的政治方向，维护镇党委总揽全局、协调各方的领导地位。2019 年，后柳镇人大坚决执行镇党委的决策部署，坚持重点工作向镇党委汇报、重大事项向镇党委请示，围绕镇党委决策谋划工作，做到思想同心、目标同向、行动同步、工作同力，以实际行动推动镇域经济社会快速发展。

2. 坚定维护稳定发展的全局意识

后柳镇人大充分发挥人民代表大会制度优势和职能作用，围绕镇域经济社会发展大局的各个方面展开重点监督、定期视察。对代表日常监督、视察中发现反馈的建议意见，主动与镇政府沟通，加强联系，在良性互动中，维护好稳定发展的格局，形成了后柳跨越发展的强大合力。

3. 坚持关注民生发展的中心意识

习近平总书记在庆祝改革开放 40 周年大会上说：“必须坚持以人民为中心，不断实现人民对美好生活的向往。把人民对美好生活的向往作为我

们的奋斗目标。”[1] 后柳镇基层人大深刻践行习近平总书记的这一理念，在工作中坚持一切以人民为中心的工作理念，在2019年，创新工作思维，试点推广“三卡一评”代表联系群众模式，积极为代表履职搭建平台，广泛听取群众意见建议，解决问题，接受人民监督，让人大工作更加符合民意、顺应民心。

（二）自身建设不断加强，人大代表职能得到充分发挥

后柳镇人大始终坚持以学习作为强化自身建设的基础，以提升代表素养为发挥人大代表职能的关键，在推动追赶超越发展中主动作为，发出人大声音，贡献人大力量。

1. 培训学习常态化

业务素养是人大代表充分履职的前提。在人大闭会期间，镇人大始终坚持把人大代表培训学习作为重点工作来抓，坚持人大代表培训学习常态化，在深入贯彻落实人民代表大会制度的同时，着重提高代表参政议政能力。一是坚持集中学习。以学习宣传贯彻党的十九大精神为主线，每季度组织代表集中培训学习两次，通过多种形式学习党的十九大精神，提高人大代表政治素养、把握局势以及履职的能力。二是坚持学法用法。着力打造“学习型”代表队伍，组织代表学习《宪法》《代表法》《监督法》等法律法规，以促进代表知法懂法用法，切实提高代表依法履职能力。三是外出学习交流。组织代表分别到中池、迎丰、两河、饶峰等乡镇考察调研脱贫攻坚、产业发展工作。在汉中勉县、洋县等地调研乡村全域旅游开发建设情况，亲身感受省内各特色乡镇在新农村建设、旅游产业、产业发展结构调整方面的先进做法和经验，增长见识开拓视野。

2. 活动组织制度化

围绕镇党委政府中心工作，结合实际，建立健全《后柳镇闭会期间人大活动实施方案》《后柳镇人大代表活动制度》，确保人大代表活动有条不紊开展。一是依法组织召开后柳镇第十九届人民代表大会第二次会议。组织代表认真听取和审议了政府工作报告、人民代表大会工作报告和财政收

---

[1] 习近平：在庆祝改革开放40周年大会上的讲话［N］．人民日报，2018－12－19．

支情况报告，全体人大代表在大会上积极行使职权，踊跃为全镇经济社会发展建言献策。会议期间收集代表意见建议意见62件，其中社会管理方面6件，基础设施建设43件，产业发展方面13件，代表所提56条意见建议已经办结，代表满意率达88.7%以上。二是依法补选镇第十九届人民代表。由于干部人事调整，后柳镇第十九届人民代表空缺1名。镇人大严格遵照法定程序，精心组织，周密部署，统筹安排，通过努力顺利完成对空缺代表的补选。

3. 活动场所规范化

以点连线，以线带面，着力增强代表的能力与活力。一是划分代表小组。为组织好县镇代表在闭会期间的活动，充分发挥代表的履职作用，后柳镇人大按照辖区内县镇人大代表居住情况、就近参加闭会期间代表小组活动的原则，将59名县镇人大代表划分为6个代表活动小组，以加强代表与选民之间的联系。二是建立代表工作室。先后在镇辖区成立了6个代表工作室，制定并完善县镇人大代表轮班坐班制度，推行每周三人大代表坐班接待选民制度，有效增强了人大代表的责任感和使命感，全镇人大工作进一步制度化、规范化。2017年，后柳镇人大在人大工作室里共接待选民400余人次，采纳、吸收群众合理化意见建议90余条。三是细化活动措施。后柳镇人大利用人大工作室这个平台，不断探索“三卡一评”工作法[1]，丰富活动内容与形式，找准活动发力点和落脚点，激发代表积极履行人大代表的权力和义务，保障活动不走样、出实效。

（三）坚持各项制度，代表服务意识显著增强

后柳镇人大始终以学习贯彻落实党的十九大精神为动力，坚持贯彻落实各项制度，牢固树立代表服务意识，为全镇经济社会发展发挥了人大作用。

1. 坚持党委委员联系人大代表制度

后柳镇党委将党委书记民情“三本账”与联系人大代表制度有机结合

[1] “三卡一评”工作法指的是代表活动信息明白卡、个人工作计划明白卡、活动成效明白卡和活动民主测评，后柳镇人大以“卡片”和测评的形式规范人大代表的职责和权力，便于日常监督和管理。

起来，对全镇境内的12名县人大代表、49名镇人大代表，实行镇党委委员包联制。此外，逐步健全党委委员走访人大代表制度，利用镇村党群服务中心这一平台，每周三由各镇党委委员定期听取包括人大代表在内的群众意见建议，代表反馈的意见建议经由主席团成员收集整理后，直接记录入党委书记民情“三本账”，加快了建议意见的落实。2017年收集代表反馈的建议意见62件，已办结56件，有力维护了社会平安稳定。

2. 积极落实人大代表联系选民制度

一是充分利用人大代表在信息、技术等方面的优势，在走访中积极引导和鼓励选民发展特色产业，进一步推动后柳镇域产业结构调整，促进本镇农民致富创收。二是充分发挥人大代表联系群众的“桥梁”作用，积极开展新民风建设，带头遵守“一约四会”、开展监督，引导村民改正不良思想和陈规陋习，共同营造“诚”“孝”“俭”“勤”“和”的优良家风村风。三是充分发挥人大代表密切联系群众、通达社情民意的重要作用，主动充当义务调解员，全程参与调解矛盾纠纷，妥善解决了各类矛盾问题，确保一方平安、和谐稳定。在开展“五个一”活动期间，组织代表先后入户走访3700余名选民，收集各类问题和建议共计218条，形成合理化建议意见共计49条，一些事关民生、事关百姓切身利益的问题，在代表、人大和政府的共同努力下得到了妥善解决。

3. 坚持人大代表建议督办回访制度

在人大闭会期间，镇人大及时将镇党委专题研讨代表提出的建议、批评和意见结果落实给分管领导进行包案解决，并将建议意见中事关全镇经济发展、社会稳定和人民群众普遍关心的热点、难点问题的建议作为重点，以《后柳镇人大代表建议意见督办责任清单》的形式进行回访督办，收集代表及群众对办结建议意见的满意程度。2017年共解决落实56条代表意见建议，回访代表群众的满意度为98.6%，较有成效地为群众解决了实际问题。

4. 坚持人大代表参与中心工作制度

后柳镇人大充分发挥人大代表在参与经济建设中依法履职的作用，就旅游规划编制、集镇供水、污水管网建设、社区物业管理、脱贫攻坚、产业发展等事关全镇全局和民生方面的重大事项，积极组织代表发表意见建议，事后及时将意见建议转交政府相关部门。2017年，累计组织代表开展各类视察活动8次；对各重点工程推进提供科学合理的意见建议共计22条；组织县、镇人大代表先后对后柳派出所、法庭开展视察评议，合理提出意见建议32条；组织部分县、镇人大代表召开了集镇用水价格听证会、集镇市场管理听证会，有效发挥了人大依法监督职能，有力推动了后柳镇各项事业大步向前发展。

（四）以宣传为抓手，人大工作社会反响良好

后柳镇人大紧紧围绕全镇工作大局，拓宽思路、突出重点，充分发挥舆论导向作用。2019年，积极向各级媒体投发稿件，其中省人大网1篇、陕西法制网5篇、安康市人大网5篇、石泉县人大网20篇、石泉县信息网27篇。人大宣传工作处于石泉县前列，不仅在县市更在全省范围内扩大了后柳人大工作的知名度，营造了良好的社会反响。

三、后柳镇中坝社区“人大”工作出亮点

后柳镇中坝村位于石泉县城东南方向29公里处，辖3个村民小组，1个移民搬迁小区，中坝村共有307户876人，党员24名，现有耕地面积1380亩。近年来，通过大力实施“能人兴村”战略，按照“一区三园”总体布局，盘活群众闲置资源，挖掘秦巴农耕文化，聚合乡土人才，建成了独具特色的陕南农耕文化作坊小镇。促进“三变”进程实现了贫困群众稳定增收，带动了当地经济社会发展，助推了脱贫攻坚。

中坝村代表工作室下辖中坝、汉阴沟、长安3个村共6个选区，直接服务选民2370人。该工作室共有人大代表10人，其中县人大代表2人，镇人大代表8人，镇人大代表中，女性代表3人，农民代表3人。中坝人大代表工作室建立以来，始终按照“有固定场所、有牌子、有设施保障、有固定人员、有工作制度、有台账档案、有经费保障”的“七有”规范标准，做到机构健全、制度上墙、人员充实、设施齐全、经费充足，确保代表工作室运行高效、作用突出。为充分发挥代表听民声、汇民意、聚民智的作用，在扶志扶智等方面，代表工作室成员想办法、建诤言、做引领，积极带动群众发展脱贫产业，加快贫困户脱贫致富步伐。人大代表陈国盛

就是一位杰出代表，其事迹简要介绍如下：

48 岁的陈国盛，是后柳镇柏桥村人，老家与中坝村接壤。村里面年长人的说，“盛娃小时候学习好，爱画画，但是父亲早逝，母亲多病，还有一个小妹妹，读完初中就一边上学，一边挣钱养家，能吃苦，是个好娃子”。二十岁那年，他成为石泉肉联厂的一名普通工人，后来遇上厂子改制，他也就成了失业人员，就在那时，好强的他便开始了艰难的创业。通过二十年的打拼，如今他创办了陕西六台山实业有限公司，旗下共有 7 个分公司和子公司，经营范围涉及广告标识、茶园种植加工、餐饮服务、文字印刷等多个领域，经营地点涉及西安、宝鸡、汉中、安康及本县各地，实现就业 400 余人，年创利税 1000 万元。

因诚信纳税、业界口碑好，陈国盛多年来相继担任市、县人大代表。对这样一个有社会责任感的创业能人，后柳镇党委、政府的工作人员多次登门做思想工作，采取在投资项目上吸引、营商环境上优化、政策技术上支持、思想行动上感召等方式，引导鼓励陈国盛靠拢组织，有所作为。陈国盛决定在乡村旅游上做文章。经过多次实地考察，不断走访调研，最终把目光锁定在地处国家 AAA 级风景区后柳古镇和国家 AAAA 级风景区中坝大峡谷之间的中坝村。

中坝村位于后柳集镇以南 7 公里处，三面环山，地势平坦，中坝河穿流而过，这里的村民世世代代以种养殖业为主，过着自给自足的生活，虽处在两个景区之间，但并未搭上旅游发展的快车，整村贫困发生率高达 39.7%，十分贫困。然而在陈国盛看来，这里却是依山傍水，阡陌交通，一片田园牧歌的景象。说干就干，短短一年时间，一座古香古色、充满农耕气息的“高颜值”作坊小镇诞生了。

中坝作坊小镇过去是一个移民搬迁安置社区，共有 168 户、572 名搬迁群众入住，两层小洋楼的共有 36 栋 72 户，每户上下两层共 160 平方米，二楼由住户居住，一楼大多闲置。如今以国家 AAAA 级标准，按照“1112345”总体布局，建设“一湖”“一心”“一点”“两场”“三园”“四街”“五化”，先后打造了三大版块，即传统民俗体验版块，规划建设磨坊、油坊、酒坊、茶坊、醋坊、染坊、丝坊、糖坊、豆腐坊、铁匠坊等古老陕南农耕文化的七十二作坊；农耕文化展示版块集中体现传统农业、楹联文化、巷道文化、年俗文化等，充分展示陕南特色民俗；休闲娱乐互动版块增加水上漂流、采摘时令果蔬、篝火晚会、烧烤等游客参与度高、趣味性强的游乐项目。就这样，中坝村的农民变居民、农村变社区、社区变景区。

打江山容易，守江山难。陈国盛深刻明白，景区虽已建成，但持续吸引游客才是是关键。他认为，文化是一个旅游景点的灵魂所在，而乡风民俗、本土文化、历史轶事最能体现一个地方的文化底蕴。于是他四处招揽本土民间文艺人才，提炼、恢复了中坝村曾经红极一时的火狮子、踩龙船、篝火晚会等本土传统文化活动，提升了中坝村文化影响力，成为继中坝作坊小镇之后的又一文化品牌。他还带头建设中坝村综合文化平台，积极配合中坝村“两委”开展新民风建设，实施文艺启智扶志、文化宣教惠民、文旅农旅联姻，开辟出一条文化服务引领、助推经济发展、助力脱贫攻坚的新路子。2017 年 12 月，中坝村被省旅游局授予“省级乡村旅游示范村”。

“饮水思源，自己富了不算富，我永远不会忘了生我养我的乡亲父老。”这是陈国盛时常挂在嘴边的话。他充分发挥自身人大代表的优势，积极探索“支部 + 景区 + 贫困户”发展模式。按照“中坝建景区、周边建园区、产品供作坊”总体发展规划，采取闲置资源入股、人才技术占股、集体经济注资、群众带资入企、订单农业生产等多种模式，将村级组织、贫困群众和他的企业联为一体，共组织 72 户农户，将他们闲置的门店采取租赁或资产入股的方式建成了七十二作坊，年收益租金和分红 150 余万元；吸收 200 万元的村集体资金入股公司，年增加村集体经济积累 20 万元；带动 41 户贫困群众带资入企 205 万元，年增加财产性收入 20 余万元；流转村民土地 1500 亩，建成茶叶、林果、蔬菜园区 3 个，辐射带动周边 8 个村 600 余户（贫困户 168 户）发展订单牲畜 800 头、家禽 10 万羽、传统及特色种植 1000 余亩。600 余人依托作坊小镇景区建设实现就业创业，80 余户村民在中坝作坊小镇开店创业；牵头成立互助资金协会，为村民无息提供创业贷款，全市首个创业担保贷款信用村落地中坝村，每户创业者均享有10万元无息贷款；吸引50户电商入驻，带动10余户贫困户脱贫致富，村民年收入人均达1万元以上。2017年11月，中坝作坊小镇成功创建市级创业孵化基地，全省人才助力脱贫攻坚现场会，全省一村一品暨休闲农业工作现场会都将中坝村作为参观示范点。

作为一名优秀敢为的企业家、尽职担当的人大代表，中坝作坊小镇的旅游业在陈国盛的精心经营下，发展效率高、质量佳，得到了群众的交口称赞。他对中坝作坊小镇的旅游发展充满了信心，并表示今后还将进一步优化景区规划，丰富作坊业态，培育文旅精品，用实际行动做大做活当地旅游业，带领群众不断致富增收。

四、人大制度化建设的后柳经验

（一）“两代表一委员”制度

为进一步加强基层组织建设，促进后柳镇各级党代表、人大代表、政协委员（以下简称“两代表一委员”）深入基层联系服务群众，切实解决服务群众“最后一公里”的问题，镇党委统一部署，结合实际，制订了“两代表一委员”制度。

“两代表一委员”是联系群众的纽带，镇党委委员要同群众时刻保持紧密联系，为代表委员履行职责提供便利条件，要向联系的“两代表一委员”积极宣传党的思想、政策、法律法规，指导代表委员在工作、生活中模范遵守并起到带头作用，积极创造条件，组织“两代表一委员”成员培训学习，参加各种活动，提高代表委员自身素质，关心“两代表一委员”的工作和生活情况，及时解决代表委员在创业就业、产业发展等方面的实际困难，使他们在镇域经济和社会发展中起到模范带头作用。

后柳镇镇党委委员与党代表的联系，主要围绕基层党组织建设的相关活动开展，组织党代表积极学习党在农村的路线、方针、政策和国家的法律法规，及时宣传镇党委的决议、决定和工作部署；镇党委委员与人大代表的联系，主要围绕镇人大主席团决定的活动议题，征求代表的意见和建议，了解代表对法律法规的学习和履行职责情况，收集和反映代表在闭会期间对有关方面的意见和建议；镇党委委员与政协委员的联系，主要围绕民主和团结两大主题，督促政协委员切实履行政治协商、参政议政、民主监督三大职能，认真做好建言设谋、服务发展、民主监督、联络联谊等各项工作。

镇党委委员联系“两代表一委员”主要通过走访、座谈、电话、信函、电子邮件等方式开展工作。在人大主席团开展调研视察和执法检查时，通过走访座谈等方式联系人大代表、听取意见，在村党群服务中心、人大代表工作室接待“两代表一委员”，听取代表委员意见建议。镇党委召开扩大会或者镇人大主席团开展调研、视察和执法检查时，根据活动内容，邀请代表委员列席会议或者参加活动，并将活动内容提前通知，或将相关材料印发代表，方便代表做好准备。同时，镇党委委员对“两代表一委员”提出的意见和反映的情况，进行认真研究分析。镇党委委员个人收集的“两代表一委员”意见建议，可以通过开会研究讨论反馈给镇党委。“两代表一委员”也可以将有关意见、建议和反映的情况，通过镇党委委员，记录入党委书记民情“三本账”，加快意见建议的办理落实。工作中对代表工作和代表活动方面的意见和建议，能够当场回答的，要当场予以回答；不能够当场回答的，待了解情况后，再予以答复。

“两代表一委员”对收到的群众来信，可转交镇党委委员，由镇党委委员按照相关规定进行处理，并向代表委员反馈处理结果；镇党委委员在联系“两代表一委员”过程中，始终模范遵守宪法和法律，廉洁自律，不对外泄密。

（二）“四同一建设”制度

后柳镇以习近平新时代中国特色社会主义思想为指导，认真贯彻落实党的十九大、十九届三中全会、第十三届全国人大一次会议精神，坚持党的领导、充分发扬民主、严格依法办事有机统一，按照“政治同向、法治同轨、发展同力、与民同心”的四同工作理念，切实推进全镇人大工作依法、有序、务实、高效开展，提高全镇人大整体工作和建设规范化水平，充分发挥宪法及法律法规赋予镇人大的职能作用，为推进全镇经济社会发展和民主法治建设作出了新贡献。

主要工作内容包括以下五方面：一是政治同向。认真学习贯彻习近平新时代中国特色社会主义思想；认真贯彻落实中、省、市、县及镇党委各项决策部署；自觉接受镇党委的领导，坚持定期向镇党委请示汇报人大工作，坚持镇党委委员联系人大代表制度。二是法治同轨。认真学习贯彻宪法和法律法规以及上级人大及其常委会作出的决议决定；每年至少组织召开两次镇人民代表大会；每季度至少组织召开一次镇人大主席团会议；依法组织好各项选举工作；依法开展代表资格审查工作。三是发展同力。镇人大主席团会议每年至少听取两项镇政府专项工作报告；镇人大主席团每年至少组织两次代表在健康扶贫、产业扶贫等脱贫攻坚领域开展集中视察或专题调研；镇人大主席团每年至少对一部法律法规或上级人大决议决定的执行情况进行执法检查，并听取执法检查报告；镇人大主席团每年至少组织开展一次专项工作评议；镇人大主席团要组织辖区内省、市、县、镇人大代表围绕经济社会发展，发挥代表示范带头作用。四是与民同心。认真办好代表建议，并组织对代表建议办理工作进行视察，提高代表满意率；认真组织开展镇党委委员联系人大代表、人大代表联系选民活动，发挥联系作用，增强联系效果；组织开展镇人大代表向选民述职活动；认真做好选民接待和人民群众来访工作，充分发挥代表工作室作用，把群众意见建议纳入民情“三本账”。五是自身建设。组建代表活动小组，每年至少组织开展两次以上代表小组活动；建设好镇人大主席团及办公室，做到机构、人员、经费、设施等保障到位，其中代表工作室接待选民经费应足额保障；镇人大主席团及办公室要建立健全相关工作制度；代表活动室要建立健全相关工作制度；每年至少在市级以上报刊及网络媒体，刊发两篇以上镇人大工作相关方面稿件。

在组织领导方面，成立后柳镇人大“四同一建设”工作领导小组，镇党委书记为组长，镇人大主席为副组长，镇长、镇纪委书记、村党支部书记等镇人大主席团成员为工作领导小组成员，负责指导镇人大“四同一建设”工作。镇人大主席团和代表充分利用各种媒体和渠道宣传“四同一建设”工作中涌现出的先进典型和事迹，及时总结推广好经验好做法，营造浓厚的舆论氛围。加强镇人大“四同一建设”工作是抓好基层人大工作的重要举措。每名代表要将“四同一建设”工作作为促进镇人大工作的重要抓手，加强工作联系和指导，协助解决实际问题，确保“四同一建设”工作有序进行，形成强大的工作合力。

（三）后柳经验的积极影响

党的十九大报告指出，人民代表大会制度是坚持党的领导、人民当家作主、依法治国有机统一的根本政治制度安排，必须长期坚持、不断完善。多年来，这一制度对保障人民当家作主、依法参加对国家各项事务的管理，推进民主法治建设和其他社会事业的发展，起到极其重要的作用。当然，随着实践的发展和形势的需要，制度建设需要进一步加强和改进。乡镇人大作为最基层的政治机关、权力机关、工作机关和代表机关，后柳镇人大代表自觉用习近平总书记坚持和完善人民代表大会制度的重要思想武装头脑，始终站在全局的高度，牢牢把握听党指挥的“方向舵”，坚持在党的领导下依法履职尽责，始终保持人大工作的正确政治方向。

1. 提高政治站位，始终保持人大工作的正确方向

后柳镇人大始终以镇党委为领导核心，确保了人大正确的政治方向。

一是自觉维护党的核心。在上级党委的领导和上级人大的指导下，坚决维护镇党委“统揽全局、协调各方”的领导地位，把镇党委的决策作为人大主席团制订计划、确定目标、讨论决定重大事项的依据，保证人大工作始终与镇党委思想同心、目标同向、行动同步。

二是依法作出决议决定。坚持党的领导、人民当家作主和依法治国有机结合，通过法定程序把镇党委的重大决策转化为全镇人民的共同意志，成为全镇广大人民群众的自觉行动，保证人大更好地服务于全镇改革、发展、稳定工作大局。镇党委对代表提出的议案建议进行专题研究，建立议案建议办理责任考评机制，不断提高代表建议意见办结率。

三是坚持重大事项报告制度。人大召开重要会议、作出决议决定、开展重点工作前，主动向镇党委请示汇报，认真听取镇党委的意见，确保在思想上紧贴镇党委意图，工作上紧扣镇党委主题，行动上紧跟镇党委步伐。

四是坚持党管干部原则。认真贯彻党委的人事安排意图，规范和完善选举程序，健全选举任命人员向宪法宣誓、履职监督等机制。后柳镇坚持

每年组织人大代表和副镇长进行述职评议活动，促使代表和国家机关工作人员自觉接受选民和群众监督，确保人大选举的干部对人民负责。

2. 推行”一线工作法“，确保基层人大工作职能的发挥

深入贯彻落实习近平总书记坚持和完善人民代表大会制度的重要思想，关键在行动。后柳镇坚持在上级人大的指导下，推进镇人大工作规范化、绩效化，把人大的基石摆正放稳，把人大的作用发挥出来。后柳镇深入推行“一线工作法”。为落实好习近平总书记在福州市工作期间指出的“要坚决克服把人大视为‘干部过渡站’‘清谈馆’和‘二线’机关等错误观念，树立人大是第一线机关的观念”[1] 的要求，后柳镇牢固树立“人大是一线，更是民主法治建设的火线”的观念，深入推进代表产生在一线、调查研究在一线、依法监督在一线、法治建设在一线、工作落实在一线、问题解决在一线、服务群众在一线、成效检验在一线、代表垂范在一线的工作方法，在一线推动镇域经济社会持续健康发展。

2018 年年初，后柳镇按照“一线工作法”的理念，提出了“12582”工作思路，即：围绕“镇党委”这个中心，紧抓理论学习和有效监督这两个关键，组织代表开展学法用法、视察调研、脱贫攻坚、旅游发展、评优树模这五项工作，监督政府落实八件实事，抓好“四同一建设”和“两个机关”建设的工作思路，持续用力，精准发力，推进后柳水乡旅游发展、脱贫攻坚、乡村振兴战略等重点工作的全面实施，解决发展不平衡、不充分的问题，实现经济由高速增长转向高质量发展。

在依法监督方面，加强对财政预决算的审查和监督。密切关注镇域经济运行态势，深入开展经济运行情况调研。围绕脱贫攻坚、文旅融合、招商引资、美丽乡村建设等民生热点问题开展调研，找原因、提建议、定举措、促整改，后柳集镇主干道改造、强弱电入地、新建公厕等一批群众关注的事项得到妥善解决，群众满意率达 98% 以上。此外，在石泉县人大落实“七五”普法决议，组织省、县、镇三级人大代表调研石泉县公检法司等政法单位工作时，督促镇属单位依法行政，维护法律权威，同时积极促

---

[1] 以习近平总书记关于坚持和完善人民代表大会制度的重要思想为引领 推进人大自身建设 [EB/OL]. (2019 - 02 - 20). http: //rd. shiyan. gov. cn/syrd/2018nd4q/201902/t20190220_1676123. shtml.

进“两率两度”、扫黑除恶等工作，以工作实绩彰显了“一线工作法”的良好效果。

3. 密切联系群众，保障了基层人大与民意的对接

人大代表是人民代表大会的主体。后柳镇充分尊重代表主体地位，搭建代表履职平台，开展代表主题实践活动，通过以下几个方面，保障了基层人大与民意的顺利对接，有利于基层人大代表主体作用的发挥。

一是不断提升代表履职能力。镇人大建设了规范化的办公室，配备了两名优秀年轻干部担任人大专干，专门为代表服务，让人大干部在主战场上抓主业。镇人大采取代表参加履职培训、外出考察学习、列席主席团会议等方式，着力提升代表履职能力，引导代表到一线依法履职行权，争当体察民情、关注民生、助推发展、创先争优的优秀人大代表。后柳镇的县第十八届人大代表陈国盛，领衔创建了人大代表创业示范园（中国·石泉中坝作坊小镇），让“人大代表＋景区/企业＋贫困户”的机制在后柳镇开花结果，使群众和贫困户实现了就业有岗，致富有路，仅中坝作坊小镇就直接带动1100多人脱贫。

二是搭建代表履职平台。在本镇高标准建设4个代表工作室，通过“微信＋代表群”畅通代表履职渠道，让全体代表定期到工作室轮流“坐班”接待选民群众，在一线真心听民声、尽心代民言、多方汇民智、倾力解民忧，使代表工作室成为人大代表学习“充电”的大课堂，民情民意的“采集站”，建言献策的“议事厅”，群众有事找代表已成为习惯。

三是开展丰富的代表活动。后柳镇先后开展了“助力新民风建设人大代表在行动”活动、“人大代表学法用法年活动”活动、“脱贫攻坚人大代表有担当”活动、“人大代表大走访”活动、各代表小组活动和“我身边人民满意的人大代表”征文活动，组织全镇各级人大代表立足岗位，发挥示范引领、桥梁纽带作用，镇内涌现出了李金斗、陈国盛等一大批优秀代表典型。

四是健全代表履职保障机制。全面落实人大工作经费和代表活动经费，为代表履职提供保障。通过建立代表意见纳入书记民情“三本账”“党委委员联系代表”等各项制度，完善代表议案建议督办评议机制，使

代表建议从答复满意向落实满意转变。同时，还认真落实乡镇人代会的“一年两会制”、主席团会议的“季会制”；在主席团工作规范上全面建立会议、工作及议案建议办理机制；在代表工作规范上加强代表履职积分制管理、代表正常退出等机制；推进“政治同向、法治同轨、发展同力、与民同心、全面加强自身建设”为主要内容的“四同一建设”工作，加强“两个机关”建设，推动人大工作民主化、法治化和规范化。后柳镇充分发挥代表作用的做法，受到中、省、市多家主流媒体的关注，得到各级人大领导的充分肯定和广大群众的好评。

有调查才有发言权：以“课题组”工作模式提升人大履职实效的池河经验

——对石泉县池河镇人大代表专业课题组活动的调查与思考

一、调查研究对人大工作的重要作用

马克思和恩格斯十分重视对社会实际的调查与研究。恩格斯在居留英国期间，曾对英国工人状况和工人运动作了周密的调查研究，写出《英国工人阶级状况》一书。马克思拟定过关于各国工人阶级状况的统计调查提纲和《工人调查表》。长达40年创作《资本论》的过程，就是他对资本主义社会进行调查研究的过程。毛泽东在《反对本本主义》一文中也指出：“没有调查就没有发言权。”❶

调查研究是我们党的优良传统和作风，也是我党的基本工作方法之一。毛泽东同志指出，要想通过调查获得对中国社会问题最基础的知识，就要“眼睛向下，不要只是昂首望天。没有眼睛向下的兴趣和决心，是一辈子也不会真正懂得中国的事情的。”❷ 邓小平同志也指出，“解决任何问题都要从实际出发，采取科学的、老老实实的态度，一点弄虚作假也不行，事物的本来面目用语言是改变不了的。”❸ 习近平同志强调：“调查研究不仅是一种工作方法，而且是关系党和人民事业得失成败的大问题，重视调查研究，是我们党在革命、建设、改革各个历史时期做好领导工作的重要传家宝。”❹ “调查研究是谋事之基、成事之道；没有调查就没有发言

❶ 毛泽东选集：第1卷［M］. 北京：人民出版社，1991：109.

❷ 毛泽东选集：第3卷［M］. 北京：人民出版社，1991：789.

❸ 邓小平会见罗马尼亚驻华大使格夫里列斯库时的谈话（1978年6月23日）［G］//论群众路线——重要论述汇编. 北京：中央文献出版社、党建读物出版社，2013：51.

❹ 习近平：谈谈调查研究［N］. 学习时报，2011－11－21（3）.

权，更没有决策权；要在深人调查研究的基础上作出回答，要结合实际、结合未来发展来进行解答，不断给出准确、科学的答案。”❶ 由此可见调研的重要性。课题组针对需要研究和解决的问题，由该领域专家发起研究组织，目的是解决该领域出现的问题，找出应对办法并转化为研究成果，确保研究课题发挥应用价值。

人大代表选之于民，也代表人民，因此，人大代表在工作中必须坚持人大代表联系群众制度，这一制度是根本。但工作的核心在于“联系”二字。要想人大代表始终密切与群众之间的联系，必须满足以下三个要素：其一，要有畅通的联系渠道以保证民意的通达；其二，双方的联系意愿必须足够；其三，人大代表要具有调查研究收集民意的基本能力。实际情况下第二种要素是不缺乏的，主要缺乏的就是畅通的联系渠道和收集民意的基本能力。而基层人大要想发挥作用，也需要通过视察、调研、走访、座谈等形式听取人民群众的意见和建议，如此才能履行自己的职责。人大代表不能仅凭个人的好恶发表意见，要代表一方群众或者行业反映他们的声音和诉求。作为国家权力机关的组成人员，对纷繁复杂的公共信息和社会舆情，应具备高效、公正的收集、研究、处理和判断的能力。人大代表在履行职务过程中，既要关注普适的社会价值和公共利益，又要注重个体的合理诉求和利益。实践中，我们首先看到的是事物的表面现象，所以，要深入群众，取得足够多的第一手材料，全面听取不同利益群体的各种意见，再做由表及里的深入分析、研究。人大代表要善于将大多数人分散、无系统的意见，经过分析、研究，上升为集中、系统的意见，提出真正切合实际的建议。人大代表要善于审视不同利益群体的利益博弈。群众的每一条意见都代表了一定人群的利益诉求，都有其合理性，甚至没有绝对的对与错的问题。但是，法律不可能包罗万象将之全部囊括进去，只能从大处着眼，兼顾现实性、可行性、可操作性等各种因素来平衡各方利益。因此，人大代表只有通过反复的调查研究才能提升自己反映民意的能力。

❶ 习近平加强对改革重大问题调查研究提高全面深化改革决策科学性［N］．人民日报，2013－07－25．

二、池河镇“课题组”工作模式

池河镇位于石泉县城以东12公里，是古子午道必经之镇，西北蚕桑重镇，汉代鎏金铜蚕出土地，素有“金蚕之乡”之美誉。镇域面积101平方公里，辖13个行政村和2个社区，总人口2.3万人。现有市人大代表1人，县人大代表19人，镇人大代表54人。共设5个代表工作室和金蚕小镇建设等5个专项课题组。近年来，池河镇人大按照“规定动作务实到位”“自选动作创新特色”思路，在激发代表履职积极性上下功夫，在提升代表履职实效上求创新，充分发挥人大代表作用，推动镇人大工作持续创新发展。

（一）制订人大代表小组活动方案

为规范县人大代表小组活动，更好地发挥代表小组作用，根据《中华人民共和国全国人民代表大会和地方各级人民代表大会代表法》的有关规定，池河镇按照便于代表联系选民、接受选民监督、组织和开展活动的原则，制订了人民代表大会闭会期间人大代表小组的活动方案。

1. 代表小组活动方式

代表小组依据法律法规赋予代表的权利和义务开展各项活动。国家机关、社会团体、企业事业单位等，都必须尊重代表权利，积极支持配合代表小组依法开展活动，任何组织和个人不得以任何形式干涉或者阻碍代表依法履行职权。县人大常委会人事代表选举工委负责联系各镇代表小组，各镇人大受县人大常委会委托，组织督促代表小组在闭会期间开展活动。各代表小组组长或者副组长负责代表小组活动的具体安排工作，并做好代表小组活动资料的收集、整理与上报等工作。代表小组每年要制订年度活动计划，活动计划要围绕县域经济社会发展的大局和关键以及广大人民群众关注的热点、难点、焦点等问题，认真精心选题，于每年4月底前报人事代表选举工委。各代表小组每年有计划地开展集体活动两次以上，如遇特殊情况，则结合实际进行调整。代表小组可以单独开展活动，也可以与其他代表小组联合开展活动。每次开展活动前，要将活动的时间、地点和内容等具体安排提前一周报人事代表选举工委，并通知代表和代表所在单位。

代表小组在开展视察调研、工作评议等活动中，可以听取有关单位的工作汇报、实地察看工作情况、向有关单位提出建议、批评和意见，但不直接处理问题。活动结束后，要及时形成相关报告送人事代表选举工委备案，送县人大常委会分管领导审阅。对于质量较高的报告，经县人大常委会主任会议审议通过，县人大常委会办公室会印发给有关单位。代表小组在开展活动中形成的建议、批评和意见，可作为闭会期间的代表建议交由有关机关办理，承办单位应当在3个月内办结，涉及面广、处理难度大的，可在6个月内办结，并向提出建议的代表小组书面答复，同时报县人大常委会人事代表选举工委备案。

代表小组在开展活动中，就重要问题可以提出约见本级或者下级有关国家机关负责人的申请。如需约见本级有关国家机关负责人，由代表小组提前一周将约见时间、内容等情况告知人事代表选举工委，由人事代表选举工委向分管领导报告后确定，并负责联系约见事宜。被约见的有关国家机关负责人或者由他委托的负责人员应当听取代表的建议、批评和意见，回答代表提出的问题。代表小组每年年终要对全年活动情况进行总结，向所在镇人大书面报告总结，并送人事代表选举工委备案。各镇人大受县人大常委会委托，负责代表参加活动的管理和组织工作。党政领导干部代表应当带头参加闭会期间的各项代表活动；因病、因事不能参加活动的代表，须事先向代表小组组长请假。各镇人大对代表参加活动的出勤等方面情况，要如实进行登记汇总，并报人事代表选举工委备案。各镇人民政府要对县人大代表小组活动提供支持和保障。各代表小组组长、副组长应当按要求积极参加县人大常委会组织的各类会议和学习培训，要加强对宪法、法律法规和人大业务知识的学习。县人大常委会及其各委室应协助解决代表小组活动中的有关问题，并提供必要的服务保障，认真接受法律咨询，及时解答相关问题。

2. 代表小组活动主要内容

代表小组活动的内容主要有以下六个方面：一是学习宣传宪法、法律法规、党和国家的大政方针以及人大及其常委会的决议决定；二是围绕宪法、法律法规、县人大及其常委会的决议决定的贯彻执行情况以及县域中心工作、人民群众关注的热点、难点、焦点等问题，开展视察调研、工作评议等活动；三是参加由县人大常委会统一安排的视察调研、执法检查、工作评议等活动；四是密切联系选民群众，听取和反映广大人民群众的建议意见和要求，协助政府推进工作；五是组织代表向原选区选民述职，报告自身履行代表职责的有关情况，回答选民的询问；六是总结交流代表履行职责的有关情况。

（二）建立代表工作站

为巩固池河镇人大规范化建设成果，进一步提升池河镇人大规范化建设水平，进一步创新代表工作，搭建更加有效的代表工作平台，更好地发挥代表作用，不断提高代表工作质量、增强代表履职能力，使代表小组活动常态化开展，努力在推进民主政治建设和推动“三宜”石泉进程中发挥积极作用。池河镇人大积极探索，以邓小平理论和“三个代表”重要思想为指导，以区域经济和社会发展为己任，加强代表工作，密切代表与选民的联系，在本镇区域建立了片区人大代表工作室，促进池河社会经济快速、健康发展。

1. 代表工作站主要任务

依托“人大代表工作站”，广泛宣传党的路线方针政策、宪法以及法律法规，宣传人民代表大会制度和人大及其常委会在经济、社会发展进程中的作用，促进依法治县。有利于人大代表切实履行权利和义务，围绕县委的中心工作和人大及其常委会的工作重点，收集、反映社情民意，保障人大及其常委会职权的有效运行，推进政府工作，促进池河经济和社会各项事业又好又快的发展。同时以设立“人大代表工作站”为载体，探索镇村（社区）联动的区域代表工作新思路，建立健全区域内各级人大代表工作网络，使人大代表工作向村延伸，丰富代表活动内涵，增强人大监督效果。

2. 代表工作站体系建设

（1）建立村镇两级覆盖体系

全镇设池河镇代表工作站总站1个，驻工作站的代表为本镇人大主席。设联络员2人，主要负责各人大工作站信息汇总、代表履职情况统计等业务工作。设立区域代表工作站 1 个，名称为“池河镇明星人大代表工作站”，地点设在明星村村委会，驻站工作代表为明星村、新兴村选举产生的 16 名县镇人大代表，设站长 1 名，联络员 1 名，站长由池河镇人大主席团从驻站代表中指定，联络员由站长从驻站代表中指定。设立片区人大代表工作室 4 个，设工作室负责人 1 名，联络员 1 名，工作室负责人、联络员由主席团从驻点代表中指定。工作室名称、地点、驻点代表人员分别为：集镇及周边村落代表工作室名称为“池河镇新棉人大代表工作室”，地点设在池河镇新棉村委会，工作代表为集镇社区、双红村、顺风村、新棉村选举产生的 15 名县镇人大代表；五爱代表工作站名称为“池河镇五爱人大代表工作室”，地点设在五爱村委会，工作代表为五爱村、合心村、良田村选举产生的 16 名县镇人大代表；前池代表工作站名称为“池河镇前池人大代表工作室”，地点设在谭家湾村村委会，工作代表为谭家湾村、双营村选举产生的 7 名县镇人大代表；松柏代表工作站名称为“池河镇人大松柏代表工作室”，地点设在力建村村委会，工作代表为力建村、柏安村、合一村选举产生的 11 名县镇人大代表。

（2）建立代表活动常态体系

代表工作站（室）不能为建而建，不能沦为一块牌子、一间房子和一种形式，关键是要有效果。一是注重坚持“三个”结合，即县镇两级代表结合（成为两级代表开展履职交流工作的平台）、内外结合（室内接访与室外走访、视察调研相结合）、固定与非固定结合（代表固定活动日与平时联系走访相结合），不断丰富代表工作站的工作内涵，有效发挥代表工作站反映民意的“直通车”作用。二是建立《人大代表接待人民群众工作流程》，将整个工作过程细化为收集、受理、办理、答复、反馈、评议、归档等紧密衔接、环环相扣的 7 个步骤，明确每个步骤的责任主体、工作要求、办理时限。按照“谁主管、谁反馈”“谁提出、反馈谁”的原则及时跟进落实，保证代表工作站收集到的社情民意能够及时、准确、高效、规范地得到办理。三是坚持“代表例会”。代表例会两个月召开一次，为工作站代表提供交流讨论学习心得、民情民意的平台，最终将代表日常生活中、代表接待日收集到的民意形成意见建议上报镇人大主席团。四是设立“代表接待日”。每周确定一天为代表接待日，接待日当天，组织轮值的代表进入所在选区的代表工作站开展接待活动，处理有关事宜。

（3）建立代表考核激励体系

一是建立激励制度。探索制定《池河镇人大代表工作站考核奖励办法》。主要考核代表驻站工作天数，意见建议数量、质量及采纳率，代表活动参加率等指标，赋予一定的权重比例，科学打分。得分第一的代表站可授予“优秀”等次，代表站为“优秀”等次的代表方可被表彰本年度“优秀代表”。二是建立倒逼机制。严格履行代表述职制度。在原有的县代表向选民述职活动的基础上，安排镇人大代表向选民述职，同时将述职代表历年考核得分进行公示，倒逼代表积极参加活动、倾听民声、为民代言。

（4）建立工作站组织指导体系

石泉县人大常委会加强对代表工作站各项工作的组织指导，定期召开会议，收集情况，通报信息，交流经验，不断研究和探索工作长效机制，使代表工作站工作逐步走向规范化和制度化。同时，提供培训、信息、物质保障、组织保障和指导服务。指导代表工作站制定各项规章制度，如学习制度、培训制度、视察制度、接待选民制度、活动签到制度、档案管理制度等，使工作站有规可依。此外，经常检查、指导代表工作站开展活动，通过经验交流会、研讨会的形式，组织代表工作站交流经验和体会，不断促进代表工作站活动质量的提高，更好地发挥典型带动作用。

（5）建立群众宣传教育体系

各代表工作站积极发挥自身宣传阵地的优势，宣传国家和省市区经济社会发展新成效，激发代表和群众的民族自豪感，坚定实现伟大“中国梦”的信心与决心。广泛宣传人民代表大会制度，介绍各级人大工作情况，引导代表特别是选民正确认识人大的性质、地位和作用，支持代表依法履职。组织代表学习宣传民主法制知识，带动广大干部群众学法、用法、守法，推进了基层民主法制建设。同时，采取多种宣传形式，大力宣传人大代表工作站的职能和作用，不断提升群众对代表工作站的知晓率，通过先进事例，现身说法，引导群众广泛参与到代表工作站中来，使人大代表工作站这一新型平台发挥更好更大的作用。

3. 代表工作站阵地建设

通过科学规划、分类设置、统筹建设的方式，围绕职责清晰、功能明确、设施完善、运行规范、活动正常、作用明显的创建标准，抓好代表工作站规范建设。

（1）统一室内布置

工作站设办公室一间，门口墙沿上镶挂铜制方形“池河镇××人大代表工作站”牌匾；室内墙壁合理布置展板六块。第一块为工作站（室）工作站组织机构（站长、成员、联络员等），第二块为工作站坐班日期安排，第三块为工作站（室）业务流程图，第四块为工作站（室）代表接待制度，第五块为人大代表各项工作制度，第六块为人大代表课题组人员分组情况和工作职责；室内添置一套小型会议桌椅，放置桌牌、人大代表接待登记簿等。有条件的代表工作站办公室内添置电脑一台，申请工作站专用QQ号、微信号各一个，安装专用电话一部，供代表使用；统一制作《代表小组活动记录本》《代表轮班值班考勤簿》《代表接待选民群众登记薄》等代表工作表册。

（2）规范档案标准

在自身建设方面，形成工作站制度、上级党委、人大、政府文件、学习培训资料、会议活动记录材料；代表履职方面，形成代表履职述职材料、代表联系接待选民材料、代表建议批评意见提交单及反馈材料等。

（三）制订人大代表“课题组”方案

池河镇现有市人大代表1人，县人大代表19人，镇人大代表54人。共设5个代表工作室和金蚕小镇建设等5个专项课题组。为进一步丰富闭会期间人大代表活动的内容，充分展现代表风采，促使人大代表更好地履行职责，积极参与代表工作，为池河经济社会发展建言献策，池河镇制订了池河镇人大代表课题组活动实施方案。围绕“发展、稳定”两大主题，以“三增一稳”（发展增速、总量增长、农民增收、社会稳定）为目标，以“城镇建设、现代农业、新型工业、社会稳定”为主线，发挥代表参政议政的积极作用，搭建了代表活动平台。并以课题组为载体，结合“三问三解”，充分调动代表履职自觉性，激励代表贴近民生、助民致富，关注池河发展、跻身“三农”工作。近年来，池河镇人大按照“规定动作务实到位”“自选动作创新特色”思路，在激发代表履职积极性上下功夫，在提升代表履职实效上求创新，充分发挥人大代表作用，推动镇人大工作持续创新发展。

1.“课题组”工作内容

组织人大代表围绕城镇建设、现代农业、工业经济和民生事业工作开展代表小组活动。具体包括以下四个方面：一是从事走访调查、视察评议、开展讨论、座谈等工作。以建议和破解为主题，了解惠农政策的落实情况、广大选民的真实意愿，寻求发展的路径和解决发展的方法措施，如何跳出池河看发展、要发展，适时准确地向党委、政府反映情况，提出科学合理的建议，为池河发展找依据，为决策打基础。二是组织人大代表实施“五个一”工作，体现人大代表为人民，开展代表向选民述职。以“五个一”活动为主，向选民报告代表的履职情况，主动接受选民监督。培训学习。学理论，明确方向，树立“发展、稳定”主题。方向同向、思想同心、行动一致，增强责任心。三是学法律，增强代表法制意识，积极参与“六五”普法，提高代表自身履职、法制水平。营造全民学法、用法氛围。四是参加培训，提高代表自身素质，规范履职行为，增强履职能力，掌握履职方法，塑造代表新形象。组织优秀代表外出参观学习，拓宽代表思维、激发代表工作活力、增强代表履职能力。

2.“课题组”工作方法步骤

池河镇基层人大建立课题组的步骤如下：一是自荐分组。各代表自愿参与课题组，根据汇总情况适时将代表分为城镇建设、现代农业、工业经济、民生事业四个课题组，并明确各自所承担的工作任务和职责。二是活动安排。根据工作需要，人大主席团布署，由组织委员向牵头人提出活动安排相关事宜。三是确定内容。根据各课题组所承担的工作任务，牵头人商课题组长拟定活动具体内容。四是组织准备。组织委员通知课题组代表本次活动的主要内容，活动的时间、地点以及走访了解情况等活动要求。五是活动总结。组织代表走访、视察、培训学习、讨论座谈，形成人大代表议事书。六是报送答复。镇人大及时将议事书报送党委、政府，主动参与与研究、制定办法并予答复。

3. “课题组”时间安排

第一季度为代表摸底、分组阶段。通过课题组分组调查，使代表自由选择某一课题，再结合代表自身情况将其分为四个课题组。

第二季度至第四季度（11 月底）为活动实施阶段。课题组根据各自所承担的职责和特点，有重点地开展视察、大讨论、述职、总结等活动，破解瓶颈，学习和培训相关法律法规和专业知识。每一个代表只参加一个课题组，每组每年不低于两次活动。课题组活动必须有书面建议书，向党委、政府提出有价值的建议和意见或解决问题的办法、措施。

4. “课题组”工作保障

池河镇有关文件规定各个课题组的带头人要以主人翁的态度积极组织课题组开展活动，协调相关单位接受市场评议和提供服务工作，各驻镇单位、站、办、所无条件接受视察评议并支援课题组活动所需的相关物资，当然，镇人大根据活动需要也会安排必需经费（每组每次活动 1 ~ 2 千元）。

5. “课题组”学习保障

为保障“课题组”的工作效率，池河镇人大建立了如下的规定：一是课题组学习实行组长负责制，开展代表小组定期学习。二是课题组集中学习每年不低于两次。三是精心选择学习内容：以县及以上人代会精神为主，贯穿课题所承担的政策法规、人大知识、发展理念。四是互访交流。镇人大组织课题组之间开展互评、经验交流学习；课题组开展代表之间互访、互问、互帮，探讨交流学习，提升代表履职能力和水平。五是专题培训。课题组根据职责需要，邀请相关专家及技术人员，开展农业科技、农村经济发展理念、政策执行等讲座；开展视察、监督、调研等方面的业务知识及法规培训，使代表知策懂法。六是考察调研。结合课题组活动进行异地交流；镇人大适当组织优秀代表外出考察产业发展以及人大工作经验和发挥代表作用等科目。七是开展普法宣传教育活动，亲身体验，营造学法、用法、知法的浓厚氛围。

三、池河镇五爱村亮点纷呈

五爱人大代表工作室位于池河镇五爱村五组的党群服务中心内，驻室代表包括五爱、良田、合心三个村的19名县、镇人大代表。建室以来，代表们紧紧围绕“先富带后富，携手共发展”和“展代表风采，建美丽乡村”的发展目标，积极开展学习培训、联系服务群众、定时接待选民、专项视察调研活动，努力强化代表履职实效，不断激发代表活力。

（一）深入选民，倾听民声

工作室成立以来，代表围绕民生保障开展专项调研1次，接待选民80余人次；代表主动约见选民20人次，走访选民130余人次，收集民情民意30余条，帮助解决选民生产生活困难60余件，提出关于民生保障的意见建议11条。片区所辖三村“两率两度”指标从建室前的90.1%提升到99.2%，群众对政府及公检法司满意率显著提高。

（二）带头创业，助力发展

代表围绕“美丽乡村”建设开展视察调研，并将20余条视察心得和调研成果以闭会期间意见建议的形式，提交镇人大主席团，为片区发展出谋划策，贡献代表力量。同时，五爱代表积极助力“美丽乡村”建设，带头创业致富，涌现出郑书鹏、方和秀、姚光辉等创业能人大户代表11名，创办各类经济组织9个，资产总值突破1千万元，彰显了代表履职助力发展的良好形象。

（三）强化监督，破解难题

代表坚持将发展作为联系服务选民的出发点和落脚点，通过约谈供电所，成功破解了嘉晟公司“用电难”问题，使公司改扩建成本降低7万元；通过跟踪督办，督促政府硬化道路13公里，解决五爱村踊跃片258户727人“出行难”问题；通过座谈会商，指导高山群众发展蚕桑、畜牧养殖和林果种植，破解了“发展难”问题，使海拔400米以上的88户农户人均年收入提升1004.3元……通过破解辖区经济发展的难题，彰显了人大代表新形象，增强了区域内选民有序参与政治活动的意识，更激发了代表履职尽责的荣誉感和主动性。

四、“课题组”工作模式的池河经验与思考

池河镇人大紧扣新形势下人大新要求，不断夯实代表履职成效，通过课题组的方式在视察调研中发现问题，由镇人大办公室汇总、督办，并接受人大代表的全程监督。认真履行职责，充分发挥人大代表作用，务实创新推进人大工作，扎实开展代表活动小组活动，积极发挥代表参政议政作用，促进池河镇经济和社会各项事业的健康、快速、协调发展。

▼有关池河镇“课题组”模式的新闻报道

如何充分发挥人大代表在闭会期间的作用，一直是困扰基层人大的难题和“死结”。石泉县池河镇人大不落俗套窠臼，以代表专业课题组一招破之。

石泉县池河镇是陕南安康市的一个小镇，101 平方公里的镇域内有 1.3 万常住人口，74 名市、县、镇人大代表。2011 年年底换届后，镇人大主席团通过征询代表意见、走访调研、会议研究后，决定建立区域代表活动小组和专业课题组“两套班子，一套人马”双向运行，让代表充分发挥作用的新机制。在充分发挥代表小组联系选民、教育宣传、视察监督等作用的同时，按照代表职业、特长、爱好等要素，将代表分为城镇建设、现代农业、工业经济、民生保障四个课题组。这样每一位代表既是某代表小组的成员，同时也是某课题组的成员，跳出了“一村一组”的地域局限，专业化、灵活性地开展工作，让代表们在“一项产业”“一个项目”“一个难题”“一种现象”等方面想办法、破难题，集思广益，既当监督员，又当智囊团，还当排头兵，在“一线”直接发挥作用。

每年镇人大主席团按照各课题组的定位，为他们布置了“课堂作业”——每个课题都安排一个课题组进行调研，还留了“家庭作业”——通过课题组成员提出建议监督议题。课题议题集体研究后，首先由课题组负责制订调研、视察方案，报请镇人大主席团审议通过后，召集组员开展调研视察活动。调研视察中，镇政府分管此项工作的领导和办公室主要负责人同行，为课题组成员们介绍情况，阐述存在的问题。调研视察后，进行座谈，代表们分析问题，提出针对性的

建议、意见和批评。会后由课题组和镇人大办公室整理会议记录，形成调研报告、视察报告或审议意见，送至镇政府所有领导和相关办公室，督促制订实施方案或者落实整改。最后，由镇人大主席团组织课题组进行督查“验收”，由镇政府分管领导向代表们报告整改落实情况，代表评议打分，“不及格”的择日再次进行“验收”。

城镇建设课题组对集镇建设工作进行深入调研，对本镇陕南移民办公室“工程进度慢”“监理责任意识不强”和城管中队“选择性执法”“执法不力”等问题提出了尖锐的批评，也提出了多项切实可行的整改建议。镇人大主席团第一时间将整改建议以书面形式下发到陕南移民办公室和城管中队，要求他们依照整改建议，根据实际情况制订整改方案，一周内落实到位。镇陕南移办针拿出的整改方案中提出：通过邀请具有房建专业知识的人大代表参与监理分项验收；通过加强各个工程施工单位管理，细化流程，倒排工期，确保施工建设进度。城管中队拿出的整改方案中提出：通过对全镇大排查，建立违法建筑台账，逐一销号清理。3 个月后，镇人大主席团组织课题组进行“验收”，陕南移民办公室交出了一份满意的答卷，满意率 100%；而城管中队在落实上“打了折扣”，仅 40% 的“满意”率，镇党委、人大领导与城管中队中队长进行约谈，督促他们深刻认识自身存在的问题，切实加强整改。年底，池河城管中队主动邀请居委会代表小组和城镇建设课题组进行述职评议，获得一致好评。

针对明星村养殖基地生猪养殖户逐年递增，环境污染的“大难题”，村组干部多次向镇政府反映，但受制于乡镇财力困难，难以采取有效的治理行动，监管治理“收效甚微”。夹在政府和村民中间两头受气的村干部向现代农业课题组提出了自己的难题。课题组实地调研后，向镇政府提出了“争取资金，发展猪—沼—桑、猪—沼—菜的循环农业”和“招商引资，发展有机肥生产”的建议。引起了镇党委政府的高度重视，政府争取项目在生猪主养殖区明星村投入资金 1000 余万元修建了大小沼气池 124 口，建设沼液管网 2300 米，并引进资金建设了国洪有机肥场，将畜牧产业的粪便集中统一加工处理为有机肥，变废为宝，从源头上控制了养殖企业的粪便污染。

说起课题组，该镇嘉晟现代农业科技有限公司最有发言权，他们工业园的建设过程中，享受了两个课题组的同时“照顾”。一方面是按照电力公司的规定，变压设备及其附属材料由电力公司采购，电力公司的总预算为17万余元。嘉晟公司认为预算过高，要求自行采购材料。双方僵持不下，工程被迫停工。后经现代农业课题组代表调研后，约谈了电力分公司负责人，提出了投资方自行采购材料设备，由电力公司检验的办法，解决了这一争执，仅此一项就为投资方节省费用近7万元。另一方面工业经济课题组针对嘉晟公司拖欠农民工工程款项的问题，一方面联合镇政府做公司负责人的工作，另一方面加强农民工劝导，帮助农民工拿到了拖欠1个多月的工资。嘉晟公司负责人王华感叹道：“我原来以为人大代表就是开开会、投投票，没啥用。这回真是给我帮了两个大忙！”

针对群众反映强烈的食品安全问题，民生保障课题组在镇人大的协调下，联合中池镇、迎丰镇对食药所、工商所进行视察和评议，督促整改落实。在课题组首次跨区域组织代表活动，代表切实可行的建议和一针见血的批评令中池镇、迎丰镇的“同行”大为惊讶和佩服。

现代农业课题组结合扶贫工作，对高山村农业产业发山进行调研。分别就蚕桑、牛羊养殖等高山村主导产业提出了很多可行的建议，帮助镇农业综合服务站制订了高山村农业发展规划和实施方案。“高山村的养殖大户在购买揉丝机时可享受到政府50%的补贴”等一系列的农业扶持措施落地实施，让身为高山村的代表刘文高喜笑颜开，“一直以来，老百姓说代表没为他们办什么事，意见提多了政府也嫌麻烦。现在是搞农业的人跟搞农业的人提意见，大家都是内行，一听就知道能不能做，该不该做，怎么做才好。一年提的意见，基本上都能实施，现在这个代表当的有劲”。

“今后，我们还将把现代农业等代表人数较多的课题组细分为蚕桑、畜牧、蔬菜等多个小组，以更专业化、灵活性的开展工作，服务经济社会发展。”该镇人大主席说。“长期以来，乡镇人大代表身上总贴着‘文化水平低’‘履职能力不强’‘作用不明显等’等负面标签。说到底，就是代表履职的积极性不高。如何调动代表积极性，这是我们乡镇人大工作的重点。下一步，我们将通过今年的换届选举，提高一线代表的比例，把有技术、懂经营、能办事的优秀人代吸纳到人大代表的队伍中来，用他们的经验和智慧，更好地服务池河百姓。”

（一）强化“一个认识”，坚持党的领导

镇人大始终把党委领导放在首位，把党委决策部署落实到人大依法履职全过程。工作中主动向党委请示汇报，赢得党委重视和支持。注重强化主席团成员和全体代表培训学习，主席团每月集中学习一次，围绕习近平新时代中国特色社会主义思想，习近平系列讲话，中、省、市、县委各项决策部署，省市县人大文件精神和宪法、法律法规等方面学习，持续充电提能，确保人大工作始终运行在正确的政治轨道上。

（二）搭建“两个平台”，同心服务选民

镇人大认真贯彻《代表法》，切实加强与代表的联系，搭建两个平台，夯实服务选民。一是搭建代表定期接访选民平台。按照有场所、有牌子、有制度、有计划、有记录、有档案、有保障“七有”标准，投入9万余元配置电脑等办公设施，全镇建成5个规范化代表工作室。搭建起“县镇代表结合”“室内室外结合”“工作室与课题组结合”的“三结合”接访选民平台。2019年，完善提升了五爱代表工作室，并相继受到了省人大常委会副主任郭大为、渭南市华州区人大代表、汉滨区人大代表的参观。一年来，代表也通过工作室坐班接待选民的方式，收集民情民意124件，当面答复77件，受理办理47件。起到了上情下达、下情上传和协调服务的桥梁纽带作用。

二是搭建代表联系选民平台。在代表中开展“五个一”“五联系”“一承诺”的“五五一”活动，印制代表履职《纪实手册》，不定期对代表的《纪实手册》进行抽查，及时将代表收集、记录的民情民意进行整理，转化为书面意见建议转交政府办理。全镇人大代表包联五类选民580余户，年度走访联系选民700余人次，收集社情民意280余条。

（三）推行“三个创新”，同力务求实效

镇人大按照“规定动作务实到位、自选动作创新特色”思路，大胆探索创新。一是推行代表专项课题组制度，提高调研视察实效。按照“定课题、议重点、激活力、展风采”思路，将辖区人大代表分为产业发展、工业经济、金蚕小镇建设、社会民生和脱贫攻坚5个课题组，建立工作室和专业课题组“两套人马，协同运行”机制，使每一位代表既是工作室成员，也是课题组成员，让代表“由面到点”“由浅到深”有针对性在关键重点发挥作用。如金蚕小镇建设课题组调研中代表们针对移民安置小区供电线设施杂乱提出的《水、电、路等基础设施统一规划，加强相关单位协调，统一施工的建议》，受到政府高度重视，集镇东区移民安置区严格按规划施工，新小区整洁规范；产业发展课题组针对明星村养殖基地环境污染“大难题”调研后，向镇政府提出“争取资金，发展猪—沼—桑循环农业”和“发展有机肥生产”建议。引起镇党委政府的高度重视，政府争取项目投资1000余万元修建沼气池124口，建沼液管网2300米，建设有机肥厂一个；工业经济课题组调研中了解到一农业企业建设中电力投资17万元，企业感觉有压力，通过代表提议，最终电力部门按10万元组织安装到位；社会民生课题组提出的《关于拆除老街鲁家巷子电线杆的建议》，镇政府迅速行动，积极督促供电所进行线路改造，移除路中心的电线杆，获得了代表和群众的一致好评。这样的事例还有很多。通过组建代表课题组，找出代表的不同点和相同点，有针对性地分组，让代表直面最感兴趣的、最了解熟悉的方面，发挥专长，围绕重点提高代表履职实效。

二是推行履职积分管理制度，激发代表履职活力。出台《池河镇人大代表积分制管理办法》和《池河镇人大代表履职考评办法》，按照代表模范遵纪守法、人代会期间工作、闭会期间工作、其他工作4个大项23个子项的具体要求与分值，采取百分制量化积分管理。坚持每季度对代表积分情况进行公示，年终汇总考核，记入代表个人履职档案。综合积分将作为评优、推荐下一届人大代表候选人提名等重要依据。代表履职公开透明，营造代表之间比学赶超、争先进位、积极履职的良好氛围。

三是推行“3+X”培训模式，切实提高代表履职能力。镇人大坚持以

“集中培训”“工作室定期学习”和“课题组分组研讨”为主，辅之学习考察、互联网学习、代表自学等多种学习方式的“3 + X”学习机制，持续为代表充电提能。全年度集中培训两期，组织专业技术人员视察、调研现场讲解 9 次。组织代表外出考察学习 2 次。代表工作室定期开展 8 轮次培训，培训代表 472 人次。全镇代表能力素质不断提高，参政议政、自觉监督和主动履职明显增强。

（四）坚持“三个规范“，同轨监督履职

一是制度规范。规范完善主席团会议、主席团成员联系代表、代表联系选民、政府班子成员述职等 14 项规章制度和资料收集归档标准，并将相应制度牌匾上墙。

二是会议规范。严格按程序依法召开人民代表大会，会前一周将《政府工作报告》《人大工作报告》的意见征求稿和政府上年度工作完成情况等材料送到代表手中，以便更好提出意见和建议，提高会议质量。会议严格遵守时间规定和议程程序，依法做好选举工作。2019 年，池河镇规范化召开了 2 次镇人大会议，依法选举了人大主席 1 人，政府副镇长 2 人。人大会议也因程序规范、效果突出得到了市人大的高度肯定，并在全市进行推广学习。

三是监督规范。依法开展视察、调研、评议，执法检查和听取政府工作述职汇报。先后组织视察评议池河派出所、法庭 1 次，《环保法》执法检查 1 次，听取专项政府工作报告 2 次等，同时，各课题组围绕职责开展视察调研 8 次。对于代表的建议、批评和意见，及时纳入《书记民情“三本账”》，由具体人员办理答复，提高监督实效。

（五）围绕“一个中心”，发挥人大作用

按照《中共全国人大常委会党组关于加强县乡人大工作和建设的若干意见》中关于“县乡人大要紧紧围绕地方党委中心任务，依法行使职权，积极开展工作”的要求，镇人大以“四同一建设”为主旨，积极拓展代表履职范围，引导代表积极投身脱贫攻坚、新民风建设和重点项目建设等中心工作。

一是组织人大代表对政府重点项目、健康扶贫、金融扶贫和环境保护这四个群众关注热点难点和社会经济发展重点工作采取“看、听、问、评”的方式进行专项视察调研，指出存在问题，提出针对性意见建议。镇人大主席团及时向党委汇报，形成书面材料向政府相关职能站办所进行反馈并督办。

二是引导代表开展“助力新民风、脱贫攻坚、环境保护”三场攻坚，发挥代表作用，形成“发展看代表，有事找代表”共识，展现代表同力发展良好形象。池河镇涌现出了一批像刘小兰、周纯佑、赖真彩等人民满意的人大代表。

三是组织政府、站办所和驻镇单位负责人向代表工作述职，代表依法进行评议测评并提出意见建议，促进工作有效落实。2019 年，镇人大组织代表对池河派出所、法庭开展视察评议，了解工作开展情况，还针对《环保法》实施情况开展专项检查，促进镇环境保护、社会稳定工作更上一个台阶。

同时，池河镇人大继续强化工作宣传。2018 年共发表人大代表学习及活动信息稿件 85 篇，其中省级 5 篇，市级 33 篇，县级 47 篇，有效将池河人大工作展现出去，获得良好社会效应。

池河镇人大工作离不开镇党委领导和镇政府密切配合，离不开全体代表和社会各界大力支持，更离不开上级人大的关心支持。在工作中还存在部分代表在服务经济社会发展和依法监督的意识有待进一步增强；代表联系服务群众方式方法不够灵活，能力有待进一步提高；镇人大办公室服务代表能力，宣传力度不强的问题。今后，镇人大将继续按照“政治同向、法治同轨、发展同力、与民同心，加强自身建设”工作要求，务实落实县人大常委会“一线工作法”要求，扎实履行宪法和法律赋予的职责，推动池河人大工作不断创新聚力发展，为打赢脱贫攻坚战，打造中国金蚕小镇作出积极贡献。

“主动式发力”：有效发挥人大代表主体作用的饶峰经验

——基于对安康市石泉县饶峰镇人大改革的调查与思考

一、“主动式”发挥人大代表的主体作用的理论思考

（一）“主动式发力”是完善人民代表大会制度的重要举措

人大代表是人大工作的主体，代表素质的高低直接决定人大工作的水平，必须高度重视人大代表队伍建设。认真学习贯彻习近平新时代中国特色社会主义思想，坚持党的领导、人民当家作主、依法治国有机统一，深刻认识人民当家作主的重大意义和丰富内涵，推进人民当家作主制度化、法律化，确保人民当家作主制度保障的重点任务和重大举措全面贯彻落实。支持和保障人民群众通过人民代表大会制度行使国家权力，加强宪法实施监督，以良法促进发展、保障善治。人大代表要努力提高素质，认清责任使命，积极担当作为，争做遵纪守法的模范、履职尽责的模范、联系群众的模范、务实创新的模范、干事创业的模范，为推动基层民主法治建设、加快区域发展作出新的更大的贡献。

人大代表代表人民行使国家权力，责任神圣，使命光荣。要认真学习贯彻习近平新时代中国特色社会主义思想，坚持人民主体地位，进一步认清历史使命，增强依法履职的主动性和创造性。要加强理论武装，提高政治站位，持续提高履职本领，努力担当作为。要广泛联系人民群众，准确反映群众呼声和意愿，充分发挥党和国家机关联系人民群众的桥梁纽带作用。要着眼区域发展大局和工作实际，提出有建设性和针对性的意见建议。

人大代表是人民代表大会的主体，担负着参与管理国家事务、行使国

家权力的重大职责和使命。随着人民代表大会制度的不断发展和完善，代表在推动国家政治、经济和社会发展方面发挥着越来越重要的作用。但是，对照宪法法律规定，与民主法制建设需要和人民愿望相比，代表作用发挥还存在较大差距。这不但有损代表在人民心目中的地位和形象，还直接影响到国家权力机关职能作用的发挥和人民民主权利的实现。在新形势下，需要创新工作思路与方法，促进代表依法履职、发挥好主体作用。

（二）“主动式发力”是提升国家治理能力的重要环节

党的十八届三中全会通过的《中共中央关于全面深化改革若干重大问题的决定》提出，推进国家治理体系和治理能力现代化。这是第一次把国家治理体系和治理能力与现代化联系起来，着眼于现代化，以现代化为落脚点，揭示了现代化与国家治理有着密切的内在关系，国家治理离不开现代化，现代化构成国家治理的题中应有之义。作为国家治理体系中的一部分，人大及其代表职能的发挥是重要的一环。而作为这一环节中的关键，人大代表主体作用的发挥不仅能够监督其他国家机关的治理工作开展情况，而且与人民群众的联系又可以提供一线的真实情况，从而有助于制定更为符合实际情况的政策。可以说，国家治理的现代化离不开人大代表主动性、创造性的发挥。

历史决定了新中国的根本政治制度是人民代表大会制度，由人民选举代表代表人民行使管理国家的权力。人大代表本质上是人民的代表，人大代表代表人民的利益和意志，依照宪法和法律规定的各项职权，参加行使国家权力。“一府一委两院”由人大产生，对它负责并受它监督。而“一府一委两院”也是国家治理的核心机构，提升国家治理能力，就需要让这些机构能够更好地工作。因此，必须要发挥人大代表自身的主动性与创造性，做更好的“人大代表”，以更好的姿态发挥人大的作用，促使“一府一委两院”提升其工作效率与水平。

二、饶峰镇“主动发力”发挥人大代表作用

饶峰镇位于县城西北 19 公里处，全镇辖 12 个村，1 个社区居委会，农村户籍人口 3835 户 11396 人，现有市人大代表 1 名，县人大代表 10 名，

镇人大代表48名，镇人大主席团成员7名。设主席1名，人大专职干事2名。近年来，饶峰镇不断提升“两代一委”对平安饶峰建设的参与热情，通过“座谈、汇演、组织视察”等方式，进一步提高对镇综治平安建设的了解程度，积极发挥“两代一委”的支持、监督作用，为饶峰化解社会矛盾、推进平安建设拓宽了路径。

县镇人大是推进民主政治建设的一线，是促进依法治国的一线，是监督支持经济社会发展的一线，是密切联系服务群众的一线。县镇人大、广大人大代表和人大干部要始终保持一线精神状态，用一线工作理念推进人大工作与时俱进。饶峰镇2018年以来积极发挥人大代表作用，推行“一线工作法”，主动发力，发挥人大代表的积极作用。

（一）饶峰镇人大代表“主动发力”的工作理念

一是坚持与政治同向，彰显人大制度的优越性。坚持党的领导、人民当家作主和依法治国的有机统一，在党委的领导下依法开展人大工作，发挥人大作用，以生动实践充分体现人大制度的优越性和人大工作的政治性。

二是坚持与法治同轨，突出人大代表主体地位。尊重代表主体地位和法定职权，组织和保障代表认真学习贯彻宪法和法律法规、人大及其常委会的决议决定，参加人民代表大会，依法履行监督、决定和选举任免权，推进民主法治建设。

三是坚持与发展同力，为追赶超越献计出力。坚持围绕中心、服务大局，依法履行监督权，汇集全县人民群众的力量和智慧，在推进经济社会发展和追赶超越中发出人大声音，展现人大作为，作出人大贡献。

四是坚持与人民同心，践行以人民为中心理念。坚持把人民对美好生活的向往作为奋斗目标，以民心民生民利为本，监督支持解决人民最关心最直接最现实的利益问题，增强人民群众的获得感和幸福感。

五是坚持与时代同行，积极推进人大工作创新。不断解放思想，与时俱进，充分运用现代管理、统计分析、综合研判、电子信息和“互联网+”等形式，探索有力有效监督、发挥人大作用的方式方法，推进理论创新、实践创新、机制创新，不断增强工作实效。

（二）饶峰镇人大代表“主动发力”的主要工作内容

一是人大代表产生在一线。2018 年，饶峰镇人大代表候选人由选民 10 人以上联名直接在一线提名推荐的比例达 65% 以上，代表全部由选民直接选举产生，保证大多数代表来自基层一线。

二是人大代表调查研究在一线。将调查研究作为决定重大事项、依法监督等工作的必经程序，深入村组（社区）、企事业单位和田间地头、生产一线走访调查，广泛听取和征求一线代表、干部群众意见，做到知实情、达民意，查问题、找根源，提建议、献良策，增强工作的针对性、实效性。

三是人大代表依法监督在一线。创新依法监督方式，深入问题比较集中、矛盾比较突出、代表和群众反映比较强烈的一线现场和有关单位视察、座谈、询问，“解剖麻雀”“把脉开方”，深入一线跟踪问效。

四是人大法治建设在一线。2018 年以来饶峰在人大代表深入一线宣传普及宪法和法律法规，及时反映依法治县和法治石泉建设工作中存在的困难问题，组织开展法治监督工作，促进依法行政和公正司法，真正体现人大在推进法治建设中的作为、担当。

五是人大代表工作落实在一线。聚焦人民代表大会审议通过的镇人大主席团、政府工作报告和发展计划、财政预算的决议，聚焦法治建设、重点项目、重要工作和民生事业，深入一线督促执行，监督落实。

六是人大代表问题解决在一线。对代表提交的议案、建议、批评和意见，代表收集和反映的社情民意、群众关注的热点、焦点和难点问题，监督工作中发现的共性、个性问题，列出督办清单，采取领导督办、发函督办、挂牌督办等方式，督促相关单位在一线解决问题，逐项回访、测评和销号。

七是代表服务群众在一线。县镇人大机关领导、县人大常委会组成人员、各级人大代表直接联系服务 5 名以上基层一线群众，并作为民情民意信息员和监督员，结对子，交朋友，问政于民、问需于民、问计于民，收集反映社情民意，排查化解矛盾纠纷，协调解决困难问题，锤炼优良作风，与一线群众建立深厚感情。

八是人大代表工作履职成效检验在一线。每年组织一线人大代表、基层群众代表，对人大工作成效和代表履职绩效进行一次群众满意度调查，对“一府两院”被监督事项整改落实成效情况进行一次问卷调查，在一线检验工作成效，让一线群众评价工作成效。

九是代表垂范在一线。鼓励和组织各级人大代表在脱贫攻坚、法治建设、经济建设、社会事业和综治平安建设等一线主战场建功立业，发挥桥梁纽带和引领示范作用。

（三）人大代表“主动发力”的工作路径

一是依法讨论决定重大事项。探索推进人大协商，决定重大事项和重点监督事项前，与党委、“一府两院”充分沟通情况，交换意见，达成共识。进一步明确重大事项的范围内容、决定程序，依法决定重大事项，监督重大事项落实。依法对“一府两院”规范性文件进行严格备案审查。

二是依法组织选举任免。坚持党管干部和依法选举任免相结合原则，对组织推荐、“一府两院”提请的人员进行选举任免，完善资格审查、法律考试、供职发言、投票表决、宪法宣誓等程序，凡是代表和群众有反映和举报、群众公信度低的干部，一律暂缓或不予选举任命。

三是创新有力有效监督方式。在听取工作报告、视察、调研、专题询问、执法检查等监督工作的基础上，不断创新监督方式方法，增强监督实效。具体包括以下四个方面：一是“三问”监督制度化。通过进一步完善代表电视网络问政、人民代表大会上工作报告满意度问卷调查、监督事项整改落实情况跟踪问效办法，根据监督工作需要，适时组织开展问政、问卷活动。对所有监督事项的整改落实情况在人大常委会上听取整改情况的报告，并进行满意度测评。满意率低于80%的，一律重新整改，再次报告。满意率仍不达标的，依法启动进一步监督措施或建议对相关人员进行组织处理。二是询问约见常态化。对代表和群众关注的热点、难点、焦点问题，根据代表请求和工作需要，经主任会议研究，适时组织代表开展询问活动、代表约见国家机关负责人活动，问清情况，拿出措施方案，督促解决问题，回应群众关切。三是评议测评透明化。对县镇人大选举、县人大常委会任命的国家机关工作人员在任期内至少进行一次述职评议。每年对“一府两院”及其组成部门的工作进行一次公开测评，测评结果进行公开公示。对测评排名末位的单位进行工作评议，督促其整改。对连续两年排名末位的单位，建议县委对单位负责人及其班子进行调整，或启动罢免程序。四是调研方式多样化。全体代表和人大机关工作人员要带着“监督之眼、民情之耳”，在日常工作和生活一线随时了解情况，听取群众意见。改进调研方式，轻车简从，采取到一线明查暗访、随机抽样、问卷调查、个别谈话、现场取证、数据分析、查阅资料等方式，了解真实情况，掌握第一手资料，防止掩盖问题和回避矛盾，增强监督实效。

（四）饶峰镇不断提升人大代表工作水平

一是搭建代表履职平台。在村（社区）建立标准化代表工作室的基础上，在政务服务大厅设立代表监督窗口，随时接受投诉举报，收集意见建议，进行满意度调查，协调处理有关困难问题。代表工作室逐步安装视频设备，与县人大综合监督信息平台代表履职窗口联通，实现视频互动。完善代表工作室制度，组织代表做好接待服务选民群众、宣传法律法规和方针政策、收集社情民意、协调解决矛盾纠纷和群众困难问题等工作，做好工作活动记录。

二是丰富代表活动。推行县人大代表活动小组、镇人大代表活动小组、专业课题组和代表工作室活动小组的“双向多边运行”机制，结合实际经常开展各有特色的代表活动，破解群众关切的突出问题，为区域经济社会发展建言献策，推动脱贫攻坚、环境保护、基层组织民主自治和新民风建设，促进和谐稳定。各镇要组织开展好十佳人大代表评选、身边人民满意的人大代表征文、代表大走访、助力新民风建设人大代表在行动、脱贫攻坚人大代表有担当等主题活动，充分发挥代表主体作用。代表活动和履职情况要翔实记录。

三是创新建议办理机制。将代表建议纳入各级党组织书记、县人大常委会主任、镇人大主席“民情三本账”，纳入综合目标责任制考核；推行县人大常委会组成人员领衔督办重点建议，县委督查室、县政府督查室和人事代表工委联合督办，评选表彰代表优秀建议、代表建议办理先进单位，对办理代表建议工作进行满意度测评等机制，不断提高建议办理落实率和代表满意率。

四是加强代表履职考核。为每名县镇人大代表建立一份履职档案，每年由代表本人填写，人事代表选举工委负责县人大代表履职档案的收集、审核、归档，镇人大办公室负责各镇人大代表履职档案的收集、审核、归档，同时建立电子档案，在县人大门户网站、代表履职服务系统进行公示公开（涉及保密事项的除外）。分期分批组织代表回选区向选民述职，接受选民评议和监督。每年组织对代表遵纪守法、履行职责、发挥作用、接受监督等情况进行考核，考核结果记入代表履职档案，进行严格奖惩。

五是加快推进智慧人大建设。一是建立代表履职服务系统。在用好人大常委会智能会议、电子表决系统的基础上，借助现代信息技术，建立集代表信息管理、议案建议管理、代表履职、会议管理、文件传阅、资料库、代表学习、电子文档等8大功能于一身的代表履职服务系统，为代表提供统一、集成、便捷、高效的工作平台，全面提升代表服务管理质量和信息化水平；二是完善综合监督信息平台。不断完善县人大综合监督信息平台的硬件设备，提高信息接入、录入质效，加强查询服务管理，提升信息平台使用效率。逐步开发综合监督信息平台管理软件，逐步专网专线全面接入“一府两院”有关数据信息，逐步实现信息数据同步、智能统计分析、自动预警提示、依法监督精准、整改结果公开，打造人大依法监督“第三只眼”升级版；三是加强网站和微信公众平台。将石泉人大门户网站并入陕西省人大网站群，完善功能，提高使用管理水平，发挥网站宣传阵地作用。开通石泉人大微信公众号，扩大公众号关注面，推荐县内各级人大代表、党群及“一府两院”机关事业单位干部职工、广大一线群众关注公众号，及时宣传法律法规、人大制度与人大工作、代表履职风采，进行民意测评和调查，促进互动交流。

（五）饶峰镇人大代表“主动发力”的保障措施

一是加强组织领导。要切实加强领导，明确工作职责，夯实工作措施，建立主要领导亲自抓、分管领导具体抓、全体人大干部和人大代表人人抓落实的工作机制，要领导带头，率先垂范，亲力亲为，确保“一线工作法”取得实效。

二是强化自身建设。扎实推进县镇人大规范化建设，不断改善办公条件和履职硬件环境。加强人大代表和人大干部学习教育、培训提能，落实从严治党和党风廉政建设主体责任，不断改进作风，提升效能，使人大干部始终保持一线的精神状态，努力在一线实践锻炼中增长才干，成长进步。

三是保障经费投入。加大人大机关建设和工作经费投入，充分保障代表活动和无收入代表误工补贴资金，保障人大代表和人大干部学习培训、考察交流和信息宣传经费。

四是严格考核奖惩。制定“一线工作法”考核办法，实行自下而上测评，自上而下考核，委室之间、各镇之间、代表与代表之间自评互评，日常考核、年终考核相结合的方式，综合确定考核格次，对获得优秀格次的给予表彰奖励，对成绩突出的干部积极向组织推荐提拔重用，对履职尽责较好的代表优先作为组织提名推荐的连任代表人选，对考核居末位的进行通报批评、约谈、罢免、劝辞或建议组织处理。

五是务实总结宣传。要认真总结“一线工作法”的经验做法，培树先进典型，挖掘新闻价值，加强与各级新闻媒体的通联协作，扩大对外宣传，讲好“一线工作法”故事，逐步形成石泉人大工作经验模式。

三、饶峰镇人大代表“主动发力”的积极意义

（一）强化自身建设，提升规范化水平

饶峰镇始终坚持立足人大工作特点和镇域实际，确立了“12233”工作思路，把“对标先进，追赶超越”作为人大年度工作奋斗方向。在自身建设上，着力构建“两室一站三册六簿”。

一是规范建好镇人大办公室。挑选两名素质较高、具备一定组织协调能力的优秀年轻后备干部担任人大专职干部。镇人大办达到“十有四化”标准。建立健全了《饶峰镇人大主席团议事规则》《饶峰镇人大代表履职承诺公示制度》《饶峰镇人大代表选民接待日制度》等11项人大工作制度和1个评选办法，使镇人大工作组织建设规范化、制度建设规范化、支持保障规范化、工作开展规范化。

二是规范建好代表工作站。将辖区内58名县、镇人大代表混编成6个代表小组，在每个代表小组中心村设置1个片区人大代表工作站和1个人大代表活动室，每个工作站明确1名组长、1名联络员，建立完善了各站室的《人大代表学习制度》《人大代表小组组长职责》《人大代表小组活动制度》《人大代表述职评议制度》等“六制度一办法”，制订了人大代表小组学习计划，明确了学习时间，统一配备了电脑、桌椅、打印机、文件柜等办公设备，安装了空调，制作了门牌，规范选民接待工作。

三是规范完善好档案管理。实行镇人大工作“三册六簿”登记管理制，即《人大代表花名册》《人大代表履职纪实册》《人大代表帮扶贫困户花名册》《人大主席团会议记录簿》《人大代表先进事迹登记簿》《群众来信来访登记簿》《代表议案、建议、批评和意见记录簿》《人大代表社情民意登记簿》《人大代表社情民意转办登记簿》，同时加强对人大各项工作书面材料或电子稿、照片的整理保存，每年度归档一次，使人大工作管理有序，确保有据可查。

四是练好代表“内功”。针对人大代表中普遍存在的不愿、不会、不敢履职的问题，不断强化人大代表履职培训，提素质，练“内功”。重点围绕《代表法》《监督法》《脱贫攻坚应知应会政策》以及代表意见建议的收集整理提交，代表工作站的建设与接待选民制度等进行专题辅导。同时邀请镇纪委同志就人大代表如何转变作风，增强“四个意识”等问题进行集体警示谈话，进一步增强人大代表学法、懂法、用法的自觉性，树立讲政治、懂规矩、守纪律的新一届人大代表形象。

（二）创新载体搭平台，充分发挥代表作用

饶峰镇为提升人大代表的服务能力与水平，大力发挥人大代表的主体作用。

一是在镇党政领导班子成员中推行“双联一诺”活动。8名科级领导按照选区不同，分别联系3~5名镇人大代表，48名镇人大代表分别联系包抓144户贫困户，并根据各自岗位不同提出自己的承诺事项，使镇领导班子成员与人大代表、人大代表与选区选民始终保持密切沟通和联系，从而将干部、人大代表、群众密切联系起来。

二是广泛开展“三亮三比三带头、五一五联争四好”主题实践活动。即，亮身份、亮承诺、亮业绩；比学习、比服务、比廉洁；带头发展经济、带头维护稳定、带头弘扬新风。将县镇人大代表的姓名、照片、工作单位及职务、联系方式、承诺内容、定期评议结果等基础信息在各自的选区用公示牌进行公示，促使人大代表主动接受选民监督，自觉履职，践行诺言。“五一五联”就是紧扣全镇中心，进行包帮联系。镇人大制定出台《争创“四好人大代表”评选办法》，实行人大代表履职效果跟踪纪实，通过“评星定级”，实行星级管理，通过代表自评、小组互评、公开述职测评等方式，激励人大代表积极争创“思想素质好、履行职责好、遵纪守法好、模范带头好”四好人大代表。

三是全面实行人大代表接待选民“一室一日一卡一册一台账”五个一管理办法。充分利用“代表小组活动室”，常态化地开展学习交流、接待选民活动，建立“饶峰代表之家”微信服务群，规定每周二为“代表接待选民日”，发放《人大代表联系服务卡》，并结合村党群服务日、远程教育学习日、村级道德讲堂等有利资源平台，积极引导人大代表通过入户走访、专题调研、集中接待等多种形式开展接待选民活动。统一制作人大代表联系选民《工作纪实手册》，如实登记履职情况，促使人大代表听民声、知民情、汇民智，聚焦难点热点，共谋发展良策。镇人大办每月“一收集、一整理、一汇总、一建账、一交办”，将人大代表入户走访、集中接待所收集到的社情民意全部纳入《人大代表社情民意收集台账》进行建档管理，并按照轻重缓急、分门别类进行交办处理，使意见建议、社情民意都能“开花结果”。

石泉县人大李平主任亲自到选区接待选民，并开展“健康助脱贫专项服务及接待选民活动，将人大代表接待选民活动引向深入，县镇两级代表履职的积极性空前高涨，参与镇重点工作的热情高了，建言献策的多了。2018 年实施以来的半年，县镇人大代表参加接访走访达 460 人次，接访走访群众 3500 人次，提出建议意见 80 余件，为群众办实事好事 24 件，协助镇党委政府和村“两委”化解社会矛盾 15 件。

（三）紧密围绕中心，聚力助推脱贫攻坚

饶峰镇创造性地将人大代表与当前工作的重心——脱贫攻坚联系起

来，为人大代表主体作用的发挥提供了广阔的舞台。人大代表进入脱贫攻坚领域，也有力地帮助脱贫工作的开展。主要的工作如下：

一是审议决定五项措施助脱贫。镇人大通过主席团审议决定，制定出台了《镇人大代表助力脱贫攻坚五项措施》，围绕脱贫攻坚重大事项，定期依法作出审议决定；镇人大每年至少听取一次镇人民政府关于脱贫攻坚工作实施、精准帮扶措施落实、扶贫资金使用、基础项目建设等专项工作报告；在全镇范围内深入开展“脱贫攻坚——人大代表在行动”主题活动，制定印发《饶峰镇县镇人大代表“结对帮扶助脱贫”行动方案》，6月底，镇人大组织30余名县镇人大代表开展了产业扶贫专题视察调研，主动结对帮扶140余户贫困户脱贫，通过一帮一、一带一的帮扶行动与镇村干部一道切实为贫困户在精神鼓励、政策宣传、三业扶持、生活帮扶、代办服务上实施精准帮扶；为全镇12个村分别聘请1名脱贫攻坚义务监督员，重点对扶贫对象是否精准、识别程序是否规范、精准帮扶是否到位、产业发展是否长效、基础项目管理是否严格、资金使用是否安全、新民风建设是否同步等七个方面进行全过程的有效监督。半年来，镇人大已组织涉贫视察和专题调研活动2次，涉及产业扶贫、旅游扶贫、移民安置点建设等方面，代表参与达100余人次。随机抽查水、路、安置点等基础设施配套在建项目25场次，提出意见建议8条，督促整改落实6条。

二是坚持代表分类助脱贫。让镇村领导干部代表成为脱贫攻坚的“作战参谋员”。每位镇村领导干部代表率先垂范，带头结对帮扶，联系1~2个贫困村，包抓5~10户贫困户，并结合所联系村产业、资源实际，按照“一村一品”“一户一策”的脱贫思路，帮助联系村发展1~2个特色产业，包帮户落实1~2个脱贫项目，进一步增强贫困户自我脱贫能力。让“能人大户”代表成为脱贫攻坚的“创业排头兵”。县人大代表杨卫东，充分利用自己返乡创业积累的经验，积极探索出“公司+基地+贫困户”扶贫带动模式，以自己创办的龙头企业为依托，组建“子午道乡村旅游合作社”，吸纳74户240人入股合作社195万元，实行每年不低于5000元的保底分红，协调用工280余人，解决周边村组贫困户就近就地务工80余人，已建成农家乐12家，有效拓宽了农户增收渠道。让普通农民代表成为脱贫攻坚的“战斗宣传员”。每位人大代表负责包抓联系3~5名贫困户，充分利用普通农民代表与群众“左邻右舍、亲朋好友”的关系，广泛宣传“六个精准”“八个一批”扶贫政策，通过“心与心、零距离”帮扶，理顺群众情绪，化解思想疙瘩，营造和谐氛围。组建人大代表新民风“扶志扶能”巡回宣讲团，通过“言传身教”，讲好身边的“扶贫励志小故事”，鼓励贫困户自力更生，消除“等、靠、要”思想，积极主动脱贫致富。

（四）饶峰镇人大代表“视察+评议”助力平安建设

为持续加强饶峰镇平安建设效能，积极发挥人大代表在联系群众的桥梁作用，发起全民共建平安饶峰的浓烈氛围，饶峰镇开展人大代表平安建设暨扫黑除恶“视察+评议”活动，动员全体人大代表助力全镇平安建设提档升级“平安建设为人民，建设平安靠人民，平安成果惠人民”。饶峰镇人大组织县、镇人大代表35人，开展视察活动。代表们实地查看、听取汇报、召开座谈会等形式分别对牛洋河片区、新场片区的脱贫攻坚、移民安置点建设等重点工作进展情况进行了视察。实地视察后，代表们就带头遵纪守法、联系服务选民群众、依法履行代表职责、参加人大视察调研学习培训活动、履职情况等方面向选民作了述职报告。同时，选民对人大代表的履职情况进行了评议。同时，视察成员还进行了分组讨论，代表们积极发言，谈视察感受，提意见建议。认真履行代表职责，做好表率，把人民的呼声传递好，把代表的形象维护好，做好民情收集员和传递员，为党委政府提出高质量的意见和建议，为实现群众脱贫致富，为饶峰腾飞发展献智献力。

四、“主动式”发力的饶峰经验与思考

（一）制约人大代表主体作用发挥的一般因素

一是人大代表思想认识不够到位。正确的认识是人大代表履职的动力，有的代表把人大代表当作一种荣誉，选举时积极主动，当选后应付了事；有的代表在工作生活中缺乏与选民的联系，忽视维护群众利益，不能为群众排忧解难。由于思想认识不到位，有的代表履职较为被动，不能很好地为民办事，导致部分选民对人大代表所起的作用持怀疑态度，从而影

响了人大代表在选民中的地位。

二是人大代表履职方式不够便捷。人大代表基本上都是兼职，社会工作与代表工作往往会有所冲突。代表以个体身份了解选民对政府工作的建议，需要协调各方、调研走访、形成文稿，会耗费大量的时间与精力。同时，具体履职中也经常会遇到各种各样的困难和问题。这些都是影响代表发挥作用的因素，需要通过规范的渠道加以解决。

三是对人大代表的监督机制不够健全。按照法律规定，代表受原选区选民或原选举单位的监督。但对代表的监督机制应该说还很不完善，法律只规定了监督代表的主体是选民或原选举单位，对代表的监督标准可操作性不强。

四是代表活动不够丰富。随着经济发展和社会进步，人们对代表的要求越来越高，代表发挥作用的领域也越来越广，以往的代表工作和代表活动已经很难适应新形势的要求，需要结合实际探索代表活动的新形式和新内容。

五是党委、人大、政府有关部门之间的对接错位。越是重大复杂的决策，涉及的知识越宽、变量越多、风险越大，涉及的部门也就越多，也就越需要智力支持。不同的党政机关和地方有关部门，对于实际情况的认知与需求差异很大。在实际工作中，许多部门只有碰到复杂问题才会请政策研究人员咨询参谋，随意性比较大。而且对同一问题，党委、人大、政府的关注点并不完全一致，这就需要三方交流沟通形成一致的对接。而人大由于没有直接处理问题，其意见与建议往往并不受重视，这也成为人大代表发挥自身主体作用的制约因素。

（二）依法履行人大职责，积极服务改革发展

镇人大要坚持“人们所盼、人大所能”，坚持围绕中心服务大局，从人大的工作性质、特点和职责出发，统筹推进人大视察、调研、审议、询问等监督手段，充分发挥人大工作决策促进作用、凝心聚力作用、参谋助手作用，为推动社会经济发展营造良好的法制环境。

一是紧紧围绕决胜全面小康社会，确定人大工作思路。镇人大要客观审视新时代社会主要矛盾变化在本镇的具体体现，毫不动摇地坚持以人民

为中心的发展思路，始终把人民的利益放在第一位，以让人民满意作为检验监督工作的标准，对政府职能转变、效能提升方面开展监督。

二是坚持新发展理念，紧扣乡村振兴、保障和改善民生、生态环境保护等重点工作进行监督和支持，推动经济持续健康发展。加大法律法规贯彻落实情况监督检查力度，推动法治社会建设不断创新。

三是坚持突出问题导向，加强和改进人大监督工作。镇人大要打好监督组合拳，综合运用专项审议、执法检查、视察调研等形式，加大监督力度，提高监督实效。要突出镇域经济发展中存在的具体问题，深入开展调查，提出有针对性、操作性的意见建议，促进问题解决，助推全镇经济快速发展。

（三）密切联系基层选民，充分发挥代表作用

镇人大要充分发挥代表的桥梁纽带作用，引领人大代表密切联系选民，及时关注人民群众在生产生活方面遇到的困难和要求，经常倾听群众呼声，真实反映群众愿望，及时感知民意动态，做到了解民情、反映民意、集中民智、关注民生、维护民权。要继续认真办理好代表议案、建议，采取集中座谈、视察、调研和跟踪调查等方式，督促承办部门把代表建议落到实处，赢得群众对政府工作的理解和支持，真正做到为人民服务、对人民负责、受人民监督。

（四）强化自身建设，不断提升代表综合素质

人大工作作为新时代中国特色社会主义事业的重要组成部分，要牢固树立党的观念、政治观念、大局观念，坚定共产主义理想和中国特色社会主义理想，切实加强自身建设，不断提高履职能力，推动人大整体工作水平。

一是要提高主席团成员履职能力。镇人大主席团成员履职能力直接决定镇人大整体作用的发挥。镇人大主席团成员要进一步认真学习，提高认识，增强履职的责任感、使命感和荣誉感，不断提高依法履职、议事、决策的能力和水平，努力把人大工作做得更有成效、更符合时代要求。

二是提高全体代表整体素质。要密切联系人大工作的特点，加强法律

法规知识学习，重点学习与开展人大工作密切相关的基本法律法规，进一步提高对人大性质、地位和作用的认识。通过理论和业务知识学习，提高人大代表的社会活动能力、协调服务能力、文字表达能力和调研督查能力，从整体上提高人大代表综合素质，以更高的标准、更严的要求、更实的举措推动人大创新发展。

三是要推进镇人大规范化建设。镇人大主席团要以制度化管理、规范化建设为抓手，全面推进镇人大建设，切实加强对代表小组工作指导，密切工作联系，开展工作交流，进一步推进全镇人大工作整体水平。

（五）以饶峰经验为蓝本的石泉做法拓展

人大代表是人民代表大会的主体，是人大工作的基础。石泉县把有效发挥代表作用作为提高基层人大工作质量的重要基础，着力推进代表履职平台建设，探索建立代表坐班接待联系群众，不断提高代表工作水平，切实提升代表履职实效，受到广泛关注，产生了积极影响，先后被中、省主流媒体报道，有20多个省、市、县人大前来考察学习。其中，石泉县以饶峰经验为蓝本，建立一套完整的“坐班制”制度。

一是建好代表工作室。石泉县大力发挥人大代表的主体作用以来，累计投入300余万元，按照有场所、有牌子、有制度、有计划、有记录、有档案、有保障的“七有”标准，分片区建立了46个规范化的片区代表工作室，出台了代表工作室建设和管理办法。将全县714名中、省、市、县、镇人大代表合理划分到代表工作室，每周安排1名人大代表坐班接待选民群众，每名代表一年坐班3～4次，让代表传达党和国家的方针政策，收集社情民意，协调和督促解决群众困难问题，使代表工作室成为政策宣传、社情民意汇集融合的平台。

二是建立综合监督信息平台。县人大常委会借鉴财政预算联网监督的做法，采用“互联网+”模式，于2018年年初建立了人大综合监督信息平台，打造集财政预算、执法用法、民生事业、城建环保和代表履职等信息于一体，让人大代表可随时查询了解工作动态和发现监督线索的“第三只眼”，拓宽代表知情知政督政渠道，增强代表监督针对性和实效性。

三是开展“五项活动”。各代表工作室围绕宪法、法律法规的遵守和执行、县人大及其常委会的决议决定和政府中心工作的推进落实、重点项目建设、社会民生问题、代表建议的办理落实等“五个重点”，每周安排1名代表接待选民群众，每名代表每半年至少提出1条有价值的建议或意见，每名代表每年至少参与1次矛盾纠纷调解，代表小组每季度组织开展1次集体活动，每年至少提交1份专题调研报告或视察报告等“五项活动”，积极听民声、汇民意、聚民智、解民忧，忠诚履行代表职责，每项活动有记录、有资料、有结果，使代表履职活动更丰富，履职效果更明显，履职行动更规范。对于群众反映强烈的重点问题，通过人大代表建议纳入县、镇、村书记“民情三本账”，实行重点督办。如2019年4月25日，县人大代表刘小兰在坐班时，收集到群众意见，今年可能取消小蚕共育奖补资金，将挫伤蚕农发展小蚕共育的积极性。刘小兰向县人大常委会反映，县人大主要领导立即批示，由办公室进行调研，快速形成书面报告，县政府在一个周之内就落实小蚕共育奖补资金20万元，赢得了代表和群众的好评。

五、饶峰镇尊重代表主体地位，发挥代表主体作用

充分尊重人大代表主体地位，饶峰镇不断创新代表工作机制，切实保障代表依法履职，有效发挥代表主体作用，逐步形成了“饶峰做法”。

（一）把好代表入口关 全面提升代表素质

一是从入口把好代表质量关。县镇人大换届选举时，县委和县人大常委会高度重视，严把选民登记关、代表提名“入口关”、督查指导关，严肃换届纪律，依法选举产生了新一届高素质的县镇人大代表，全县选民参选率达89.1%，县镇人大换届选举工作被新华社、中央电视台新闻联播和《人民日报》、《光明日报》等10多家中央媒体联合报道。二是全面提升代表履职能力。举办大型培训班，邀请省人大领导、县人大工委负责人和有履职经验的人大代表授课，对新当选的人大代表进行集中履职培训。每年由县人大常委会领导带队，巡回各镇对全体代表和人大干部进行法律法规和业务知识的专项培训。闭会期间，各镇人大采取集中培训、外出学习交流、传帮带考等措施，有计划地对代表进行履职方法培训。三是加强实践

锻炼。组织部分县人大代表参加全国人大培训基地举办的履职能力提升培训班，到红色教育基地接受革命教育，有计划地安排基层县人大代表列席县人大常委会议，凡到各镇开展视察调研活动，均安排辖区内全体人大代表参加，通过持续以会代训和实践锻炼，切实提升了代表们的依法履职水平。

（二）搭建履职平台 密切联系服务群众

一是着力建设以人民为中心的“代表机关”。石泉县委率先印发《中共石泉县委关于加强县镇人大“两个机关”建设的意见》，县人大常委会及时制定《关于深入推行“一线工作法”的实施意见》，提出代表产生在一线、调查研究在一线、依法监督在一线、法治建设在一线、工作落实在一线、问题解决在一线、服务群众在一线、成效检验在一线、代表垂范在一线等理念和工作措施。为把代表机关建设在一线，建设了规范化的镇人大主席团及办公室，各镇都配备了2名以上人大专干，专门为代表服务。二是建设高标准的代表工作室。分片区建立了46个规范化的代表工作室，将全县714名县、镇人大代表合理划分到代表工作室，安排人大代表在工作室常态化“坐班”接待选民群众，传达党和国家的方针政策，收集社情民意，协调和督促解决群众困难问题，使代表工作室成为政策宣传、社情民意汇集融合的平台。三是建立综合监督信息平台。县人大常委会借鉴财政预算联网监督的做法，采用“互联网+”模式，于2018年年初建立了人大综合监督信息平台，集财政预算、执法用法、民生事业、城建环保和代表履职等信息于一体，让人大代表可随时查询了解工作动态和发现监督线索的“第三只眼”，拓宽代表知情知政督政渠道，增强代表监督针对性和实效性。四是开展一系列活动。先后开展了“助力新民风建设人大代表在行动”、代表学法用法年活动、“脱贫攻坚人大代表有担当”活动、“人大代表大走访”活动、各代表小组活动和“我身边人民满意的人大代表”征文活动，为代表联系选民、调查研究，参政督政、依法履职搭建了舞台。

（三）创新工作机制，有效发挥代表作用

一是总结经验，创新代表工作机制。不断总结经验，将好的做法用制

度的形式固定下来，并不断发展完善。研究出台了代表联系群众、代表向选民述职、代表约见国家机关负责人、代表电视网络问政、十佳人民满意人大代表评选等办法，修订完善了办理代表建议、批评和意见的暂行规定，代表工作不断规范。

二围绕群众关切，开展电视网络问政。对代表反映强烈、问题集中、急需办理的问题，应用电视网络问政的方式，让有关部门主要负责人现场接受人大代表“考问”，县电视台全程转播、县公众微信平台现场发布，受到社会各界广泛关注。问政结束后，代表对答复情况进行满意度测评，现场公布测评结果，让有关负责人“红脸出汗”。对整改情况跟踪督办，确保每位代表提出的问题得到解决和回应，真正体现人民当家作主。

三是围绕群众满意度，开展问卷调查。在县第十八届人大二次会议上，向代表发放了《石泉县人大常委会与“一府两院”工作报告及工作落实情况满意度调查问卷》，首次对人大常委会、“一府两院”工作报告及工作落实情况进行满意度调查。报告实不实，工作好不好，群众满不满意，通过书面测评来反映。对调查问卷进行统计分析后，形成专题报告，把代表的评价意见原汁原味的反馈给“一府两院”，并作为监督重点，使问题得到有效整改落实。

四是围绕“两率提升”，督办代表建议意见。饶峰镇实行人大代表组成人员领衔督办重点建议、政府领导包抓办理、重点建议现场督办、与“两办”建立联合督办通报、评选办理工作先进单位等机制，对代表建议办理工作进行满意度测评，实行代表建议办理满意率和解决率双考核。把代表建议办理纳入目标责任制考核，纳入县镇村书记“民情三本账”，录入县人大综合监督信息平台，台账式逐项销号，充分保障代表参政督政、为民建言献策的权利，连续两年代表满意率达99%以上，建议落实解决率稳步提高。

（四）加强激励保障，充分调动履职热情

一是建立代表履职档案。由镇人大负责，将县镇人大代表履职情况记录在案，建立履职档案，做到有据可查。二是组织代表向选民述职。每年组织县镇人大代表回选区向选民报告履职情况，回答选民询问，接受选民

评议和监督。三是完善代表激励保障机制。充分保障代表培训、活动和工作经费，保障无固定收入代表误工补助。每年评选和公开表彰10名“十佳人民满意人大代表”、若干条优秀代表建议、若干个先进代表工作室，对镇人大和代表工作室给予以奖代补，激励各镇人大和全体代表积极履职，发挥作用。代表们想干、敢干、能干，从“要我干”转变到“我要干”，基本没有了“哑巴代表”和“举手代表”。四是建立代表退出机制。对违反纪律和法律法规、履职不积极被选民评议为不称职、因身体原因不能正常履职的代表，根据《代表法》的有关规定，劝其辞去代表职务。2018年，调离本行政区的县人大代表2人，劝辞1人，主动辞职8人，依法补选县人大代表11人。让代表肩有责任，干有标准，做有保障，退有“出口”，始终保持代表工作的生机与代表队伍的活力。

打铁还需自身硬：有效加强人大自身建设与自身监督的石泉探索

——基于对安康市石泉县人大自身革新的调查与思考

习近平总书记在庆祝全国人民代表大会成立60周年大会上的讲话中指出，“要加强和改进人大工作”[1]。打铁还需自身硬。加强和改进人大工作，首先要加强人大自身建设，提升人大履职水平、服务能力、社会形象。“打铁还需自身硬”是我们党对自身的要求。党的十八大以来，以习近平同志为核心的党中央严下先严上，严兵先严将，开创了管党治党新局面，取得了全面从严治党新成就，让我们深刻感受到“自身硬”的磅礴力量和重大意义。

一、打铁还需自身“硬”的理论解读

硬在信念。“理想信念是共产党人精神上的‘钙’。没有理想信念，理想信念不坚定，精神上就会‘缺钙’，就会得‘软骨病’。”[2] 做到自身硬，就是要始终拧紧理想信念这个“总开关”。从党的群众路线教育实践活动到“三严三实”专题教育，再到“两学一做”学习教育，强固理想信念的举措可谓环环相扣、层层推进。一次次集中“补钙”，让党内教育从“关键少数”向广大党员拓展、向常态化制度化延伸，坚持不断地强筋壮骨、固本培元，用坚定的理想信念汇聚起实现中国梦的强大精神力量。

硬在为民。“人民对美好生活的向往，就是我们的奋斗目标。”[3] “人民

---

[1] 习近平：在庆祝全国人民代表大会成立60周年大会上的讲话［N］. 人民日报，2014-09-05（01）.

[2] 本报评论员. 坚定理想信念 牢记初心使命［N］. 人民日报，2019-03-03（01）.

[3] 北京市习近平新时代中国特色社会主义思想研究中心. 永远把人民对美好生活的向往作为奋斗目标［N］. 光明日报，2019-08-26（05）.

立场”“民心”“获得感”是习近平总书记经常提到的话题。党的十八大以来，一个个普通中国人和家庭的生活发生较大变化，人民群众的获得感、幸福感不断增强，进一步印证了党的宗旨意识持续增强、践行全心全意为人民服务的诺言更加坚实。我们必须保持宗旨意识不变，始终与人民群众心心相印、与人民群众同甘共苦、与人民群众共同奋斗，唯此才能进一步赢得人民群众，才能确保党稳固的执政地位。

硬在担当。“勇于挑最重的担子，敢啃最硬的骨头。”❶ 看党员干部重在看困难时、危急时，勇于担当既是党员干部应尽之责，也是先锋模范作用的集中体现。有多大的责就要负多重的任，有多大的能就要使多大的劲。今天的改革处在深水区，有许多风险、许多困难、许多难关。唯其艰难，才更显勇毅；唯有笃行，才更见担当。这种担当，既是勇往直前的改革担当，也是履行使命的历史担当。

硬在廉洁。“不得罪成百上千的腐败分子，就会得罪13亿人民。”❷ 党的十八大以来，治党管党不断趋紧、从严治党日益从严，对各种腐败行为持续出以重拳，党中央先后出台或修订近80部党内法规，全面从严治党愈发有规可循、有据可依。巡视监督利剑高悬，做到反腐没有免罪的“金牌”、没有“铁帽子王”，一个个“老虎”、一只只“苍蝇”被绳之以党纪国法。廉洁是执政掌权的基本保证，也是体现党性的基本要求，过不了廉洁关，就过不了掌权关。要在廉洁上过得硬，不仅要做到不敢腐，更要做到不能腐、不想腐。

硬在作风。“踏石留印，抓铁有痕。”❸ 作风是干事创业的基本保证。习近平总书记反复强调“作风建设永远在路上，永远没有休止符”。中央领导同志到基层调研，总是到最基层去，到最困难的地方去，到问题最多的地方去。所到之处既听取汇报，更考察实情，提出十分具体的解决问题方案，让广大群众深切感到党风政风为之一新。全社会要大力倡导既保持干净，又积极干事的为政之风。可以说，能否让干事办事的作风实起来、

---

❶ 贾玉梅. 打赢意识形态领域斗争主动仗［N］. 人民日报，2019-11-07（13）.

❷ 田鹏颖. 智慧、担当与情怀的集中体现［N］. 人民日报，2018-04-10（07）.

❸ 李贞，石畅. 彰显坚定决心 凝聚实干力量［N］. 人民日报（海外版），2016-02-29（01）.

硬起来，消除官僚主义、主观主义，做到求真务实、雷厉风行、埋头苦干，依然是对我们的考验。

硬在斗争。“我们正在进行具有许多新的历史特点的伟大斗争。”❶ 新形势下，我国面临的重大挑战、重大风险、重大阻力、重大矛盾等不断积累叠加甚至集中凸显，意识形态领域斗争更是尖锐复杂。我们前所未有地靠近世界舞台中心，但各种干扰、破坏依然存在。“狭路相逢勇者胜。”我们要像习近平主席强调的那样，既要敢于斗争，又要善于斗争，始终保持“四个自信”，坚持走中国特色社会主义道路不动摇。

硬在学习。“中国共产党依靠学习走到今天，也必然要依靠学习走向未来。”❷ 善于学习，是中国共产党人能够攻无不克、永葆生机的优势所在。党的十八大以来，中央政治局进行了40多次集体学习，内容涉及经济、政治、法治、军事、党的建设等许多方面。党的创新理论不断丰富发展，全党全军及时跟进学习，不断用中国化的马克思主义武装头脑、指导实践。随着科学技术的迅猛发展和新军事革命的不断推进，全军上下不断兴起学习军事理论热潮，正如习近平主席所要求的，“主动来一场军事学习革命，来一场思想解放的头脑风暴”。学习永远是保持生命活力的酵母，我们要依靠学习走向未来，建设世界一流军队。

硬在创新。“惟创新者进，惟创新者强，惟创新者胜。”❸ 革故鼎新、守正出新，才能创造一个新世界。习近平主席着眼于党内存在的突出问题，立新规、树新风、开新局，充分彰显了我们党自我净化、自我完善、自我革新、自我提高的勇气和坚强决心。在经济、政治、文化、科技创新、社会治理、环境生态、党的建设等诸多领域推出新政策，作出新布局。国防和军队为适应时代发展和使命任务需要，进行革命性整体性变革，正可谓浴火重生、脱胎换骨、前所未有。我们必须把创新精神保持下去，不断开创国防和军队建设新局面。

打铁还需自身硬。有效加强人大自身建设，不仅仅是保持我党政治正

---

❶ 章传家. 谈进行具有许多新的历史特点的伟大斗争［J］. 求是，2014（16）.

❷ 习近平：依靠学习走向未来［EB/OL］.（2014-12-25）. http://theory.people.com.cn/n/2014/1225/c391839-26275595.html.

❸ 黄小希，史竞男，王琦. 守正创新 有“融”乃强［N］. 人民日报，2019-01-27（01）.

确的基本要求，也是实现中华民族伟大复兴的根本保证。新时期，应抓住新机遇，为实现全面建设小康社会的总目标，不断增强人大的创造力、凝聚力、战斗力、号召力，不断增强人大的自我革新、自我完善、自我净化、自我提高的能力。[1]

二、完善人大自身建设的必要性分析

习近平总书记在党的十九大报告中明确指出："人民代表大会制度是坚持党的领导、人民当家作主、依法治国有机统一的根本政治制度安排，必须长期坚持、不断完善。要支持和保证人民通过人民代表大会行使国家权力。发挥人大及其常委会在立法工作中的主导作用，健全人大组织制度和工作制度，支持和保证人大依法行使立法权、监督权、决定权、任免权，更好发挥人大代表作用，使各级人大及其常委会成为全面担负起宪法法律赋予的各项职责的工作机关，成为同人民群众保持密切联系的代表机关。"伴随我国社会主义发展的不断深入，随之而来的社会结构变革也逐渐影响着我国政治生态。人民代表大会制度作为我国社会主义民主主义政治的核心内容，也应随着社会的发展步伐不断自我完善，以适应新时期的国际社会环境，使人大制度真正成为增强党的执政能力的重要国家形式。

（一）加强人大自身建设是新时期发展社会主义民主政治的有效前提

坚持中国特色社会主义民主政治发展道路，必须坚持和完善人民代表大会制度。人民代表大会制度是我国的政体和根本政治制度。它的核心是人民当家作主，是民主集中制的集中体现。广大人民群众通过一定公开、公平、公正的方式，在一定的法制框架下推选出可以代表自己的人，并由这些人以民主集中制原则，组成人民代表大会，作为国家权力机关。县乡两级人大是我国人民代表大会制度的基层单位，与全国人民代表大会一同影响着我国社会主义民主政治的发展。因此，人大自身的建设与完善在社

[1] 张红梅，徐国旺．论"打铁还需自身硬"的新时代内涵——学习习近平总书记全面从严治党思想［J］．学校党建与思想教育，2018（3）．

会主义发展新时期具有深远的意义，完善人大自身建设就是要在“既有的制度框架下，通过程序的设定、治理技术的应用来使文字表述的制度成为现实运行的制度，使理念中的制度变成事实的制度，实现制度设计的目标，达到良好治理的目的”❶。在实际操作过程中，任何“制度”层面的缺失或不协调将直接导致配套的运行机制出现偏差。因此，加强人大自身建设在某种程度上可以避免此类现象的发生，保证国家政治体制的有效运转。

（二）加强人大自身建设是实现伟大“中国梦”的制度依托

现代国家治理与古代国家治理的一个重要区别，在于现代国家建立起了体现民意和公民参与的代表机关，使民意在国家治理中得到充分的尊重和实现。民意代表机关在现代国家治理体系中应占主导地位，分享着国家治理的重要职能，而不是单纯由行政机构或官僚阶层说了算。实现民主是我国社会主义现代化国家建设的奋斗目标，也是中国梦的重要内容。习近平总书记指出“中国梦归根结底是人民的梦，必须紧紧依靠人民来实现”❷。进入中国特色社会主义新时期，我国的社会主要矛盾已经从“人民日益增长的物质文化需要同落后的社会生产力之间的矛盾”转化为“人民日益增长的美好生活需要和不平衡不充分的发展之间的矛盾”。根据马斯洛需求层次理论，人民的这种对于美好生活的需要不仅对于物质生活提出了高要求，同时对于民主、法治、公平、正义、安全、生态环保等都提出了一定的要求。2014 年 9 月习近平总书记在庆祝全国人民代表大会成立 60 周年大会上的讲话，不仅回顾了人民代表大会制度 60 年的光辉历程，还提出坚持和完善人民代表大会制度是为了“更好组织和动员全国各族人民为实现‘两个一百年’奋斗目标、实现中华民族伟大复兴的中国梦”❸。人民代表大会制度是我国根本的政治制度，坚持和完善人民代表大会制度，是

---

❶ 谢蒲定．人大制度建设是一个持续不断的探索过程［J］．人大研究，2009（2）．

❷ 习近平．在第十二届全国人民代表大会第一次会议上的讲话［N］．人民日报，2013－03－18（01）．

❸ 习近平．设计和发展国家政治制度要从国情出发从实际出发——在庆祝全国人民代表大会成立 60 周年大会上的讲话［J］．中国人大，2014（18）．

实现国家富强、民族振兴和人民幸福的中国梦制度建设的必然要求。

（三）加强人大自身建设是实现国家治理能力现代化的必经之路

国家治理体系现代化作为国家治理现代化的一个重要方面，简单地说，就是国家治理体系的建构能与现代社会的发展相匹配。对于我们国家而言，就是能够更好地适应社会主义现代市场经济发展的要求，使国家的权力运行更具现代理性。国家行政学院竹立家教授指出："在当今全球化和信息化时代，一个现代化的国家治理体系，有三个最重要的特征：一是通过转变政府职能，实现国家'权力体系'现代化；二是'依法治国'体系的现代化；三是'民主治理'体系的现代化。"[1] 国家"权力体系"的现代化就是公共权力的配置和运行必须适应社会主义市场经济的制度化和规范化要求；"依法治国"体系的现代化就是建设现代的法治政府，即党的十八届三中全会所强调的完善中国特色社会主义法律体系，建设公正高效权威的社会主义司法制度；国家"民主治理"体系的现代化则是按照现代公共治理的要求，进一步落实民主选举、民主决策、民主管理和民主监督，让人民成为改革的主体，让改革价值和目标真正符合人民群众的愿望。因此，推进国家治理体系的现代化建设，无疑也对人大基层民主政治建设提出了更高的要求。

三、新时期石泉人大自我完善机制

党的十九大报告指出，打铁还需自身硬，警醒和告诫全党上下要清醒认识到"三个不纯""四大考验""四个危险"。新气象新作为，加强自身建设，锤炼作风，锻造好人大工作的过硬本领，不断提高依法履职的水平和能力，是新时期人大工作的首要任务和永恒主题。只有努力加强思想建设、作风建设、能力建设、制度建设，才能切实使人大及其常委会成为全面担负起宪法法律赋予的各项职责的工作机关，成为同人民群众保持密切联系的代表机关。

[1] 竹立家．国家治理体系重构与治理能力现代化［J］．中共杭州市委党校学报，2014（1）．

（一）完善工作机制，推进“四同一建设”，强化人大工作作风与思想作风建设

近年来，石泉县深入贯彻党中央18号文件与省人大阶段性会议精神，落实基层人大建设工作。党的十九大结束后，为适应新时期提出的新要求，响应安康市人大的统筹规划，积极在全县范围内推进以“政治同向、法治同轨、发展同力、与民同心、全面加强自身建设”为主要内容的“四同一建设”工作。“四同一建设”工作思路高点定位，具有很强的政治敏锐性，操作性强、指导作用好，能够促进镇人大工作在末端有效落实，能够加快推进基层人大工作规范化绩效化建设步伐，有力推动地方经济建设、社会事业全面发展。基层各地要提高站位，把握机遇，勇于创新，不断在引导激励代表履职、发挥代表作用上下功夫，为助力脱贫攻坚、生态环境保护等发挥人大作用。

1. 完善思想建设，保证人大工作“政治同向、法治同轨”

“思想作风”是指干部思想的观念、思维的方式，尤其是在指导思想的价值取向方面表现出的状态。加强和改进干部作风建设，必须把思想作风建设摆在重要位置。习近平新时代中国特色社会主义思想，是对马克思列宁主义、毛泽东思想、邓小平理论、“三个代表”重要思想、科学发展观的继承和发展，是马克思主义中国化最新成果，是党和人民实践经验和集体智慧的结晶，是中国特色社会主义理论体系的重要组成部分，是全党全国人民为实现中华民族伟大复兴而奋斗的行动指南，必须长期坚持并不断发展。

（1）以新时代中国特色主义思想为依托

习近平新时代中国特色社会主义思想的产生是21世纪马克思主义发展史上一个重要的里程碑，是马克思主义中国化的又一次飞跃。马克思主义的与时俱进必须“要观照社会现实，对时代课题和人民群众实践中产生的问题作出有说服力的解释，积极回应人民群众的利益诉求并探索和提供可能的解决方案”[1]。习近平新时代中国特色社会主义思想作为马克思主义中国化的最新理论成果，它以从历史的长河中汲取人类思想宝库特别是中国

---

[1] 李懋君．论马克思主义意识形态话语权的当代建构［J］．遵义师范学院学报，2016（4）．

优秀传统文化的有益成果为历史底蕴，以立足于中国国情和中国特色社会主义现代化建设的伟大实践为现实基础，以为人民谋利益、为中华民族谋复兴为价值追求。这一思想是新时代指导我国社会主义现代化建设、实现中华民族伟大复兴中国梦的强大思想引擎。在人大自身建设过程中，要时刻用习近平新时代中国特色社会主义思想武装头脑，通过不断提高政治理论修养的方式，将干部思想素质提升到一个新的高度。石泉县结合当前人大机关普遍存在的人员年龄结构不合理的情况，进一步增强机关干部新形势下做好人大工作的荣誉感、责任感和使命感，努力开拓创新，积极应对时代挑战。

（2）以社会主义核心价值观为导向

干部的言行举止有着很强的示范作用，会对社会其他成员产生巨大的影响。要积极培育和践行社会主义核心价值观，把社会主义核心价值观作为自身价值取向和理想信仰，用核心价值观指导自己的日常工作、学习、生活，培养高尚的道德情操和生活情趣，用自身的良好行为和道德引领群众风尚，为发扬和传播社会主义核心价值观作出自己的努力。党的十九大报告强调“要支持和保证人民通过人民代表大会行使国家权力”“加强人民当家作主制度保障”“人民代表大会制度是坚持党的领导、人民当家作主、依法治国有机统一的根本政治制度安排”，并且要求“长期坚持、不断完善”人民代表大会制度。这是历次党代会报告中对人大工作最全面、最系统的阐述，充分体现党中央对人大工作的重视。在党的领导下开展人大工作，保持政治上的坚定，是我们坚持正确政治方向的根本保证。

（3）以坚持中国共产党核心领导地位为总抓手

在人大工作中坚持党的领导，就一定要不断提高政治站位，站稳政治立场、保持政治定力，严守政治纪律，牢固树立“四个意识”，始终在政治立场、政治方向、政治原则、政治道路上同以习近平同志为核心的党中央保持高度一致，把维护习近平总书记核心地位、维护以习近平同志为核心的党中央权威和集中统一领导摆在首要位置，全面贯彻党的基本理论、基本路线、基本方略，认真履行宪法法律赋予的职责，做政治上的明白人、履职中的带头人、广大群众的贴心人。在履行立法、监督、决定重大事项、任免国家工作人员等各项职权的过程中，坚决把市委的决策部署贯彻好、落实好，使人大常委会的各项工作有利于加强和改善党的领导，有利于巩固党的执政地位，有利于保证党领导人民有效治理国家。通过履行人大常委会的法定程序，确保党的主张成为国家意志，成为全体人民共同遵循的行为规范和准则，确保党组织推荐的人选成为国家政权机关的领导人员，全力维护党委总揽全局的领导核心地位。

（4）坚持“依法治县、依宪治县”的权力运行理念

中国是一个法治国家，不断推进法治社会建设。一个成熟的社会，具备精神和制度两方面的因素，即具有法治的精神和反映法治精神的制度。任何单位任何工作都要推动依法治理，始终保持与法治同轨。2018 年石泉县人大坚持把基层法治建设作为加强基层民主政治建设的举措，认真行使职权，当好依法治县的主力军，创造性地开展工作，取得了明显成效。在完善人大机制建设中，坚持法治思维，依法履职、加强监督，始终维护宪法和法律的权威。牢固树立法治思维，始终坚持按照宪法和法律赋予的职权依法履行职责，充分发挥县人大常委会在推进法治建设中的带头作用。维护宪法法律权威，注重营造良好的法治环境，推进法治石泉建设。高度重视对普法、执法、依法行政的依法监督，增强全民宪法意识和法治观念，有效保证宪法和法律实施，推进法治石泉建设进程。依法审议批准《关于石泉县法治宣传教育第七个五年规划的议案》，以此引导全县“最大多数”人树立法治观念，提升法律素养；对任命人员进行法律知识考试，促进“关键少数”做尊法学法守法用法的模范；认真落实宪法宣誓制度，组织新任命的人员公开向宪法宣誓，通过庄严的仪式化表达，激励做宪法的忠实信仰者、自觉实践者和坚定捍卫者。

2. 完善工作作风，保持人大“发展同力、与民同心”

“工作作风”是指干部在日常工作中展现的思维、态度和风格，工作作风会直接对工作效率产生影响。“一切为了群众，一切依靠群众，从群众中来，到群众中去”的群众路线，是我们党的优良传统和政治优势，是马克思主义认识论和唯物史观在我们党的工作中的生动体现。人大工作的最大优势是密切联系群众，为民履职是人大工作的宗旨和归宿，只有牢固树立为民履职的工作理念，视人民利益高于一切，将实现好、维护好、发展好人民群众的根本利益作为人大工作的出发点和落脚点，才能在工作中

切实关注和推动解决人民群众最现实、最关心、最直接的利益问题，才能保持同人民群众的血肉联系，使人大的各项工作顺应民心。[1]

（1）党的作风关系到人心向背、生死存亡

习近平总书记指出，“工作作风上的问题绝对不是小事，如果不坚决纠正不良风气，任其发展下去，就会像一座无形的墙把我们党和人民群众隔开，我们党就会失去根基、失去血脉、失去力量”，必须“从关系党和国家生死存亡的高度，以强烈的历史责任感、深沉的使命忧患感、顽强的意志品质推进党风廉政建设和反腐败斗争”[2]。他要求广大党员特别是党员领导干部要发扬党的优良作风，不断解决作风问题，始终植根人民、造福人民，始终保持党同人民群众的血肉联系，始终与人民心连心、同呼吸、共命运，真正赢得人民群众的信任和拥护。作为常委会组成人员、人大代表、人大工作者，必须深刻理解权力的来源，自觉接受监督，密切联系群众，倾听人民呼声，反映人民意愿。要时刻提醒自己来自人民，植根于人民，必须心里时刻装着老百姓，把群众的呼声当作第一信号，把群众的需要当作第一考虑，把群众的满意当作第一标准，实现好、维护好、发展好最广大人民的根本利益。密切联系群众是中国共产党的三大作风之一，是指全心全意地为人民服务，绝不脱离群众，一切从群众利益出发，坚持向人民群众负责，建立同广大人民群众的血肉联系和鱼水关系。

（2）作风建设的核心问题是党和人民群众的关系问题

习近平总书记强调：“作风问题，核心是党和人民群众的关系问题，根本是始终保持党同人民群众的血肉联系。”[3] 在工作中，一方面要把满足群众需求、解决群众反映的问题、让群众满意，作为一切工作的出发点和落脚点。“以人民群众利益为重、以人民群众期盼为念，真诚倾听群众呼声，真实反映群众愿望，真情关心群众疾苦。要坚持工作重心下移，深入实际、深入基层、深入群众，做到知民情、解民忧、纾民怨、暖民心，多

---

[1] 王三运．在全面深化改革中推进人大工作创新发展［J］．求是，2014（6）．

[2] 习近平：工作作风上的问题绝对不是小事［EB/OL］．（2013－01－23）．http：//news.hexun.com/2013－01－23/150457296.html.

[3] 杨贵春．作风问题的核心是党与人民群众的关系问题［EB/OL］．（2013－06－02）．http：//opinion.people.com.cn/n/2013/0602/c1003－21701860.html.

干让人民满意的好事实事。”[1] 另一方面，要紧密团结群众，全力依靠群众推进中国特色社会主义建设。改革开放是亿万人民自己的事业，人民群众是改革开放的主体力量，“要紧紧依靠人民，从人民中汲取智慧，从人民中凝聚力量”[2]。当前，中国特色社会主义事业面临着前所未有的困难和复杂局面，更加需要人民群众的衷心拥护和积极参与，必须始终坚持人民主体地位，发挥人民首创精神，充分调动人民群众的积极性、主动性、创造性。

（3）用制度保证作风建设常态化

邓小平指出，制度建设带有根本性、全局性、稳定性和长期性。改进工作作风必须注重制度建设，将作风建设的成果制度化，形成规章制度，发挥制度的刚性约束作用，这样才能减少作风问题反弹。习近平指出，要“横下一条心纠正‘四风’，常抓抓出习惯、抓出长效，在坚持中见常态，向制度建设要长效”[3] 当前，在改革开放和发展社会主义市场经济的新时期，在国内国际社会发展新形势的影响下，我们党的执政环境发生了深刻变化，党的群众工作出现了新情况，人民群众对党的执政能力产生了一定的怀疑。因此，作为新时期的党员干部，一定要坚守党的理想信念不动摇，认真履行自身职责和时代赋予的使命，结合新时期、新特点，扎扎实实做好群众工作，打牢群众基础，巩固好党的执政地位。

（二）完善选举制度，严把“三关”，优化国家权力机关结构

人民当家作主是社会主义民主政治的本质特点。人民代表大会是民主选举产生的人民当家作主的政治组织。当前，人大及其常委会的组成人员在年龄、知识、专业等结构上虽然有了很大改善，但还不尽科学、合理，影响着这一政治组织功能的有效发挥。优化结构，必须从源头抓起，这就需要从改进和完善选举制度入手，加快国家权力机关组成人员年轻化、专

---

[1] 习近平：我们要坚持“以百姓心为心”，倾听人民心声［EB/OL］．（2018－02－06）．http：//mini. eastday. com/mobile/180206000020296. html#.

[2] 中共中央国务院举行春节团拜会［N］．工人日报，2015－02－18（01）．

[3] 横下一条心纠正“四风”［EB/OL］．（2015－02－10）．http：//qzlx. people. com. cn/n/2015/0210/c364565－26537536. html.

职化的步伐。不断优化人民代表的选举工作，深入完善选举流程、丰富选举手段、拓宽选举范围。

人大代表选举工作始终是推进基层民主的主要工作，以习近平同志为核心的党中央高度重视人大代表选举工作。习近平总书记多次发表重要讲话、作出重要指示，要求确保选举工作风清气正、选举结果人民满意。石泉县人大通过严把代表“入口关”、选民“登记关”、领导“督查关”，“三关”并举，力求最大限度地保障换届选举成效，顺利选出公认的人大代表，充实壮大现有的代表队伍。

1. 以提升代表质量为导向，严把代表“入口关”

人大代表换届选举工作是人大工作的首要环节，如何选出素质和满意度都符合要求的代表，是此项工作的核心内容。石泉县深入落实上级文件精神，通过一系列行政措施严格管控“入口关”，坚持几上几下、上下结合，充分酝酿、反复协商，在广泛听取广大选民及各方意见后，再提名、推荐产生代表初步候选人名单。在认真搞好县人大代表初步候选人建议人选提名推荐工作的基础上，石泉全面铺开了县人大代表初步候选人建议人选的考察工作。代表“入口关”是强化队伍“三关”中的首要一关，这直接决定了可选代表的范围与幅度。因此，要周密部署、搞好培训，严格遵守换届纪律，维护考察组自身形象；要细化分工、明确任务，合理做好换届选举考察分工，加强各部门之间相互协作；要规范程序、严格要求，综合全方面地考察候选代表，保证其民意测评的高效性和有效性。

2. 以“六个到位”为指导思想，严把选民“登记关”

在基层人大换届选举工作中，针对选民的登记工作是一项繁琐的基础性工作，对于新时代基层民主制度的有效运行具有深远意义。石泉县人大努力做好此项重要工作，利用多种手段，如微信、QQ、微博等方式联系在外务工人员，通过多种形式进行相关活动宣传，统一入户发放《选民证》，登记选民，以“两入户”提高选举工作的知晓率。同时，建立选民电子信息库，与公安系统户籍信息进行对比，避免重登、漏登、错登现象。保证选民登记工作有序平稳开展。以“六个到位”（组织领导到位、业务培训到位、宣传发动到位、情况掌握到位、督促指导到位、张榜公告到位）作为指导思想。“六个到位”是一个不可分割的有机整体，每一环节都起着不可替代的关键作用。其中，情况掌握到位是开始选民登记工作的基础，组织领导到位、业务培训到位、宣传发动到位、督促指导到位应贯穿选民登记工作的整个过程，而张榜公告到位是完成选民登记工作的保障。通过六个环节的共同作用，能够促进选民登记工作的顺利实施，以便达到预期效果。从组织到实施，完善换届选举各个环节工作流程，积极推进工作有序进行。

3. 以确保风清气正为目的，严把“督查关”

换届选举工作本身的性质决定其必然需要一个严肃、公正、公平的选举环境与氛围，为了保证选举工作按照一定科学有效的流程进行下去，有效的督导检查必不可少。石泉县抽调县人大、组织部等部门的干部，由县人大常委会主任、副主任担任组长，组成 5 个换届选举工作指导组，50 余次到 11 个镇轮回督导，检查指导各镇依法有序、务实推进换届选举工作。

（1）逐级开展谈心谈话

严把纪律监督关，一是逐级开展谈心谈话。县委书记与各镇党委书记，纪检、组织部门与各镇领导班子成员及后备干部，各镇党委书记与所属基层党组织书记分别进行谈话；党委负责人与落选代表候选人、落选政府班子候选人进行谈话。

（2）逐级签订责任状和承诺书

为了确保换届风清气正，石泉县对严肃换届纪律“九个严禁、九个一律”要求和《严肃换届纪律公告》进行集中广泛的宣传，制作并发放严肃换届纪律知晓卡和严肃换届纪律提醒。通过签订《换届纪律责任书》、观看警示教育片、组织换届纪律知识测试等方式，强化换届纪律。

（3）逐级保障联动有序

切实做到换届选举的组织、经费“两个保障”到位，统筹指导、工作督查、业务审查“三项督导”有力，县镇选委会、县选委会指导组、选区选举工作组、选区选民小组“四级联动”有序，使整个换届选举工作务实推进、全民参与、全部合法有效，选出组织放心、人民信任、素质过硬的新一届县乡人大代表。

督查关是强化队伍“三关”中的最后一关，但这并不能否定它的重要性，相反，这一关应贯穿换届选举整个过程。通过开展谈心谈话、签订责任状和承诺书、保障联动有序，能在很大程度上净化基层人大工作的政治生态，保证换届选举的风清气正。

（三）完善监督制度，开展“三问”，增强政治权力制约机制

有效的权力监督机制是现代政治文明的一个重要内容。近几年，各级人大及其常委会在履行监督职责方面作了大量工作，取得了一定成效，但还存在诸多不足之处，主要是监督手段单一，监督力度不大，监督效果不尽如人意。当务之急，便是建立健全一套行之有效的监督机制。没有可以依据的监督程序，行使监督权就成为一句空话。我国的宪法、地方组织法等法律都规定了视察、检查、询问、质询、撤职、罢免等监督形式，但对监督程序的规定则过于原则、抽象，法律责任也不够明确，可操作性不强。要切实加强监督工作，就必须规范监督程序。在《监督法》尚未出台的情况下，地方人大及其常委会应在总结经验的基础上，积极探索，制订相关办法，将那些经过实践证明切实可行的监督程序加以初步规范，如此，既便于现阶段监督工作的有效开展，又可以从实践上为《监督法》的出台积累经验。

石泉县人大常委会秉承“总结、继承、完善、提高”原则，深入挖掘地区民主政治发展潜力，以“继承引领发展，发展促进继承”的理念，不断加强辖区内基层民主法治建设，在广泛听取社情民意的基础上，认真履责、务实工作、不断创新发展，确立了发展上要与党委同频共振，监督上要有力有效，机制上要创新突破，形象上要做到“三严三实”的工作目标。通过电视网络问政、问卷调查、监督问效等不同的方式方法，拓宽监督渠道，加强监督力度，丰富监督手段，提高监督实效。

1. 创新电视网络问政，完善丰富监督手段

目前，人大监督工作中仍然存在软性监督多、刚性监督少，程序性监督多、实效性监督少，会上监督多、会后监督少，对事监督多、对人监督少等问题。为改变这种监督不力的局面，石泉县人大及其常委会综合运用各种监督手段，在注意各种监督方式互相配合和综合运用的同时，探索创新，尝试新的有效的监督方式，特别是大胆地采用电视网络问政的方式，

广泛收集代表及群众的意见。2017 年 5 月 31 日石泉县第十八届人民代表大会常务委员会第三次会议通过《石泉县人民代表大会代表电视网络问政暂行办法》（以下简称《办法》）。《办法》直接规定了石泉县电视网络问政的具体步骤和实施规划，以制定方案—现场询问—满意度调查—跟踪督办的模式，激发了人大的制度活力。这是石泉县人大本着为人民服务的思想，针对人大监督工作重点难点，进行的一次伟大的创新实践。使人大代表监督工作从原来的“不落实处”到现在的只在实处上“做文章”，彻底打通了代表的监督途径，拓宽了代表工作范围，挖掘了代表监督潜力，深化了代表监督工作的创新机制，完善了代表监督流程。将代表监督工作引入监督有向、监督有质、监督有效的“快车道”。

2. 开展专项问卷调查，精准落实问题导向

长期以来，人大系统内部，监督工作较多注重监督程序的规范，而较少关注监督工作的实际效果。每年的人代会上，人大常委会的工作报告中缺乏具体化的监督问效机制，使人大监督工作在社会上难以形成应有的关注度和认同度，某种程度上形成了“干多干少一个样，干好干坏一个样”。要改变这一状况，必须建立一整套地方人大监督工作问效机制，使人大常委会的监督工作由单纯的程序性监督向程序性和实质性监督相融合的方向迈进，切实提高地方人大监督工作的成效，充分发挥好作为地方国家权力机关制度设计的应有作用。近年来，石泉县人大常委会紧紧围绕习近平总书记的讲话精神，坚持问题为导向，不断创新监督方式，完善人大监督实效评价机制，增强监督实效，组织全体基层人大代表对基层人大常委会及“一府两院”工作报告及工作落实情况进行了满意度问卷调查，对人大监督事项的整改情况进行跟踪问效，取得较好的社会反响。并逐步建立监效机制，形成一种倒逼和压力机制，克服监督多少一个样、好坏一个样、软硬一个样的弊端，不断提升人大监督工作的实效性和权威性。

3. 进行常态监督问效，建立长效机制

我国人大会议会期的短期性对人大监督工作所需的长效性提出了挑战。人大对政府的监督需要细致的态度、专业的方法，这都需要充足的时间来保证，要求人大代表尤其是常委会在人大闭会期间将监督日常化、常效化，充分调动社会监督资源，让其参与到质询、听证等监督活动，建立

一种长期的对“一府两院”的监督威慑，这样才能达到监督效果，体现制度优越性。近年来，石泉县人大常委会坚持在夯实自身建设这一基础上，突出制度建设这一重点，紧抓常委会会议根本，在建立监督长效机制方面进行了积极的探索，有力推动了地区人大工作的有效开展。为促进监督问效工作常态化、规范化开展，出台了《石泉基层人大常委会审议意见整改落实情况报告满意度测评暂行办法》，对人大开展的每一项监督工作定期听取整改情况的报告，并进行满意度测评，对整改不到位和满意度偏低的工作责令继续整改，或采取进一步监督措施。

（四）完善议事制度，提高议事效率，优化政治决策机制

建设社会主义政治文明，要始终以最广大人民的根本利益为出发点和落脚点，真正做到“权为民所用，情为民所系，利为民所谋”。人大及其常委会在行使重大事项决定权之时，必须改革和完善议事决策制度，健全深入了解民情、充分反映民意、广泛集中民智、切实珍惜民力的决策机制，着力推进决策的科学化、民主化。

1. 拓宽社情民意反映渠道

目前，人大及其常委会在决定重大事项前，一般是组织人大代表和常委会组成人员开展一些调查。但受各种条件的限制，调查面不够宽，了解的意见也不够全面。建议除了深入实际、深入基层、深入群众，进一步提高调查研究的质量外，还可采取召开有社会各界人士参加的决策听证会，在新闻媒体上发布公告向社会征求意见，组织公民旁听人代会、人大常委会会议等做法。这几种形式，有些地方的人大及其常委会已在立法、评议等工作中加以运用，并取得了一定效果，可在行使决定权时加以推广和完善，让更多群众广泛参与决策过程。

2. 建立辩论制度和专家咨询制度

与目前各地人大及其常委会会议一般采用的审议发言方式相比，辩论制度优点有三：一是可以在辩论中发表不同意见，特别是反对意见。以前，由于听取反对的意见不够，在一定程度上影响了科学决策和民主决策。二是可以促进决策前调查研究质量的提高，为决策提供更为翔实、准确的依据。三是便于从不同意见的辩论、比较中，找出最佳的决策方案。

人大代表和常委会组成人员是决策者，他们来自各行各业，对自己所从事的本职工作比较熟悉，但不可能对所有需要决策的事项都样样精通。因此，向专家咨询尤为必要。专家可以从专业的角度，对重大事项特别是专业性较强的决策事项，提出咨询意见，为人大代表和常委会提供信息资料、理论依据和多种方案，确保决策的科学性。

3. 改进重大事项决策的表决方式

当前人大在重大事项进行决策的过程中，主要是采取举手表决、无记名投票表决和电子表决三种方式。其中，举手表决因其简便易行，不受硬件设施的限制而被较多采用。但这种表决方式却因过于“透明”而使表决者容易产生“从众心理”，不利于代表真实意愿的自由表达，这种表决体系虽然一定程度上方便了会议进程，但是其弊端也是显而易见的。后两种表决方式，较之前者具有一定的“隐秘性”，符合秘密投票的原则，能更好地体现表决者的真实意愿。虽然投票表决在计票上有些麻烦，电子表决受到硬件设施的限制，但这两种表决方式可以使人大及其常委会在决策民主化上前进一步。因此，在重大事项决策时宜采用更民主、更进步的表决方式。

（五）完善代表制度，激发主体内源动力，提高履职效能

1. 落实“一线工作法”，规范代表履职机制

现阶段人代会闭会期间活动的内容大多局限在开会、念文件或是走马观花式的视察等方式上。完善代表履职机制，要注意三个方面：一是主动性，即人大代表应主动开展一些个人执证视察，结合本职工作和自身优势开展定向调查活动，不要仅仅局限于被动参加人大常委会组织安排的活动；二是多样性，即人大常委会组织代表活动应在形式上不断创新，多组织代表开展一些诸如走访选民、联系选举单位、旁听会议、面对面向“一府两院”提建议等的活动；三是经常性，代表活动是人大代表依法履行职务的一个平台，在人代会闭会期间，人大代表主要通过参与代表活动来参与管理国家事务，如果代表活动开展得过少，那么代表参与管理事务就成了一句空话。因此，代表活动要保持经常性，使每位代表每年参加的代表活动达到一定数量。石泉县人大常委会深入贯彻落实中央、省、市关于加

强县乡人大工作文件会议精神，结合实际，出台了《关于深入推行“一线工作法”的实施意见》，明确了依法监督、代表履职等方面9项具体措施，紧紧围绕县委决策部署，主动服务发展大局，不断强化一线意识，积极追求一线作为，在增强监督实效、助力脱贫攻坚、发挥代表作用、推进民主法治建设、加强县镇人大建设等方面取得明显成效。

2. 建立“代表工作室”，完善履职平台建设

人大代表身份的特殊性与其人大工作的兼职性都决定了履行人大义务个人属性趋于主导，人大工作的进行与实施完全取决于代表自身的自觉性与责任感。基层各级人大常委会在代表履职问题上作出了很多积极的探索。石泉县人大常委会基于辖区内代表的个人情况等因素，建立了一批以代表为主体的“代表工作室”，2017年3月1日石泉县人大常委会印发了《石泉县人民代表大会代表小组活动办法》，该办法明确了闭会期间乡镇人大代表的工作机制运行模式，第一次提出了建立“代表工作室”的办法，并按照一定的规章制度完善代表工作室运行与发展。县人大积极开展“五一五联”常态化活动，以组织集中性大走访活动为契机，发动县镇两级人大代表，围绕访选民、搞宣讲、提建议、办实事，对基层情况进行大排查，并逐步深化“大走访”为“常走访”，真正找准企业发展的难点、项目建设的堵点、群众生活的痛点、社会稳定的风险点，为全县建设建言，切实解决实际问题，在后柳镇高标准建设4个代表工作室，通过“微信+代表群”畅通代表履职渠道，让全体代表定期到工作室轮流“坐班”接待选民群众，在一线真心听民声、尽心代民言、多方汇民智、倾力解民忧。如今的代表工作室已成为人大代表学习“充电”的大课堂，民情民意的“采集站”，建言献策的“议事厅”，群众有事找代表已成为习惯。

3. 引入“课题组”，凝聚代表履职合力

基层人大代表来自各行各业，对于自身行业内的事务多有建树，为了利用这一优势，更好地发挥人大代表的主体作用，增加其积极性、主动性和创造性，石泉县池河镇人大制订了人大代表课题组活动实施方案，以进一步丰富闭会期间人大代表活动的内容，充分展现代表风采，促使人大代表更好地履行职责，积极参与政务，为池河经济社会发展建言献策。池河镇人大代表以自我优势为先导，不忘初心、牢记使命，紧紧围绕全镇经济

社会发展大局，聚焦群众关心的热点、难点、焦点问题，充分利用代表工作室，积极参与“课题组”调研，广泛听取并及时反映社情民意，提出了高质量的议案、建议、批评和意见，为推动地区经济与社会发展作出了突出的贡献。

人大工作现代化：新时代推进人大工作模式系统革新的石泉样本

——对安康市石泉县做好新时代人大工作举措的调查与思考

习近平总书记指出，60 年来特别是改革开放 30 多年来，人民代表大会制度不断得到巩固和发展，展现出蓬勃生机活力。60 年的实践充分证明，人民代表大会制度是符合中国国情和实际、体现社会主义国家性质、保证人民当家作主、保障实现中华民族伟大复兴的好制度。人民代表大会制度是中国特色社会主义制度的重要组成部分，也是支撑中国国家治理体系和治理能力的根本政治制度。新形势下，我们要毫不动摇坚持人民代表大会制度，也要与时俱进完善人民代表大会制度。

一、人大工作现代化革新核心思路

习近平总书记指出："我们也要看到，相比我国经济社会发展要求，相比人民群众期待，相比当今世界日趋激烈的国际竞争，相比实现国家长治久安，我们在国家治理体系和治理能力方面还有许多不足，有许多亟待改进的地方。……我们要更好发挥中国特色社会主义制度的优越性，必须从各个领域推进国家治理体系和治理能力现代化。"❶ 俞可平先生提出："民主是现代国家治理体系的本质特征，是区别于传统国家治理体系的根本所在。所以政治学家通常也将现代国家治理称为民主治理。"❷ 切实保证实现国家治理现代化，不但要求我们要从理论角度进行探索，同样也要求我们从新时期中国社会的实际出发，挖掘自身潜力，不断总结与发展优秀

❶ 习近平：人大制度是人类政治制度史上的伟大创造［EB/OL］．（2014－09－05）．http：//www. news. cn.

❷ 俞可平：现代治理体系本质特征是民主［EB/OL］．（2013－12－02）．http：//www. chinanews. com/sh/2013/12－02/5568923. shtml.

的经验，在提高制度自信的同时，也要提高制度刚性建设，发挥我国独特的制度优势，充分盘活人大代表在国家治理能力现代化中潜在动力机制。

（一）完善科学立法体系构建，促进民主立法机制健全

行使立法权，是人大最重要的职责。现在，立法工作还在一定程度上，存在着过度依赖政府部门的行政化色彩，这显然与人大的职责不相符，也与国家治理主体多元化的发展趋势不一致。立法工作从过度依赖政府立法转向人大主导立法，让立法权“回家”，是事关立法公正的重大原则问题，也事关国家治理现代化的推进。然而，人大主导立法，并不是在立法各个环节上大包大揽，而是在党委的领导下发挥统筹协调作用，充分保障各方面在立法工作中发挥应有的职能，确保社会利益主体在公开、公正的立法平台上平等博弈、理性协商和互相妥协。因此，在立法工作模式上，应当尽快改变过多依赖政府部门起草法案的传统做法，积极探索党委领导立法、人大主导立法、社会协同立法相统一的有效机制。这必须着重处理好三个关系：首先，处理好党的领导与人大主导的关系，切实根据党委的立法建议及决策，开展立法工作；其次，处理好人大主导与政府的关系，加强与政府的整体协调，推动政府对各部门立法工作的统筹；最后，处理好人大主导与社会参与立法的关系，通过设立立法咨询专家库，召开立法听证会、论证会、座谈会等形式，扩大社会有序参与立法的渠道。

（二）以协商民主为重点形式，探索完善地方人大监督机制

协商民主是以协商为特点、具有广泛适用性的民主形式，也是现代国家治理的重要形式，对于社会利益格局已经发生深刻变化后的人大监督工作来说，是更为适合的。党的十八届三中全会指出，要构建程序合理、环节完整的协商民主体系，拓宽国家政权机关、政协组织、党派团体、基层组织、社会组织的协商渠道。地方人大作为国家政权机关中的权力机关，应当在地方人大监督工作中积极探索协商民主的形式，将监督工作中涉及公共利益、事关群众切身利益的重大事项纳入协商的范围，让社会各界参与协商，以社会力量强化人大监督，使人大监督通过协商民主的形式，有效地反映和吸纳各种利益诉求，从而理顺利益关系、消除利益冲突，促使

人大监督更具客观效果，增强人大监督的针对性和实质性，避免人大监督工作中的程序性监督多、实质性监督少等弊端，实现良好的社会治理。因此，要注重从协商对象和范围、协商内容和程序、协商的平等性和公开性、协商反馈落实机制等多方面进行探索完善，真正解决协商什么、与谁协商、怎样协商、协商成果如何运用等具体问题，逐步建立协商民主的人大监督机制，保证人民群众依法平等协商，维护人大监督的权威性和有序性。

（三）探索协同共治的有效途径，健全地方人大重大事项决定机制

协同共治是现代国家治理的重要形式，要求政府与公民对社会公共事务的协同治理、合作管理，使所有公共政策从根本上都符合人民的意志，实现公共利益最大化。探索协同共治的有效途径，有利于健全人大重大事项决定机制。现实一再表明，公共政策凡是不经过政府与群众的良性互动所决定下来的，很可能得不到群众的认可，难以贯彻实施。党的十八届三中全会明确指出，健全人大讨论、决定重大事项制度，各级政府重大决策出台前向本级人大报告。因此，探索协同共治的有效途径，健全地方人大重大事项决定机制，是大势所趋。一方面，要正确处理好人大重大事项决定权与党委领导权、政府行政权的关系。人大自觉接受同级党委的领导，善于把党委的重大决策经过法定程序，作出决议，转变为国家意志，同时加强与政府联系沟通，尊重政府依法行使行政权，依法提请人大审议决定重大事项，真正做到“党委决策、人大决定、政府执行”。另一方面，地方人大决定重大事项要做到制度化、规范化、程序化，扩大社会对重大决策的有序参与。地方人大决定重大事项，是一个依法决策、民主决策的过程，需要进一步规范决定重大事项的操作程序，如在讨论审议阶段，对一些争议较大的重大事项，可引入辩论机制，组织广大群众特别是专家学者参与讨论、集思广益，以求得共识。

（四）坚持任免与监督的结合，深化地方人大人事任免工作

人事任免权是宪法和法律赋予各级人大及其常委会的重要职权，是人

民行使管理国家权力的具体体现。行使好人事任免权，不仅关系到人大的职能发挥，更关系到我们党的执政能力、治理能力的提高。一方面，要正确处理好党管干部与人大依法任免干部的关系。党管干部是坚持党的领导的具体体现，人大依法任免干部是人民当家作主的具体实践，两者是相互统一的。党委向国家机关推荐重要干部人选，可以探索建立与人大的协商制度，充分听取人大意见。人大依法任免党委推荐的重要干部人选，要在严格遵循法律的基础上，建立和完善任免工作制度，规范任免程序，保证在人事任免各个环节依法独立行使法律赋予的权力。另一方面，要注重把人大依法任免干部与人民群众的监督结合起来。坚持人大任免干部的公告公示制度，保障人民群众的知情权、监督权，切实把群众公认的干部选拔到重要领导岗位上来。

（五）深化人大履职制度建设，发挥人大代表的主体作用

人民代表大会是国家治理的重要主体之一，而人大代表又是人民代表大会的主体，人大代表作用发挥得如何，直接影响到人大及其常委会在推进国家治理现代化中行使职权的质量和水平。因此，要进一步完善保障人大代表依法履职、充分发挥主体作用的制度建设。一方面，进一步改革人大代表的选举制度。震惊全国的“衡阳贿选案”，已经深刻地表明人大代表选举制度亟待完善，人大代表的构成及其代表性问题值得重视。推动人大代表选举制度改革取得突破性进展，已是刻不容缓的现实问题。应当积极探索改革代表候选人提名制度，扩大选民和代表联合提名的比例；完善差额选举制度，探索建立竞争性的候选人介绍制度，在选举中适当引入竞争机制；提高基层代表特别一线工人、农民代表比例，加快解决人大代表的构成及代表性问题。另一方面，加快人大代表专职化的改革步伐，提高人大代表质量，改善人大代表工作条件，加强人大代表“接地气”的制度建设。党的十八届三中全会提出，加强人大常委会同人大代表的联系，充分发挥代表作用。通过建立健全代表联络机构、网络平台等形式密切代表同人民群众的联系。

（六）加强人大自身建设，激活发代表挥职潜力

加强地方人大常委会自身建设，是发挥权力机关职能作用、促进国家

治理现代化的重要保证，也是人大工作中的一项基础性工作。可以重点从三方面去着手：第一，优化地方人大常委会组成人员结构，逐步实现专业化、年轻化。注重突出议政能力，选配精通和熟悉各方面业务的干部，特别是专家型人才，充实到常委会班子中来；改善组成人员年龄的梯次结构，不再单纯把组成人员当作荣誉性或过渡性的职务照顾安排；有条件时，要推广深圳市为常委会组成人员配备顾问的做法。第二，完善常委会会议制度，提高会议质量。改革常委会会议会期制度，解决间隔周期较长、会期较短等问题；从注重分组审议，转向实行常委会会议全体会议制度，保证有关审议意见充分交流碰撞；探索建立辩论和议决机制，对争议较大的问题进行议决，避免论而不辩、拖而不决的现象；运用网络等媒体，对常委会审议过程全程直播，实行审议过程公开化。第三，建立人大机关干部交流制度，加强队伍建设。加快建立人大机关与党委和“一府两院”的干部双向交流制度，确保人大的干部进得来、出得去，逐步形成“先议员后官员”的良性循环，增强人大干部队伍的活力。

（七）推进人大制度创新，实现国家治理能力现代化

对于社会主义国家而言，我们提出国家治理现代化，从根本上说，就是在党的领导下，坚持人民主体地位，最广泛地动员和组织人民依法管理国家事务和社会事务、管理经济文化事业，不断提高科学管理的水平。国家治理现代化必然对我国各项制度建设，特别是对我国人大制度建设进一步地提出民主化、法治化、科学化的要求。习近平总书记在庆祝全国人民代表大会成立60周年大会上的讲话中强调，人民代表大会制度是中国特色社会主义制度的重要组成部分，也是支撑中国国家治理体系和治理能力的根本政治制度。新形势下，我们要高举人民民主的旗帜，要毫不动摇坚持人民代表大会制度，也要与时俱进完善人民代表大会制度。与时俱进就是要求人大代表在我国不断发展的民主、法治、科学的治理模式体系下发挥其不可替代的重要作用。

综上所述，在新时代，坚持和完善人大制度，关系到国家治理现代化能否实现，关系到全面推进依法治国能否实现，关系到中国共产党的执政能力和执政水平，关系到党和国家的全局，关系到创新、协调、绿色、开

放、共享五大发展理念能否实现。党的十八大以来，特别是党的十九大报告中党中央对我国未来经济社会发展作出了战略部署。这些战略部署必须通过人大制度的发展来实现。

二、新时期人大工作创新范本——石泉样本

中国特色社会主义进入新时代，我国社会主要矛盾已经转化为人民日益增长的美好生活需要和不平衡不充分的发展之间的矛盾。人民美好生活需要日益广泛，不仅对物质文化生活提出了更高要求，而且在民主、法治、公平、正义、安全、环境等方面的要求日益增长。同时，社会矛盾和问题交织叠加，全面依法治国任务依然繁重，针对国家治理体系和治理能力也提出了新的要求。

（一）恪守党的领导与人民当家作主相结合的治理理念

“万山磅礴必有主峰，龙衮九章但挚一领。”人民代表大会制度是党领导人民建立发展起来的。新时代坚持和完善人民代表大会制度，根本上是要坚持党的领导特别是坚持党中央集中统一领导，通过人民代表大会制度，保证党的理论和路线方针政策、决策部署得到全面贯彻落实。人民代表大会是我党的执政之基和发展之动力。习近平总书记在党的十九大报告中旗帜鲜明地指出：“党政军民学，东西南北中，党是领导一切的。”[1]中国共产党领导是人民代表大会制度的本质特征和最大优势，也是实践人民代表大会制度、做好人大工作的根本保证和关键所在。归根结底，党的领导与人民当家作主是一个统一的整体，二者同为我国社会主义民主政治的伟大实践，这是我国现阶段政治生态领域最显著的特征与政治优势。

人民代表大会制度是我国坚持党的领导、人民当家作主的实践阵地和有效载体。中国共产党是领导核心，是执政党，依法行使执政权，而全国人大是国家最高权力机关，依法行使议决权、监督权等国家权力，因此二者关系实质上是权力分配关系。中国共产党的执政权“首先源自社会权力的取得，并在长期实践中贯彻、宣传和身体力行实施其政治纲领的前提下

[1] 党政军民学，东西南北中，党是领导一切的（笔谈）[J]．党建，2018（6）．

使广大民众自觉服膺其权威帜下；而后再依据宪法、法律的程序和实体法规定取得对国家的领导权，即取得对国家的执政权”❶。

习近平总书记指出：“发展社会主义民主政治就是要体现人民意志、保障人民权益、激发人民创造活力，用制度体系保证人民当家作主。”❷ 党的十九大召开后，为了适应新时代新要求，安康市人大常委会统筹谋划，积极作为，深入开展镇人大“政治同向、法治同轨、发展同力、与民同心、全面加强自身建设”为主要内容的“四同一建设”工作。石泉县积极推动这一理念的实践活动开展，在全县范围内广泛深入学习新时期习近平新时代中国特色社会主义思想，“明确坚持和发展中国特色社会主义，总任务是实现社会主义现代化和中华民族伟大复兴，在全面建成小康社会的基础上，分两步走在本世纪中叶建成富强民主文明和谐美丽的社会主义现代化强国；明确新时代我国社会主要矛盾是人民日益增长的美好生活需要和不平衡不充分的发展之间的矛盾，必须坚持以人民为中心的发展思想，不断促进人的全面发展、全体人民共同富裕；明确中国特色社会主义事业总体布局是‘五位一体’、战略布局是‘四个全面’，强调坚定道路自信、理论自信、制度自信、文化自信；明确全面深化改革总目标是完善和发展中国特色社会主义制度、推进国家治理体系和治理能力现代化；明确全面推进依法治国总目标是建设中国特色社会主义法治体系、建设社会主义法治国家；明确中国特色社会主义最本质的特征是中国共产党领导，中国特色社会主义制度的最大优势是中国共产党领导，党是最高政治领导力量”❸。

（二）优化代表组织建设，创新管理机制，激发代表“主动式发力”

政治制度是政治文明最主要的载体和体现，在政治文明建设中处于核

---

❶ 张致森．新中国成立初期党政关系的历时考察［J］．上海党史与党建，2016（1）．

❷ 习近平提出，健全人民当家作主制度体系，发展社会主义民主政治［EB/OL］．（2017－10－18）．http：//www.gov.cn/zhuanti/2017－10/18/content_5232655.htm.

❸《习近平：决胜全面建成小康社会夺取新时代中国特色社会主义伟大胜利——在中国共产党第十九次全国代表大会上的报告》，http：//www.xinhuanet.com//2017－10/27/c_1121867529.htm，2017－10－27.

心地位。这就决定了作为我国根本政治制度的人民代表大会制度，在社会主义政治文明建设中具有特别重要的作用。

基层人大代表，作为广大人民与政府对接的直接“窗口”，不但要将人民群众的合法诉求上报给相关部门，同时也要发挥自身的基层优势，将国家政策与上级精神有效传达给普通群众，因此，代表能否切实有效地履职，“窗口”能否发挥应有的效能，基层代表的履职与内生动力起着至关重要的作用。首先，这对基层人大代表提出了相应的要求，必须在依法履职过程中，深入学习党的精神，贯彻落实习近平新时代中国特色社会主义思想，提高自身素质与履职能力；其次，这也对基层人大委员会工作提出了挑战，要求基层人大委员会针对辖区内实际情况，尽可能满足人大工作正常运转的基本需求，同时尊重代表的主体作用与履职责任，积极为代表更好的履职提供一定的必要条件，从而切实保证代表履职的有效性与长效性。

1. 搭建代表履职平台，提升代表联系群众能力

石泉县人大常委会将各级人大代表按区域划分，建立了46个规范化代表工作室，出台了管理办法，着力打造功能齐全、与县人大综合监督信息平台联网的履职平台，让代表及时传达党和国家的方针政策，收集社情民意，协调和督促解决群众困难问题，为代表常态化履职开辟了新天地，为群众表达诉求架起了“连心桥”。积极组织开展助力“新民风代表在行动”“人大代表大走访”、十佳人民满意的人大代表评选，表彰代表回选区向选民述职等活动，让各级代表立足岗位充分发挥作用。人大常委会要积极为代表搭建活动平台，创新代表活动载体，丰富代表履职平台内容，畅通代表的知情知政渠道，保障代表的知情权、参与权、建议权和监督权，激发代表履职的积极性。县人大积极开展“五一五联”常态化活动，以组织集中性大走访活动为契机，发动县镇两级人大代表，围绕访选民、搞宣讲、提建议、办实事，对基层情况进行大排查，并逐步深化“大走访”为“常走访”，真正找准企业发展的难点、项目建设的堵点、群众生活的痛点、社会稳定的风险点，为全县建设建言，切实解决实际问题。在后柳镇高标准建设4个代表工作室，通过“微信+代表群”畅通代表履职渠道，让全体代表定期到工作室轮流“坐班”接待选民群众，在一线真心听民声、尽心代民言、多方汇民智、倾力解民忧。如今的代表工作室已成为人大代表

学习“充电”的大课堂，民情民意的“采集站”，建言献策的“议事厅”，群众有事找代表已成为习惯。

2. 创新代表管理机制，畅通代表履职通道

石泉县人大投入300余万元，按照有场所、有牌子、有制度、有计划、有记录、有档案、有保障的“七有”标准，分片区建立了46个规范化的片区代表工作室，出台了代表工作室建设和管理办法。将全县714名中、省、市、县、镇人大代表合理划分到代表工作室，每周安排1名人大代表坐班接待选民群众，每名代表一年坐班3～4次，让代表传达党和国家的方针政策，收集社情民意，协调和督促解决群众困难问题，使代表工作室成为政策宣传、社情民意汇集融合的平台。

县人大常委会借鉴财政预算联网监督的做法，采用“互联网+”模式，于2018年年初建立了人大综合监督信息平台，打造集财政预算、执法用法、民生事业、城建环保和代表履职等信息于一体，让人大代表成为可随时查询了解工作动态和发现监督线索的“第三只眼”，拓宽代表知情知政督政渠道，增强代表监督针对性和实效性。各代表工作室围绕宪法、法律法规的遵守和执行、县人大及其常委会的决议决定和政府中心工作的推进落实、重点项目建设、社会民生问题、代表建议的办理落实等“五个重点”，每周安排1名代表接待选民群众，每名代表每半年至少提出1条有价值的建议或意见，每名代表每年至少参与1次矛盾纠纷调解，代表小组每季度组织开展1次集体活动，每年至少提交1份专题调研报告或视察报告等“五项活动”，积极听民声、汇民意、聚民智、解民忧，忠诚履行代表职责，每项活动有记录、有资料、有结果，使代表履职活动更丰富，履职效果更明显，履职行动更规范。对于群众反映强烈的重点问题，通过人大代表建议纳入县、镇、村书记“民情三本账”，实行重点督办。

3. 增强调研“专业度”，提升人大调研机能

以往人大调研的实际工作中很容易出现调研走过场，听报告无实际效能的情况。众所周知，基层人大代表来自社会上的各行各业，大多是兼职代表，仅仅有少部分为专职代表，在闭会期间作为人大代表的履职，很大程度上要靠代表自我约束与管理，不然会出现代表履职虚位的现象。为了更好地激发代表的自我意识与创新意识，石泉县人大常委会依据代表本身

职业情况，通过划分课题组的方式力求通过代表对于本身行业的专业理解与实践，提升代表调研的效能，从而，促使人大代表更好地履行职责，积极参与政务，为石泉县经济社会发展建言献策。通过课题组的形式，石泉县各级人大代表本着不忘初心、牢记使命的思想，紧紧围绕全县经济社会发展大局，聚焦群众关心的热点、难点、焦点问题，充分利用代表工作室，积极参与课题组调研，广泛听取并及时反映社情民意，提出了高质量的议案、建议、批评和意见，为推动经济社会发展作出了突出的贡献。“课题组”的引入，很大程度上抓住了代表闭会期间履职的主要矛盾与内生特殊性，从源头放活了代表的履职动力，同时，对于代表工作室的发展与完善也提供了一定的便利条件。

（三）完善监督制度体系，增强监督实效，建立监督长效机制

完善有效的权力监督机制是现代政治文明的一个重要内容。近几年，各级人大及其常委会在履行监督职责方面作了大量工作，取得了一定成效，但还存在诸多不足之处，如监督手段单一，监督力度不大，监督效果不尽如人意等。当务之急，便是建立健全一套行之有效的监督机制。张德江委员长在第十二届全国人民代表大会常务委员会第一次会议上的讲话中指出：“我们要着眼于增强监督实效，进一步完善监督工作方式方法。加强跟踪监督，对于监督工作中发现的问题，要持续跟进，推动整改，并建立健全解决问题的长效机制。”[1] 这给我们基层人大加强跟踪监督指明了方向。近年来，石泉基层人大常委会坚持夯实自身建设这一基础上，突出制度建设这一重点，紧抓常委会会议根本，在建立监督长效机制方面进行了积极的探索，有力推动了地区人大工作的有效开展。为促进监督问效工作常态化、规范化开展，出台了《石泉基层人大常委会审议意见整改落实情况报告满意度测评暂行办法》，对人大开展的每一项监督工作定期听取整改情况的报告，并进行满意度测评。对整改不到位和满意度偏低的工作责令继续整改，或采取进一步监督措施。2017 年以来，石泉基层人大常委会

---

[1] 张德江在第十二届全国人民代表大会常务委员会第一次会议上的讲话［EB/OL］.（2013－03－19）. http：//www.npc.gov.cn/wxzl/gongbao/2013－07/18/content_1810974.htm.

不断加大对民生事业、项目建设、产业发展等工作的监督力度，分年度制订了监督工作清单，先后对脱贫攻坚、产业扶贫、营商环境、企业用电服务、创业创新、社会养老、健康石泉、公安工作、城镇建设、物业管理、医疗卫生改革等 10 多项工作进行了视察调研，开展了《中华人民共和国村民委员会组织法》执法检查。在为县委决策、政府推进工作提供参考依据的同时，监督支持各项工作发展。如在对蚕桑产业发展问题进行代表电视网络问政后，针对代表反映强烈的其他产业发展和精准扶贫工作中问题，又开展了代表约见农林科技局、扶贫局负责人活动。2018 年针对代表和群众意见较大的产业扶贫工作进行专项视察，督促整改，下半年还对有关部门负责人进行述职评议或专题询问，采取多种方式进行系列跟踪监督，直到产业发展和扶贫工作让群众和代表满意为止，持续加强对跟踪问效和考核结果的参考和运用。

1. 在监督内容方面，突出问题导向机制

能否抓住“问题”是找准监督工作着力点、完善监督工作方式方法的关键；是确保人大及其常委会依法履职、增强监督实效性和针对性的必要条件；是让“一府两院”承诺不打折扣，促进改进工作，推动解决人大代表、人民群众普遍关心的热点难点问题的重要抓手。地方人大是地方国家权力机关，其监督权是一项十分重要的权力，正确行使监督权对推动地方政府依法行政和司法公正有着十分重要的作用，有利于社会主义法治建设。在 2016 年 11 月 29 日闭幕的石泉县第十八届人大一次会议期间，代表们以高度负责的精神，提出了 188 件议案、建议和批评意见，充分反映了广大人民群众的愿望和诉求。基层人大常委会进行认真梳理，经党组和主任会议几次研究，从代表反映强烈、问题集中、急需办理的建议中，选定了蚕桑产业发展、烤烟生产销售、新农合相关政策三件群众等不起也不能等的事项，决定以最快的速度做深入的调查研究，采取有效措施及时解决，作出回应。石泉县这种以问题为出发点的回应监督机制，很大程度上体现了代表与民同心的政治素养，也使代表与群众的联系更加密切。

2. 在监督形式方面，不断创新监督方法

石泉县第十八届人大常委会围绕县委主要领导提出的“监督工作要有力有效”的要求，积极探索实践，开展代表电视网络问政、工作报告满意度问卷调查、对监督事项进行跟踪问效，增强监督实效，取得了良好效果。坚决秉承“总结、继承、完善、提高”的原则，注重在传承中发展，深入分析基层民主法制建设的新趋势，主动把握人大工作规律。精心谋局布篇，依法认真履行职责，务实创新，讲究实效，确立了发展上要与党委同频共振，监督上要有力有效，机制上要创新突破，形象上要做到“三严三实”的工作目标。在切实开展人大工作进程中，用习近平总书记系列重要讲话精神和党的十九大提出的新部署、新论断武装头脑、指导人大工作；坚持党的领导、人民当家作主、依法治国有机统一，重大事项向党委请示汇报，夯实代表工作、人大自身建设、镇人大建设三大基础，增强人大工作活力；切实保证监督权、决定权、任免权三项职权的有力实施，充分发挥基层人大职能和作用。

3. 在监督效果方面，建立长效的监督机制

石泉基层人大为促进监督长效机制建立，率先在全县开通了人大预算联网监督查询系统，使人大对财政预算监督由事前、事后监督，转化为在线全程监督，实现了预算审查监督信息化、网络化，增强了预算审查监督的针对性和有效性。在县第十八届人大一次和二次会议上，代表共提出意见建议 312 件，由基层人大常委会组成人员领衔督办，定期听取办理工作情况报告，把代表建议办理工作纳入全县目标责任制考核，实行台账式销号管理，积极探索办理满意率和解决率同步提高的途径，对优秀建议和办理先进单位进行表彰，充分保障代表参政督政、为民建言献策的权利。当前，石泉基层人大常委会在往年出台相关意见和办法的基础上，提出未来要进一步深化、细化，总结提高，合力推进，努力实现人大监督工作扩面提质增效。常委会已针对区级预算、区政府民生实事、重点投资项目监督出台了详细的跟踪监督办法，并将邀请专家对跟踪监督的做法进行优化完善，努力使跟踪监督的触角向基层延伸，力争实现工作方法再优化，监督实效再提升。这样承上启下常态化监督问效机制的建立，加速了石泉县落实人大监督工作的步伐，使石泉基层人大工作坚定地迈向监督体系化、代表问责制度化、监督问效常态化、监督机制长效化的现代人大监督工作新阶段。

4. 在监督手段方面，充分利用信息和网络

新时代，存在着复杂多样的监督信息渠道，随之而来社会舆情信息的

多样化与复杂化也为人大监督工作带来了新的挑战。监督信息处理亟待规范化、科学化，这样才能保证信息处理效率，保障监督渠道畅通，提高监督质量和效率。石泉县人大积极探索结合人大工作新时代要求，以提高政务信息化水平为出发点，以完善监督工作为目的，于2018年年初率先启动建立了“人大综合监督信息平台”，应用“互联网+”努力打造依法监督“第三只眼”。石泉县人大综合监督信息平台集财经预算、法治建设、民生事业、城建环保和代表履职等五大板块于一体，运用信息数据技术对“一府两院”进行点穴式监督，通过信息平台对重点领域、重点支出、民生保障、群众关注等方面的问题进行数据分析，有针对性地开展视察调研、听取专项工作报告、专题询问、约见部门负责人、述职评议、满意度调查等，增强监督的质量和效率，让人大的依法监督更具有时代性。

（四）深化代表工作方式，提高工作效能，落实“一线工作”理念

习近平总书记在福建宁德工作时就创造了“四下基层”工作法，直到今天，他仍然以高频次的深入基层一线调查研究的工作作风，激励和感召全党同志。石泉县人大常委会紧紧跟随习近平总书记的足迹，在全县大力推行“到一线工作”的方式，让机关工作的重心下移，让干部在一线为民服务中，提高工作本领，进一步密切党群干群关系，进而加强党的执政能力，真心实意为人民群众谋利益，认真解决群众关心的热点难点问题，真正做到人大代表产生在一线、调查研究在一线、依法监督在一线、法治建设在一线、工作落实在一线、问题解决在一线、服务群众在一线、成效检验在一线、代表垂范在一线，不断开创人大代表工作新形象。

1. “一线工作法”的创新理念

人民代表大会制度是实现人民主权的重要形式。新中国成立后，既然人民自己成了中国土地上的主人，那么，怎样才能实现人民当家作主以及确保人民群众普遍地参与一切国家事务和社会事务呢？周恩来同志认为，

“人民行使国家政权的机关为各级人民代表大会和各级人民政府”[1]。“只有这个制度，既能表现广泛的民主，使各级人民代表大会有最高的权力；又能集中处理国事，使各级政府能集中地处理被各级人民代表大会所委托的一切事务，并保障人民的一切必要的民主活动。”[2] 同时，通过实施人民代表大会制度，也可以“进一步地加强人民政府与人民之间的联系，使人民民主专政的国家制度更加完备，来适应和配合国家各种建设事业的需要”[3]。县镇人大是推进民主政治建设的一线，是促进依法治国的一线，是监督支持经济社会发展的一线，是密切联系服务群众的一线。石泉县人大、广大人大代表和人大干部始终坚持一线精神，用政治同向、法治同轨、发展同力、人民同心、时代同行的“五同一”理念，一线工作执行思想，在扎实推进人大工作与时俱进的同时，不断完善“一线工作法”，使之适应现阶段发展要求与人大工作要求。实施“一线工作法”是基层人大从自身工作出发，为破解人大工作存在的“粗、松、宽、软”问题而作出的伟大探索，是对于习近平新时期中国特色社会主义思想的伟大实践。

2. “一线工作法”的运行机制

石泉县人大常委会深入贯彻落实中省市关于加强县乡人大工作文件会议精神，结合实际，出台了《关于深入推行“一线工作法”的实施意见》，明确了依法监督、代表履职等方面九项具体措施，紧紧围绕县委决策部署，主动服务发展大局，不断强化一线意识，积极追求一线作为，在增强监督实效、助力脱贫攻坚、发挥代表作用、推进民主法治建设、加强县镇人大建设等方面取得明显成效。石泉县人大要求基层人大、广大人大代表和人大干部要始终保持一线工作状态，主要做法如下：一是代表产生在一线。换届时，县、镇人大代表候选人由选民 10 人以上联名，直接在一线提名推荐的比例达 65% 以上，保证大多数代表来自基层一线。二是调查研究在一线。将调查研究作为决定重大事项、依法监督等工作的必经程序，深

---

[1] 换了人间：新中国的最初岁月［EB/OL］.（2019－09－04）. http://www.dzwww.com/dzllzg/lltt/201909/t20190904_19140705.html.

[2] 完善人民代表大会制度是全国人大重要职责［EB/OL］.（2014－07－23）. http://www.cssn.cn/fx/fx_xfx/201407/t20140723_1264725.shtml.

[3] 蒋锐. 中国特色社会主义政党制度的理论和实践基础——兼议中国共产党领导的多党合作和政治协商制度是两项制度说［J］. 统一战线学研究，2017（1）.

入一线走访调查，广泛群众意见。三是依法监督在一线。深入一线现场和有关单位视察“解剖麻雀”“把脉开方”，跟踪问效。四是法治建设在一线。县镇人大和各级人大代表深入一线宣传普及宪法和法律法规，开展法治监督，促进依法行政和公正司法，真正体现人大是推进法治建设的一线。五是工作落实在一线。聚焦人大决议、法治建设、重点项目、重要工作和民生事业，深入一线督促执行和落实。六是问题解决在一线。对监督发现的所有问题列出督办清单，督促相关单位在一线解决问题，逐项回访、测评和销号。七是服务群众在一线。县镇人大机关领导、县人大常委会组成人员、各级人大代表直接联系服务5名以上基层一线群众，问政于民、问需于民、问计于民。八是成效检验在一线。每年组织一线群众对人大工作成效和代表履职绩效、“一府两院”被监督事项整改落实成效进行满意度调查或问卷调查，在一线检验和评价工作成效。九是代表垂范在一线。鼓励和组织各级人大代表在一线主战场建功立业，发挥桥梁纽带和引领示范作用。

3. “一线工作法”的现实意义

石泉县积极推进的以“一线工作法”为主要指导思想的代表履职先进理念，不但丰富了人大代表履职的思想意识，更加强化了人大代表履职的自我意识，激发了内生动力。换言之，“一线工作法”是基层人大代表不断创新工作，县镇人大领导归纳总结出的一套符合新时代人大工作要求的工作方法，是满足和改善基层民主法治建设需要的指导思想，是服务保障代表依法履职、密切代表与选区选民联系的重要手段，是加强和创新社会管理、完善社会民主机制的重要保障，同时，更是激发代表在区域经济社会发展和基层民主政治建设中发挥自身积极作用的探索实践。代表在一线认识和改造客观世界，又在一线认识和改造主观世界，如此循环升华，认识在提高能力也在提高，这是基本规律，也是广大代表以及人大干部砥砺真理思维，永葆真理追求的不竭动力。

附录　基层人大改革创新的石泉探索

在全面深化改革的大背景下，基层改革创新的重要性不言而喻。中央政策能不能一竿子插到底，基层政权是最基础，也是最庞大的执行者。全面深化改革任务越重，越要重视基层探索实践。除了自上而下的顶层设计以外，事实上还要走一条自下而上的改革发展道路。只有重视基层改革创新，改革才能接地气，更加精准地对接发展所需、基层所盼、民心所向，改革方案才能有效落实，更好造福群众，使人们有更多的获得感和幸福感。陕西省安康市石泉县在推进基层人大改革创新方面开展了很多探索和实践，并取得显著成效，特别是有效助力和提升了基层治理效能和人大工作整体水平。附录部分在一定程度上较好地反映了石泉做法的特点和成效。

附录1　围绕“四个聚焦”
创新驱动人大工作与时代同行

李　平

石泉县第十八届人民代表大会常务委员会主任

石泉县人大树立“贯彻新思想，展示新作为，作出新贡献”理念，创新实践，善做善成，多项工作得到了国家和省级媒体的关注，十余项工作实现了首次创新。

一、聚焦思想“总开关”，在创新思维上下功夫

一是打破传统思维的束缚禁锢。人大工作程序严，法律性强，创新有难度，但并非没有空间，而是需创新的领域众多，关键是要以问题为导

向，逢山开道，遇水架桥，坚持以习总书记关于坚持和完善人民代表大会制度的一系列新理念、新思想、新战略为指导为遵循开展人大工作。

二是围绕中心转，把思想认识提起来。找准切入点和结合点，认真落实县委各项决策部署。围绕县委确立的“市前茅省一流”追赶超越目标，发挥职能作用。自觉做到重点工作向县委汇报，重大事项向县委请示。人大党组先后就人大机关建设、加强和改进人大工作等事项向县委常委会汇报十余次，首次将人大开展的对“一府两院”组成人员述职评议情况向县委常委会汇报。会上，作出了“对代表评议不合格的一律免职，对评议中干部存在的问题由组织部提醒谈话”等项决定。

三是坚持政治上同向，紧紧依靠县委领导。认真落实党的十九大报告提出的“两个机关”建设新要求。县委专门下发了《关于加强县镇人大“两个机关”建设的意见》，从打造规范化的“工作机关”，建设以人民为中心的“代表机关”等方面率先出台了12项具体措施，指导县镇人大“两个机关”建设，不断推进人大工作创新发展。

二、聚焦结果导向，在创新工作方式方法上下功夫

首先，围绕群众关切，开展电视网络问政。对代表反映强烈、问题集中、急需办理的问题，应用电视网络问政的方式，让有关部门主要负责人现场接受人大代表“考问”，县电视台全程转播、县公众微信平台现场发布，受到社会各界广泛关注。问政结束后，代表对答复情况进行满意度测评，现场公布测评结果，让有关负责人“红脸出汗”。对整改情况，人大跟踪督办，确保每位代表提出的问题得到解决和回应，真正体现人民当家作主。《中国人大》杂志、《人民代表报》《陕西日报》等媒体对此进行了报道，多地人大专程来石泉考察学习。

其次，围绕群众满意度，开展问卷调查。在县第十八届人大二次会议上，向代表发放了《石泉县人大常委会与“一府两院”工作报告及工作落实情况满意度调查问卷》，首次对人大常委会、“一府两院”工作报告及工作落实情况进行满意度调查。报告实不实，工作好不好，群众满不满意，通过书面测评来反映。对调查问卷进行统计分析后，形成专题报告，把代表的评价意见原汁原味的反馈给“一府两院”，并作为监督重点，使问题

得到有效整改落实，专题报告也在《陕西人大调研材料》全文刊发。

再次，围绕改进作风，转变视察调研方式。杜绝大轰大嗡，多途径广泛听取群众意见建议。通过明察暗访了解真实情况，制作图文并茂的 PPT，让部门的汇报与人大的暗访情况“见面”。建设宜居石泉，小区环境建设是短板。石泉人大就县委重视、群众关心的小区物业管理问题开展专项视察。就石泉怎样建成全国休闲度假养生旅游目的地开展调研。首次主动行使重大事项决定权，作出了《关于建设健康石泉的决议》。县人大还开展了约见国家机关负责人以及与“一府两院”开展人大协商等工作。

最后，围绕追赶超越，突出重点开展监督。组织人大代表就县委确定的追赶超越重点工作落实情况开展视察，响亮提出了“抓重点项目就是抓脱贫攻坚”。开展优化营商环境调研，提出建设性意见建议，并进行跟踪督办解决具体问题。就如何加快推进产业发展问题开展调研，提出了设立“石泉县追赶超越产业发展基金”建议，既精准发力，也深处着力，更注重持续用力。

三、聚焦长效机制，在制度创新上下功夫

1. 建立代表联系选民制度

石泉县有全国、省、市、县、镇五级人大代表 746 名，县人大把各级人大代表按区域划分，建立了 46 个规范化代表工作室，出台了管理办法，确保代表常态化履职，及时传达党和国家的方针政策，收集社情民意，协调和督促解决群众困难问题，让代表各尽其责，各显其能，为代表履职开辟新天地，为群众表达诉求架起了“连心桥”。2017 年年初，中央电视台《新闻联播》专题报道了池河代表工作室发挥作用的做法。

2. 建立代表意见建议办理考核制度

坚决防止“重答复、轻落实”，实行代表建议办理满意率和解决率双考核。把代表建议办理纳入目标责任制考核，纳入县镇村书记“民情三本账”，录入县人大综合监督信息平台。实行县级领导领衔督办重点建议制度，对代表建议办理工作进行满意度测评，发挥代表主体作用，让代表履职的心热起来，身子动起来，履职干起来，把县委要求做的，法律规定做的，“一府两院”需要做的，人民群众希望做的事情做好、作出成效。

3. 建立应用综合信息平台开展监督制度

按照县委创新监督机制的要求，在建成县人大常委会电子会议系统的基础上，采用“互联网+”模式，建立了集“财政预算、执法检查、民生社会事业、城建环保及代表履职”于一体的人大综合监督信息平台，随时查询了解工作动态，运用科技手段实施精准点穴式监督，以信息化建设强化人大监督工作。

4. 建立代表履职激励约束机制

开展了“助力新民风建设人大代表在行动”“脱贫攻坚人大代表有担当”“人大代表大走访”“我身边人民满意的人大代表”征文以及“石泉县人民满意的十佳代表”评选表彰等系列活动。各镇主动作为，池河镇实行代表履职积分制及开展专业课题组活动，喜河镇的“三定三评三挂钩”，迎丰镇的“强担当，助脱贫，‘1+N’主题实践’”等活动取得了良好效果，涌现出了赵明翠、陈国盛等一批典型，擦亮了人大的牌子。

四、聚焦能力水平，在加强自身建设上创新

1. 注重成效强化培训提素质

换届选举结束的当天，人大党组就召开扩大会议，邀请县委主要领导和市纪委领导给新当选的全体人大常委会组成人员提希望讲要求，引起了反响，这在石泉县人大尚属首次。首次组织人大常委会组成人员到全国人大深圳培训基地参加专题培训，到红色教育基地接受革命教育。

2. 组织形式多样的活动强能力

让代表履行职责动起来，助力“三场攻坚战”。首次组织开展了代表约见政府部门负责人活动，首次专门就如何大力发展产业实现脱贫问题开展询问；开展“解剖麻雀”和“把脉问诊”式调研，有针对性地提出意见建议，积极为县委决策建言献策；如实反映群众呼声，对调研中发现的表格资料3类10个方面的问题整理形成书面材料，呼吁有关方面予以重视。在生态环境保护和规范市场秩序方面，组织人大代表开展专题执法检查、调研和视察活动，监督解决工作中存在政策宣传教育不到位，一些部门法定监管职责落实不力，执法不严等问题。同时，务实推进法治石泉建设，发挥人大推进依法治县主导和监督作用。

3. 加强规范化建设促发展

下发了《关于进一步加强镇人大工作和建设的实施意见》，多次召开镇人大主席座谈会和镇人大建设工作推进会，加大投入，促进镇人大规范化建设，保证了镇人大主席团人员、经费、设备等“六到位”。完善了《石泉县镇人大工作考核办法》，激励各镇人大工作创特色。

附录2 创新工作方式 提升人大工作水平

——石泉县人大常委会创新工作纪实[1]

换届以来，石泉县第十八届人大常委会以“贯彻新思想，展示新作为，作出新贡献”为理念，打破传统思维，创新工作实践，紧紧围绕县人大提出的“四转”（围绕中心转、围绕法律转、围绕民意转、围绕代表转）目标，在宪法和法律赋予的职权内，创造性开展工作，推动石泉县人大工作上水平，取得实效。

首创电视网络问政，回应群众关注。群众期盼的，代表反映的，就是人大应该做的。针对人大代表就蚕桑产业发展、烤烟生产和农村合作医疗等问题，开展“电视网络问政”，相关部门的负责人现场接受人大代表的“考问”，县电视台、公众微信平台现场转播和发布，并进行满意度测评，现场公布测评结果，对测评低于80%的进行整改，人大跟踪督办，让有关负责人“红脸出汗”，确保问题得到解决和回应，群众反响好。该做法得到了《中国人大》杂志的肯定，并刊登了《石泉县人大电视网络问政一鸣惊人》的文章，《人民代表报》《陕西日报》等媒体进行了报道，多地人大专程前来考察学习。为推动人大电视网络问政常态化，县人大常委会还出台了《石泉县人民代表大会代表电视网络问政暂行办法》。

开展问卷调查，改进部门作风。工作好不好，群众满意不满意，代表说了算。为客观地评价对“一府两院”和县人大常委会上年向人民承诺的工作落实情况，首次在县第十八届人大二次会议上，向入会的153名人大

[1] 本文作者为张世平。

代表发放了《石泉县人大常委会与“一府两院”工作报告及落实情况满意度调查问卷》，并对调查问卷进行统计分析后，形成专题报告，把代表的评价意见原汁原味地反馈给“一府两院”，使政府及部门上年的工作接受人民群众的监督和检验。同时，县人大将代表的意见作为监督工作的重点，督促落实整改，有力地促进了部门工作作风的转变，形成了共识，推动了工作。专题报告在《陕西人大调研材料》全文刊发。

打造代表工作室，发挥代表作用。代表行不行，履职好不好，关键在阵地建设。为充分发挥代表的履职作用，石泉县人大推动建立代表工作室制度，出台管理办法和激励机制，为代表更好的履职搭建平台。县人大先后投入60多万元的奖补资金用来推动代表工作室的建设，目前已建立规范化代表工作室46个。通过代表常态化的履职，及时传达党和国家的方针政策，收集社情民意，化解矛盾，协调和督促解决群众的困难与问题，让代表各尽其责，各显其能，为代表履职开辟了新天地，为群众表达诉求架起了“连心桥”。对此，中央电视台《新闻联播》还专题报道了石泉县池河镇代表工作室发挥作用的做法。同时，县人大相继开展“助力新民风建设人大代表在行动”“脱贫攻坚人大代表有担当”和“人大代表大走访”等主题实践活动，彰显人大代表的作用和担当。

转变视察调研方式，推进有效监督。是重形式，还是重监督实效，考验人大视察调研的工作水平。石泉县人大为把监督工作落到实处，改变以往选点视察调研的固定模式，创新工作方法，先期采取明察暗访、问卷调查、现场拍照制作幻灯片、视察调研组直接深入实地等方式，然后召开座谈会，让部门的汇报与人大的暗访情况（播放幻灯片）“见面”。同时，针对明察暗访过程中群众反映的具体问题，约见部门负责人及时反馈给相关部门，并跟踪监督落实整改，收到了很好的效果。如开展的“重点项目”“产业扶贫”和“小区物业管理”等播放PPT后一目了然，项目作了没有，贫困户有没有产业，小区管理的好不好，让事实说话，提出整改意见，从而使政府及部门整改更有针对性，并定期听取整改情况的报告，增强了人大监督的实效。

建立综合信息平台，创新监督“第三只眼”。时代在进步，科技在发展，如何运用信息技术拓宽监督渠道，考验人大与时俱进的能力和水平。

对此，石泉县人大积极探索，于2018年年初率先启动建立了“人大综合监督信息平台”，应用“互联网+”努力打造依法监督“第三只眼”。石泉县人大综合监督信息平台集财经预算、法治建设、民生事业、城建环保和代表履职等五大板块于一体，运用信息数据技术对“一府两院”进行点穴式监督，通过信息平台对重点领域、重点支出、民生保障、群众关注等方面的问题进行数据分析，有针对性地开展视察调研、听取专项工作报告、专题询问、约见部门负责人、述职评议、满意度调查等，增强监督的质量和效率，让人大的依法监督更具有时代性。

附录3 “两个机关”建设的生动实践

——石泉县推进人大“两个机关”建设的探索与实践[1]

党的十九大报告提出：“使各级人大及其常委会成为全面担负起宪法法律赋予的各项职责的工作机关，成为同人民群众保持密切联系的代表机关。”（以下简称“两个机关”）由此可见，人大及其常委会除了依据宪法和法律赋予的各项职责，积极开展工作外，还必须注重发挥好人大代表的主体作用，努力保持和加强与人民群众的联系，代表人民依法履职。

安康市石泉县共有各级人大代表747名。其中全国人大代表1名，省人大代表2名，市人大代表30名，县人大代表152名，镇人大代表562名。在全面贯彻落实新理念、新要求过程中，石泉县委、县人大着力从建设务实、高效、为民的“两个机关”目标出发，率先出台《关于加强县镇人大“两个机关”建设的意见》，鼓励人大及其常委会进一步依法履职，在经济社会发展的大舞台上发挥人大作用，贡献人大力量。

一、政策指引，践行“两个机关”建设

党的十九大召开以来，石泉县委第一时间传达学习了党的十九大报告

[1] 本文作者系石泉县人大常委会办公室副主任陈泽玖。本文曾刊登于《陕西人大调研材料》简报2019年第5期。

精神，根据习近平总书记进一步加强和完善新时代中国特色社会主义理论新要求，主动把人大工作纳入党委工作总体布局，加强统筹指导和支持，及时下发了《关于加强县镇人大“两个机关”建设的意见》（石发〔2018〕12号），出台了4个方面12项具体措施，指导人大工作继往开来，创新发展。县委、县政府出台了代表建议办理工作规则，将代表建议办理纳入镇和部门年度目标责任考核范畴，纳入县、镇、村书记“民情三本账”，台账式办理销号，开展代表建议网上公开、优秀代表建议和办理建议先进单位评选表彰活动；县政府主动接受人大监督，出台了依法主动向人大报告工作有关规定；县财政将县、镇人大工作经费和人大会议、人员培训、代表活动等经费足额纳入年度预算，并提高了无固定收入代表参加人大会议和代表活动的误工补助标准，保证了人大监督工作有力有效开展。初步形成了党委关注、人大主抓、“一府两院”支持、社会各界参与配合的良好工作格局。

二、立足强基固本，切实提高人大履职能力

着力加强人大机关建设。按中央和省上统一要求，在县人大机关内设了办公室和法制、财经农村、教科文卫、人事代表选举、城建环保工作委员会“一室五委”，机关行政编制由原来的14人增加到17人，5名常委会领导和6名专职委员编制单列，机关事业编制从原来的9名增加到12名。镇人大统一设立了办公室，明确了职能职责和2名专干编制，充分体现了人大权力机关的地位。将县人大常委会人事代表工委、镇人大办公室建设打造成“代表之家”，让代表经常“回家”沟通情况，交流信息，汇集民意，发挥作用。

着力加强人大干部队伍建设。按照德才兼备和“四为四好”要求，配齐配强县人大常委会各工作机构领导成员，调入年轻干部7名，人大干部队伍结构明显改善，活力明显增强。抓好习近平新时代中国特色社会主义思想和党的十九大精神的学习宣传与贯彻落实，加强教育管理，全面提高人大干部政治素质。重视人大干部的培养和选拔交流使用，2017年以来，将县人大机关2名干部交流到部门任职，2名部局长调入人大机关任职，5名镇人大主席转岗重用，新提拔任用县人大机关干部2名，真正让人大机

关成为党政人才的“蓄水池”“炼金炉”。

着力加强制度创新。秉承“总结、继承、完善、提高”的原则，及时修订完善人大常委会议、主任会议议事规则，制定出台了讨论决定重大事项、规范性文件备案审查、任前法律知识考试、宪法宣誓仪式、述职评议、专题询问、审议意见整改落实情况报告满意度测评、代表电视网络问政、代表联系人民群众、代表向选民述职、代表约见国家机关负责人、评选十佳人民满意人大代表等系列制度，进一步加强和规范了人大工作。

三、依法履职，着力打造全面担负法定职责的“工作机关”

一是有效行使监督权。县人大常委会围绕增强监督效力，创新开展了“四问一约见一评议”工作。开展电视网络问政，及时回应群众关切。针对石泉县第十八届人大一次会议上，代表们提出的188件议案、建议中，代表反映强烈、问题集中、急需办理的农业产业发展、合作医疗、烤烟收购方面的问题，对县农林科技局、合作医疗办公室、烟草局主要负责人采用代表电视网络问政的方式进行监督，现场进行满意度测评并当场公布结果，让有关负责人“红脸出汗”，及时回应群众关切。对问政答复意见和措施进行跟踪督办，及时在网络媒体公开，接受网民监督，确保每位代表提出的问题得到实质性解决和回应，让人大工作更具实效，真正体现人民当家作主。开展问卷调查，综合研判监督。石泉县第十八届人大二次会议上，为全体县人大代表发放了《石泉县人大常委会与“一府两院”工作报告及工作落实情况满意度调查问卷》，首次对“四家”工作报告及工作落实情况进行满意度调查，报告实不实，工作好不好，口头不好说的，通过书面测评来反映，在对调查问卷进行统计分析后，形成专题报告，把代表的评价意见原汁原味地反馈给“一府两院”，并把代表意见作为实施监督的重要信息，促使其针对短板和差距改进工作。开展专题询问，针对问题现场问责。2018年3月，组织人大代表就产业扶贫视察中发现的产业奖补、电商发展、旅游带动、技术培训、合作经济组织发展等问题，对农业、旅游、经贸、人社、供销等部门负责人进行面对面询问；问清政策，问出对策，问出实效。2019年，还对全县教育工作、扶贫移民搬迁工作进行专题询问，“把脉开方”。建立长效监督机制，突出跟踪问效。县人大常委会定期听取监督事项整改情况的报告，并进行满意度测评，不满意的继续整改，持续监督。仅换届以来，县人大常委会就重点项目、脱贫攻坚、食品安全、环境保护、扫黑除恶、教育医疗等30多项工作进行监督，形成了一系列有情况、有分析、有见解、可操作的调研报告，提出了建设性的意见和建议，为县委决策、政府改进工作提供了有力的参考依据和智力支持。开展代表约见活动，面对面回应群众呼声。根据脱贫攻坚工作中代表和群众呼声强烈的蚕桑等产业脱贫方面的问题，组织开展代表约见有关部门负责人活动，让人大代表和部门负责人面对面讨论问题原因，提出改进措施。开展述职评议，加强任后监督。两年共对10名副县长、局长等选举任命的国家机关工作人员进行述职评议。县委还安排纪检、组织部门对有关人员进行谈话，对相应人员进行岗位调整，对人大评议结果充分转化运用。人大持续发力发声，保障县委重大决策部署和人大决议决定落地生根，保障人民代表大会通过的各项报告任务落实，共同推进民生改善和维护公平正义，不断增强人民群众获得感、幸福感、安全感。

二是依法行使重大事项决定权。县人大及其常委会每年根据“一府两院”工作报告（2019年石泉县人大首次听取县监察委专项工作报告），选择事关地方经济社会发展全局的重大事项，找准决策实施中的重点和关键，广泛开展调查、审议，并通过决议决定形式予以确定，动员全县人民共同执行。近两年来，县人大常委会就棚户区改造、重点项目建设、扶贫开发、普法规划、健康石泉建设、国有资产管理、环保规划等重大事项，依法作出16项决议决定，有效促进了经济社会发展。

三是规范行使选举任免权。选举和人事任免是人大及其常委会的一项重要职责，很多同志会把此项工作理解为程序性、走过场。但石泉县在考虑干部问题上，事先征求人大常委会党组的意见，开会时邀请县人大常委会党组书记、主任参加，会议充分尊重人大意见，考虑和顾全各方面因素，尽可能做到意见统一。涉及人大和“一府两院”的人事任免，由党的组织部门向人大常委会作出说明，由常委会组成人员表决通过。县人大常委会加强拟任人选资格审查、法律考试、公信度调查、任职承诺、票决任命、宪法宣誓和任后述职评议监督等工作，通过法定程序把组织推荐、能力突出、群众公信的优秀干部选举任命为国家政权机关领导和工作人员，为强化地方管理、加快发展提供了有力的组织保证。

四、以人民为中心，打造密切联系服务群众的“代表机关”

一是搭建人大代表联系服务群众平台。制定出台了《代表工作室建设和管理办法》，将人大代表按区域分组，投入300余万元分片建立了46个代表工作室，代表定时定点在代表工作室联系群众和选民，推动了人大代表在工作室常态化履职，及时传达党和国家的方针政策，收集社情民意，协调和督促解决群众困难问题，使代表工作室成为政策宣传、社情民意汇集融合的平台。同步建立了党政领导干部人大代表接待选民群众工作机制，从县上四大班子领导到人大常委会委室主任分别对应到各代表工作室，接待选民，服务群众。每年评选表彰一批优秀代表工作室。

二是加强代表能力建设。加强对人大代表的履职培训，邀请专家授课，让人大机关相关工委领导传授经验，让老代表现身说法，分批分期组织县人大代表参加全国人大和省、市人大组织的专题培训。在闭会期间，采取集中培训、学习考察、实践锻炼、传帮带考核等措施，有计划地对代表进行法律法规、履职方法、思维观念和作风纪律培训。为每名县人大代表落实一名律师或法律工作者，加强法律咨询服务。健全代表管理、活动、联系以及履职激励约束机制，完善代表履职档案，使代表履职活动全程留痕，让代表手有权力、肩有责任，干有标准、做有保障，进有激励、退有鞭策。

三是发挥代表联动共创作用。牢记“人民对美好生活的向往就是我们的奋斗目标”，加强五级人大代表联动共创，常态化开展人大代表“大走访”“双联系”“石泉县人民满意的十佳代表评选”“助力新民风建设人大代表在行动”“助力脱贫攻坚人大代表有担当”代表交叉视察等系列活动，邀请全国、省、市人大代表向各级各部门传达各级人代会精神，组织代表在主战场上抓主业，在经济社会发展一线勇带头，树标兵，做贡献。加强和改进人大宣传工作，完善人大宣传组织领导、队伍建设、通联协作、考核奖惩等机制，激发人大工作宣传活力，提高宣传质量和效果，提升全社会人大制度知晓率，扩大人大工作影响力。2017年以来，涌现出了27年如一日从事乡邮工作、获得全国五一劳动奖章的全国人大代表赵明翠，带领乡亲发展致富的省第十三届人大代表李金斗，在脱贫攻坚一线默默奉献的市第四届人大代表陈为保，艰苦创业带头奉献的县第十八届人大代表杨卫东等一批优秀代表和先进典型，引领和激励着全体人大代表、全县人民群众向全面小康努力奋进，谱写了一曲曲壮歌。

附录4　发挥代表主体作用以新作为书写履职新答卷

——石泉县人大常委会在全省人大代表工作交流会上的发言[1]

首先，我用几个小故事开始我的发言。

今年3月20日上午，全国“两会”刚刚结束，在我县比较偏远的喜河镇，百余名省、市、县、镇人大代表，通过代表微信群平台得到通知，仅在几小时内就迅速聚集在镇政府会议室，聆听全国人大代表、省人大常委会副主任刘小燕宣讲全国“两会”精神，听取基层代表对脱贫攻坚等工作的意见建议，会场座无虚席，气氛热烈有序。

2017年，习近平总书记在“一带一路”国际合作高峰论坛开幕式上讲的汉代鎏金铜蚕就出土在石泉。“丝路之源·金蚕之乡”是我县倾力打造的名片，而支撑蚕桑产业发展的一支重要力量正是市县镇人大代表。仅池河镇赖真彩、刘小兰两名代表通过科技养蚕，每年就要育小蚕1000余张，养蚕100余张，收入近40万元，同时带动200余户贫困群众养蚕增收。

“秦巴水乡·石泉十美”是我县着力打造的又一名片。县人大代表陈国盛创办的“中坝作坊小镇”，县人大代表杨卫东带领全村村民创办的“饶峰胜利美丽乡村”，以“庖汤会”、百合花节、农民丰收节等旅游活动形式，每年接待游客超100多万人次，带动周边800多名群众就业，500余户贫困户脱贫。

类似这样的故事还有很多，每个生动鲜活的事例都能折射出人大代表

[1] 该文系石泉县人民代表大会常务委员会主任李平同志发言（2019年5月16日）。

的作为与风采，反映出人大工作的质量与水准。

近年来，石泉县人大以新时代新要求为遵循，把加强“两个机关”建设当作头等大事来抓，着力在充分发挥代表主体作用上下功夫，在创新代表工作方式方法上探索实践，在有力有效监督上用情用心用力，我们的主要做法如下。

一、选准切入点，以“四抓”促“四动”

石泉县共有各级人大代表747名，其中全国人大代表1名，省人大代表2名，市人大代表30名，县人大代表152名，镇人大代表562名。为充分发挥好代表在闭会期间的作用，我们注重在以下几方面用力：一是抓统筹，形成联动，让代表“想为会为”。严把选民登记关、代表提名“入口关”、督查指导关，严肃换届纪律，依法选举产生高素质县镇人大代表。这些做法，中央电视台《新闻联播》和《人民日报》《光明日报》等10多家中央媒体联合采访后集中报道。同时，坚持集中培训、以会代训、外出学习、视察调研等措施，提高代表履职能力。建立县人大常委会领导联系镇人大工作、县级领导联系基层人大代表机制，形成了全县人大工作“一盘棋”，县镇联动“一张网”的良好局面。二是抓平台，有力拉动，让代表“能为善为”。着眼代表服务群众“零距离”，按照有场所、有牌子、有制度、有计划、有记录、有档案、有保障的标准，打造“样板间”，分片建立46个规范化的片区代表工作室，将全县747名中、省、市、县、镇人大代表划分到代表工作室，每周安排1名人大代表坐班接待群众，实现让代表有地方“理事”，群众有地方找代表“说事”。实行“互联网+”，在人大常委会机关建立了代表监督履职服务平台，努力做到联系群众“无缝隙、全覆盖”，实现代表从“能服务、能履职”向“服务好、履职好”转变。三是抓活动，强力带动，让代表“有为作为”。以制度化开好代表法定会议，以常态化组织代表小组活动，以多样化开展代表主题实践活动，把活动开展得有声有色，畅通代表多渠道发挥主体作用的路径。每年县委都要专门召开人大代表座谈会，听取代表意见建议；全面实行县镇人大代表回选区向选民述职，接受选民监督；每年评选表彰一批办理代表建议先进单位、代表优秀建议，激励代表履好职。组织开展市人大代表石泉小组交叉视察活动，深入开展“脱贫攻坚人大代表有担当”“人大代表大走访”“我身边人民满意的人大代表”征文活动以及新时代人大代表履职风采手机随手拍等项活动。四是抓机制，积极推动，让代表“勇为先为”。坚持制度先行、规范运行，在紧密衔接、合理高效上下功夫。县人大层面，出台了代表联系服务群众、代表约见国家机关负责人、代表向选民述职、电视网络问政、专题询问、述职评议、十佳人民满意人大代表评选、代表建议办理工作规则等40多项制度机制。镇人大层面，坚持分类管理，突出履职为民，建立了镇人大工作考核评价体系。代表履职层面，建立了县镇人大代表履职档案，充分保障代表履职工作经费，保障无固定收入代表误工补助；建立代表退出机制，对违反纪律和法律法规、履职不积极被选民评议为不称职、因身体原因不能正常履职的代表，根据代表法的有关规定，予以劝辞。换届以来，因岗位调整或调离本行政区辞职的县人大代表12人，劝辞2人。

二、突出重点，聚焦“四个一”用心用力

紧贴石泉实际，紧跟县委步调，紧密联系群众，助推经济社会发展。一是坚持调查研究在一线，决策前有“点子”。县人大常委会制定了《关于深入推行“一线工作法”的实施意见》，坚持调查研究，收集民意，撰写有价值的报告，为县委决策提供依据，为政府落实提供方案。各镇把辖区内代表划分为不同课题组，每年确定2~4个专题，通过调研视察、走访群众、座谈评议等形式助推工作落实。池河镇人大建立了代表活动小组和专业课题组“两套班子，一套人马”双向运行机制，根据代表的特长和意愿，将辖区人大代表分为产业发展、工业经济、金蚕小镇建设、社会民生和脱贫攻坚5个课题组，让代表跳出“一村一组”，从不同角度出点子，既是智囊团，又是监督员，更是排头兵。二是坚持服务群众在一线，决策时有“位子”。对“一府两院”提交的重大事项议案，按照《讨论决定重大事项暂行办法》，认真审议或审查备案；人事任免县人大常委会一律严格按程序依法实行票决。在年初召开的县人代会上，首次对民生实事实行了票决。按照“群众提、代表定、政府办、人大评”的思路，票决了2019年度10件民生实事。三是坚持依法监督在一线，决策后有“担子”。锁定

对党委决策部署有利、对政府推进工作有助、对增进群众福祉有益这一目标，以“钉钉子”精神开展监督。对人代会上审议通过的各项报告持续监督，确保落地见效。对县委交办的脱贫攻坚、环境保护、防范风险、优化营商环境、全域旅游、民生及重点项目等工作任务，真抓实干，勇于碰硬，积极贡献人大力量和智慧。四是坚持代表垂范在一线，在推进中做好“样子”。要求人大代表要立足岗位，主动作为，涌现出了金牌调解员刘世元、李武龙，科技带头人欧立健、蒋永林，创业标兵罗来卫、陈国盛等一大批优秀人大代表，每年我们都要表彰奖励一批“十佳人大代表”。

三、破解难点，重创新提质量升华“四个维度”

人大工作创新是难点，我们积极探索，提升质量，务求实效。一是站位上求高度。深刻领会坚持党的领导、人民当家作主和依法治国有机统一的内涵，自觉服从服务于县委决策部署，确立了本届内做好“打基础、提质量、重实践、见成效、树品牌”的目标，实现与党委思想同心、目标上同向、工作上同力、发展上同步。二是方式方法上要力度。在每年召开的人代会上我们都要推出新举措，先后开展了对人大常委会、“一府两院”工作报告及工作落实情况进行满意度调查、对代表大会上的各项报告制作审议意见卡，进行汇总统计分析后，形成专题报告，把代表的评价意见全部反馈给“一府两院”，并作为监督重点、跟踪落实。紧紧抓住人大代表反映强烈、问题集中、急需办理的重点意见和重要工作，采取电视网络问政的方式，让政府有关部门主要负责人现场接受人大代表“考问”。代表对答复情况现场进行满意度测评、现场公布测评结果，对满意率低于80%的，由县人大常委会限期整改，并再次进行满意度测评。如整改落实不力、代表仍不满意，由县人大常委会主任会议研究提请县人大常委会审议通过，启动进一步监督程序。三是效果上求宽度。创新代表建议办理评价机制，实行县人大常委会组成人员领衔督办重点建议、政府领导包抓办理、重点建议现场督办、联合承办、沟通见面、综合测评等措施，并把代表建议办理纳入目标责任制考核，纳入县、镇、村书记“民情三本账”，录入县人大综合监督信息平台，推动代表建议办理工作由“答复型”向“落实型”转变，连续两年代表满意率达99%以上。四是选题上有深度。

紧扣事关全局、事关群众切身利益的重大问题，突出“少而精”“专而深”，科学选题、精准发力，特别是聚焦“三大攻坚战”等方面的重点工作持续监督、深入监督、有力有效开展监督。有益的探索，生动的实践给我们的深刻启示是：做好人大工作，充分发挥代表主体作用，必须始终坚持党的领导，与县委同向；必须始终坚持法治思维，与法治同轨；必须始终坚持服务大局，与政府同力；必须始终坚持以人民为中心，与人民同心；必须始终坚持实践创新，与时代同行。

俗话说，一分耕耘一分收获。石泉县能夺得全市目标考核“六连优”，有人大的智慧、代表的力量。近年来，有2名县人大机关干部得到提拔，6名干部得到组织重用。五级代表联动的“石泉做法”被市委在全市推广，中央政治局常委、全国人大常委会委员长栗战书作了批示，《中国人大》杂志、《陕西日报》《人民代表报》等媒体多次专门采访报道，吸引30多个省内外人大来考察观摩。虽然我们在充分发挥代表主体作用，探索代表“履职规范化、活动常态化、平台建设标准化”方面作了一些尝试，但与兄弟县区相比还有不少差距，我们将以本次会议为契机，学习借鉴好经验好做法，以全新的理念，生动的实践，更好地彰显人民代表大会这一根本政治制度的优越性。

附录5　应对新型冠状病毒感染肺炎疫情人大应该干什么[1]

李　平

面对突如其来的新型冠状病毒感染的肺炎疫情，全国各地启动了突发公共卫生事件Ⅰ级应急响应，迅速构筑起抗击疫情的“钢铁长城”。在2月3日的中央政治局常委会会议上，习近平总书记强调“各地区各部门必须增强大局意识和全局观念”，要求“各项工作都要为打赢疫情防控阻击战提供支持”。在2月5日主持召开的中央全面依法治国委员会第三次会

[1] 资料来源：http：//www.sxrd.gov.cn/shanxi/llyj/123299.htm.

议上，习近平总书记强调，要全面提高依法防控、依法治理能力，为疫情防控工作提供有力法治保障。疫情就是命令，各级人大及其常委会责无旁贷。那么，在疫情防控阻击战中人大应该干什么？其一，要积极支持政府依法履行防控职责。各地启动特别重大事件应急响应（Ⅰ级），发布各项封锁、封闭、隔离、停工、停业、停课、限制或者停止集市或人群聚集的活动、交通管制等救治、防控措施，只要符合法律法规，人大及其常委会都积极支持，采取发布公告、发倡议书、带头执行、宣传引导等有效措施，表明鲜明态度，把这些决策部署转化为人民的共同意志和群众自觉行动，使区域内各级组织、机关事企业单位和全体公民无条件贯彻执行。组织全休代表带头响应、模范遵守、严格执行、示范引导，迅速形成人民战争的强大声势、滚滚热潮和无穷力量。

其二，发挥人大监督支持作用。人大监督是最好的支持。疫情防控是一场人民战争，要人人参与，人人支持，个个出力。“一府一委两院”及其组成部门作用发挥如何，履职是否到位，执行疫情防控措施的力度和效果如何，需要人大来监督。防控工作期间广泛征集监督线索、突出问题和民情呼声，有针对性地灵活开展调研、视察、询问、约见、民意调查、社会评价等工作，监督政府及其行政主管部门采取措施是否合法，是否妥当、及时，有无过软或过左的情形，执行中有无违法行为，有无不严不实和官僚主义、形式主义现象，有无对阻碍和破坏防控工作的违法案件查处不力，执法、司法不公现象，既要有效防控，又要防止权力滥用，增强凝聚力，减小磨擦力，放大战斗力，以保障人民群众的生命健康安全。

其三，加强法治法律支持保障。习近平总书记强调，疫情防控越是到最吃劲的时候，越要坚持依法防控，在法治轨道上统筹推进各项防控工作，保障疫情防控工作顺利开展。政府根据《中华人民共和国传染病防治法》《国务院突发公共卫生事件应急条例》和《突发公共卫生事件应急预案》的相关规定防控疫情，在疫情转入稳定控制阶段，人大常委会可组织执法检查，总结经验，评估成效，发现问题，提出整改要求和建议。还可对有关法律、法规、规章和规范性文件提出修订意见，进一步构建系统完备、科学规范、运行有效的疫情防控法律体系。从立法、执法、司法、守法各环节发力，全面提高依法防控、依法治理能力，为疫情防控工作提供有力法治保障。

其四，直接参与一线防控工作。各级人大机关干部可按照统一部署，直接参与和负责一个村（社区）、小区、企业组织的疫情防控的隔离监测、宣传劝导等具体工作；领导干部可直接深入一线督导某一区域的防控工作；常委会组成人员、人大代表直接参加一线的救治、防疫、排查、隔离、监测、宣传、保障等工作，量力而行捐赠物资和资金，既直接参与支持防控工作，又亲身了解情况，更便于精准监督。

总之，人大及其常委会参与疫情防控，是拥护和加强，是支持和保障，但要把握好时机力度和方式方法，不添乱，不掣肘，做到在监督中支持，在支持中参与，在参与中服务，充分发挥人民代表大会根本政治制度的优势，确保夺取疫情防控这场阻击战的全面胜利！

主要参考文献

[1] 蔡定剑. 中国人民代表大会制度 [M]. 北京：法律出版社，2003.
[2] 常黎峰. 健全完善人民代表大会制度是坚持民主执政的根本要求——以改进优化党的执政体制为视角 [J]. 理论导刊，2013 (03).
[3] 陈端洪. 制宪权与根本法 [M]. 北京：中国法制出版社，2010.
[4] 程竹汝. 人民代表大会"工作机关"建设的三个着力方向 [J]. 探索与争鸣，2019 (12).
[5] 党政军民学，东西南北中，党是领导一切的（笔谈）[J]. 党建，2018 (06).
[6] [法] 孟德斯鸠. 论法的精神 [M]. 许明龙，译，北京：商务印书馆，2009.
[7] 范翔林. 规范执政权力与国家权力的关系问题，人大研究 [J]. 2005 (04).
[8] 韩旭. 国家治理视野中的根本政治制度——改革开放40年来人民代表大会制度的发展逻辑 [J]. 政治学研究，2018 (06).
[9] 胡锦光. 新时代背景下人大制度的发展 [J]. 国家检察官学院学报，2018 (01).
[10] 蒋锐. 中国特色社会主义政党制度的理论和实践基础——兼议中国共产党领导的多党合作和政治协商制度是两项制度说 [J]. 统一战线学研究，2017 (01).
[11] 靳海婷. 论人大监督权与监察委监察权之关系、界限与衔接 [J]. 华侨大学学报（哲学社会科学版），2018 (05).
[12] 李建国. 关于中华人民共和国监察法草案的说明 [C]. 《中华人民共和国监察法》释义，北京：中国方正出版社，2018.
[13] 李懋君. 论马克思主义意识形态话语权的当代建构 [J]. 遵义师范学院学报，2016 (04).
[14] 栗战书主持召开全国人大常委会党组会议专题学习习近平总书记关于人民代表大会制度的思想 [N]. 新华每日电讯，2018-05-23 (1).
[15] 林兆木. 正确认识我国社会主要矛盾的转化[N]. 人民日报. 2018-3-30 (07).
[16] 刘小妹. 人大制度下的国家监督体制与监察机制 [J]. 政法论坛，2018 (03).
[17] 毛泽东. 毛泽东选集：第三卷 [M]. 北京：人民出版社，1991.

[18] 毛泽东. 毛泽东选集：第一卷［M］. 北京：人民出版社，1991.
[19] 潘国红. 人大行政化：表现·影响·矫治［J］. 中共云南省委党校学报，2017（01）.
[20] 彭真. 论新时期的社会主义民主与法制建设［M］. 北京：中央文献出版社，1991.
[21] 全国人大常委会机关党组. 长期坚持、不断完善人民代表大会制度——改革开放40年坚持和完善人民代表大会制度的成就和经验［J］. 求是，2018（22）.
[22] 沈夏珠. 人大制度是人类政治制度史上的伟大创造［EB/OL］. 2018－03－05. http：//opinion. china. com. cn/opinion_10_179710. html.
[23] 十八届中央纪律检查委员会向中国共产党第十九次全国代表大会的工作报告［EB/OL］. 2017－10－30. http：//cpc. people. com. cn/19th/n1/2017/1030/c414305－29615363. html##1.
[24] 王清秀. 人大制度学［M］. 北京：中国人民公安大学出版社，2003.
[25] 王雨思. 论我国公权力的双轨监督［D］. 武汉：华中师范大学，2019.
[26] 习近平. 加强对改革中国大问题调查研究提高全面深化改革决策科学性［N］. 人民日报，2013－07－25（01）.
[27] 习近平. 决胜全面建成小康社会夺取新时代中国特色社会主义伟大胜利——在中国共产党第十九次全国代表大会上的报告［EB/OL］. 2017－10－27. http：//www. xinhuanet. com//2017－10/27/c_1121867529. htm.
[28] 习近平. 设计和发展国家政治制度要从国情出发从实际出发——在庆祝全国人民代表大会成立60周年大会上的讲话（2014－09－05）［J］. 中国人大，2014（18）.
[29] 习近平. 谈谈调查研究［N］. 学习时报，2011－11－21（3）.
[30] 习近平. 习近平谈治国理政：第一卷［M］. 北京：外文出版社，2017.
[31] 习近平. 在庆祝改革开放40周年大会上的讲话［N］. 人民日报，2018－12－19.
[32] 习近平. 在新的起点上深化改革［J］. 求是，2019（03）.
[33] 习近平. 在庆祝全国人民代表大会成立六十周年大会上的讲话［J］. 求是，2019（18）.
[34] 谢蒲定. 人大制度建设是一个持续不断的探索过程［J］. 人大研究，2009（02）.
[35] 徐勇 等. 基层民主发展的途径与机制［M］. 北京师范大学出版社. 2015.
[36] 易卫中. 论言论免责权［J］. 人大研究，2007（08）.
[37] 张德江在第十二届全国人民代表大会常务委员会第一次会议上的讲话［EB/OL］.

[2013－3－19]. http://www.xinhuanet.com/2013lh/2013－03/17/c_115055437.htm.
[38] 张红梅，徐国旺．论“打铁还需自身硬”的新时代内涵——学习习近平总书记全面从严治党思想［J］．学校党建与思想教育，2018（03）．
[39] 张建民．论科学规范党委与人大的关系［J］．广东行政学院学报，2005（02）．
[40] 张致森．从1954年《宪法》看中共中央与全国人大关系的实质［J］．攀登，2016（03）．
[41] 张致森．新中国成立初期党政关系的历时考察［J］．上海党史与党建，2016（01）．
[42] 赵振宇．推进社会主义民主政治程序化[N]．人民日报．2018－03－03（07）．
[43] 中共中央党史和文献研究院．十八大以来重要文献选编（上）［M］．北京：中央文献出版社，2018．
[44] 中共中央党史和文献研究院．十八大以来重要文献选编（下）［M］．北京：中央文献出版社，2018．
[45] 中共中央文献研究室．论群众路线：重要论述摘编［M］．中央文献出版社，2013．
[46] 中共中央关于坚持和完善中国特色社会主义制度、推进国家治理体系和治理能力现代化若干重大问题的决定［N］．人民日报，2019－11－06（01）．
[47] 中国共产党第十九届中央委员会第四次全体会议公报［EB/OL］．2019－10－31．http://www.gov.cn/xinwen/2019－10/31/content_5447245.htm.
[48] 朱宁宁．推动重大改革举措落地 全面推进落实依法治国［N］．法制日报，2018－12－11（08）．
[49] 朱应平．强化支持和保证地方人大及其常委会依法行使职权的实效［J］．探索与争鸣，2019（12）．
[50] 竹立家．国家治理体系重构与治理能力现代化［J］．中共杭州市委党校学报，2014（01）．
[51] 邹平学．完善人民代表选举产生机制的若干思考——为纪念人大制度50周年而作［J］．法学评论，2005（01）．

后　记

人民代表大会制度是坚持党的领导、人民当家作主、依法治国有机统一的根本政治制度安排。习近平总书记 2014 年 9 月 5 日在庆祝全国人民代表大会成立 60 周年大会上的讲话指出："在新的奋斗征程上，必须充分发挥人民代表大会制度的根本政治制度作用，继续通过人民代表大会制度牢牢把国家和民族前途命运掌握在人民手中。人民代表大会制度是中国特色社会主义制度的重要组成部分，也是支撑中国国家治理体系和治理能力的根本政治制度。新形势下，我们要毫不动摇坚持人民代表大会制度，也要与时俱进完善人民代表大会制度。新的形势和任务对各级人大及其常委会工作提出了更高要求。要按照总结、继承、完善、提高的原则，推进人民代表大会制度理论和实践创新，推动人大工作提高水平。"

2019 年是中华人民共和国成立 70 周年，也是县级以上地方各级人民代表大会设立常务委员会 40 周年。县（区）、乡镇人大是基层的国家权力机关，县（区）、乡镇人大工作事关基层民主政治建设，不仅事关国家政权的巩固和发展，还事关地方的长治久安和繁荣昌盛。在全面深化改革的背景下，要以习近平新时代中国特色社会主义思想为指导，认真贯彻落实习近平总书记关于坚持和完善人民代表大会制度的重要论述，以改革精神和法治思维推动基层人大工作实践创新。

近年来，陕西省安康市、石泉县在推动基层人大工作实践创新方面走在全国前列，特色鲜明、亮点纷呈，他们关于人大工作的积极探索和有益做法于 2018 年获得了中央政治局常委、全国人大常委会委员长栗战书的肯定性批示，受到社会的广泛关注，被誉为新时代人大工作创新的"安康品牌"。

作为一名主要从事基层与地方治理研究的学者，作者一直秉持"顶天立地"的学术理念，人大工作创新的"安康做法""石泉经验"很快引起了作者的关注和浓厚研究兴趣。2018—2019 年，作者带领课题组成员多次深入石泉县展开调研。石泉县人大工作创新的思路、热情和成效，给我们留下了深刻印象。例如，石泉县人大常委会紧紧依靠党委领导，依法行使职权，创新履职载体，着力提升代表履职实效；石泉县大力推行“一线工作法”，鼓励各级、各界代表在一线建功立业；认真实行代表“坐班制”接待群众，连通了代表联系、服务群众的“最后一公里”；积极组织代表开展专业课题组活动，通过视察调研破解发展难题；不断创新代表电视网络问政监督形式，极大增强了监督刚性。如果从石泉县各镇（办）人大工作开展情况来看，他们“八仙过海，各显神通”，掀起了“人无我有、人有我优、人优我新”的改革创新热潮，各镇人大工作逐渐由“虚”变“实”，各具特色。这些都有效激发了人大制度活力，并助力高质量发展。

习近平同志 2019 年 3 月 4 日在看望参加全国政协会议的文艺界、社科界委员时指出：“一切有价值、有意义的文艺创作和学术研究，都应该反映现实、观照现实，都应该有利于解决现实问题、回答现实课题”。“哲学社会科学工作者要多到实地调查研究，了解百姓生活状况，把握群众思想脉搏，着眼群众需要，解疑释惑、阐明道理，把学问写进群众心坎里。”这无疑为哲学社会科学工作者如何讲好基层改革创新“故事”，开展学术研究指明了前进的方向。

在完成系列调研之后，课题组对基层人大改革创新的石泉探索与实践进行了认真分析和研究，认为其做法反映了时代发展的趋势，具有先进性；其经验包含着相当的理论含量，具有普遍性；其特点和机制具有可复制性。这有力推动了人大制度的与时俱进、完善发展。为此，我们力争通过“理论总结篇、实践经验篇”以及附录三个部分的内容对于新时代基层人大改革创新的石泉探索与实践进行较为全面的总结和研究。

本书是课题组协同合作的结晶。何得桂主要负责书稿的顶层设计、篇章布局、组织实施和统稿工作，张硕、武雪雁协助何得桂对书稿进行校对。

各部分的撰写分工如下：

理论研究篇：第一章（李莹、何得桂、徐榕）；第二章（李莹、张硕）；第三章（李莹、张硕）；第四章（马超）；第五章（薄沁箐、徐榕）；

第六章（薄沁箐、何得桂）；第七章（徐榕、何得桂）；第八章（马超、张硕）。

经验研究篇：制度先行：以制度化建设实现基层人大有效发力的后柳经验（亢秀平、张硕）；有调查才有发言权：以“课题组”工作模式提升人大履职实效的池河经验（亢秀平、张硕）；“主动式发力”：有效发挥人大代表主体作用的饶峰经验（张硕、亢秀平）；打铁还需自身硬：有效加强人大自身建设与自身监督的石泉探索（马超）；人大工作现代化：新时代推进人大工作模式系统革新的石泉样本（马超、徐榕）。

附录：何得桂负责遴选和编辑。

本书在调查、研究和写作过程中得到陕西省石泉县人大常委会的鼎力支持，对此我们表示深深的感谢！感谢陕西省人大常委会研究室给予的鼓励和指导！同时，感谢知识产权出版社及责任编辑兰涛女士的高效工作和大力支持！

由于我们知识和能力的限制，本书还存在一定的不足之处，肯请各位读者批评、指正！

何得桂

2020 年 1 月 3 日